기업의 성공을 좌우하는

공장 입지 및 설립 안내서

How to Locate and Establish Your Factory in Korea

천 준 혁 저

NODE MEDIA
노드미디어

머리말

공단에서 공장 입주 업무를 할 때이다.

60대로 보이는 중소기업 사장님이 공단을 찾아왔다. 자신보다 한참 어린 공단 직원에게 머리를 조아리며 고발 건을 취하해 달라고 하셨다. 말씀을 들어보니 법령 해석이 부당하여 산업통상자원부에 해석 변경 가능 여부를 확인했던 건과 같은 건으로 공단을 찾아 오셨다. 그런데 그 당시 이미 2회 정도 간략한 보고서를 산업통상자원부로 보냈으나 해석 변경 거절을 당한 상황이었다. 이미 상황이 이러하여 60대 기업 대표님에게 뭔가를 달리 해 드리기 어렵다고 생각했다. 그러나 대표님이 처한 상황을 듣게 되었고, 돌아가시며 다시 한 번 어린 나에게 깊이 고개 숙여 인사하시는 모습을 보고는 마음이 너무 좋지 않아 몇 날 며칠 보고서를 써서 상급 기관에 보내 결국 그 대표님 고발 건은 없던 일로 만들었던 기억이 난다. 이 일 외에도 공단 입주 서류 작성에 어려움을 겪는 기업이 너무 많아, 개인적으로 안내 블로그를 만들어 이런 어려움을 덜어 드리기도 했다.

이런 일들을 하면서 느낀 점들이 있었다. 공단과 같이 공장 관리나 기업 투자 유치를 하는 기관들의 존재 이유는 기업 하는 분들이 보다 원활하게 공장을 경영할 수 있도록 함에 있는데 실제는 그러하지 못하다는 것, 공공기관 직원이나 지자체 공무원들은 기업지원을 잘하고 싶지만 성과지표 등 다른 업무에 짓눌려 정작 기업에 필요한 일을 적극적으로 하기가 쉽지 않다는 것.

적합한 입지에서 기업이 공장 경영을 하였다면, 또한 행정절차 등으로 곤란을 겪지 않고 사업에 보다 집중할 수 있었다면, 우리나라에 괜찮은 제조 기업들이 지금보다 더 많지 않았을까 생각한다. 그리고 60세가 넘은 기업 대표가 공단에 찾아와 어린 직원에게 도와 달라며 허리를 굽힐 일도 없지 않을까?

현실이 이러함에도 공장입지 컨설팅은 활성화되어 있지 않다. 관련 규제가 다양하여 일반인이 이 영역에 뛰어들기 어렵기도 하거니와 공장과 관련된 통합 안내서가 없어 컨설팅이 성장하기도 어렵다. 단적인 예로 입지별 공장설립 절차가 다른데, 이것을 하나로 모아 안내하는 자료조차 국내에 없다. 게다가 시중에 안내되는 공장 설립 자료들은 컨설팅 보다는 법령 안내에 치중되어 있거나 일부분만 안내를 하고 있어 종합 컨설팅에 부족한 면이 많다. 그렇다보니 많은 기업들이 좋은 컨설턴트를 만나지 못해 적합하지 않은 공장입지를 선택하고 있으며, 여러 애로사항을 겪다가 쓰러져 가기도 한다.

이 책은 공장입지를 탐색하는 방법에서부터 인센티브, 입지별 체크리스트 등을 담아 기업이 공장입지를 찾을 때 반드시 알아야 할 사항을 담았다. 또한 기업 규모별로 적합한 입지와 입지별 절차 등을 각각 담아 입지를 탐색하는 기업에서 각 사항들을 비교할 수 있도록 하였다. 그리고 지역별 인구수와 면적, 공장등록수를 정리하여 공장 밀집도, 인력 확보 가능 여부를 간접적·직관적으로 파악할 수 있도록 하였고, 업종별 공장등록 기업 List를 만들어 입지 탐색 시 관련 산업의 주요 입지 지역을 찾아 볼 수 있도록 하였다. 공장 설립의 경우 법령 용어 설명만을 해도 책의 분량이 너무 길어지고 많아져 입지 탐색에 필요한 정도만을 담으려 노력하였다. 용어 부분 등 실무자에게 필요한 사항은 별도로 준비를 하도록 하겠다.

이 책은 부족한 점이 많다. 앞으로 계속 업데이트를 하며 보완할 생각이다. 조금이나마 제조업을 하는 기업들에 도움이 되길 바라며, 이 책을 통해 보다 많은 기업들이 좋은 입지를 선택하여 세계적 기업으로 성장하길 기대해 본다.

천 준 혁

Contents

Contents

PART II 공장 설립·유지·매각

Contents

Contents

Contents

PART

I

나의 100년 공장은 어디 있을까?

공장입지 선정과 정보 분석

투자 검토
(투자 타당성·수익성 등)

지역 및 입지
유형 선택

후보지
탐색 및 선정

산업
분석

○글로벌 현황
○국내 현황
○산업 발전 방향

국가(지자체)
정책 분석

○육성 산업
○육성 전략
○지원 계획
○국토개발계획

투자기업
분석

○기업 규모
○투자계획
○미래계획

투자 절차 확인 및
입지분석

○투자 절차 및 필요 사항
○법령(규제)
○입지 타당성·적합성

지역
분석

○산업 현황
○산업 인력
○공장 분포
○기반시설
　(국가단위)
○유틸리티
　(국가단위)

기업
인센
티브

입지
인센
티브

지역
분석

○협력사
○기반시설
　(지역별)
○유틸리티
　(지역별)

공장입지 선정(추천)

세상은 빠르게 변하고 있다

어린 시절 생각해보면 신기한 제품, 새로운 제품이 매일매일 출시되지는 않았다. 그랬기 때문에 혁신적인 제품이 출시되면 꼭 사고 싶어 했고, 하나 사고 나면 애지중지하면서 오래 간직하려 노력했다. 그러나 지금은 그렇지 않다. 하루에도 새로운 제품이 전 세계에서 쏟아지고 있다. 그러다 보니 제품의 생명 주기도 점점 짧아지고 있고, 고장 나면 수리해 쓰는 것이 아닌, 새것을 사서 쓰면 되는 시대가 되었다.

이러한 변화는 제조업에 대한 기존 패러다임을 바꾸고 있다. 신규 제품이 쏟아지고, 출시된 제품의 생명이 급격히 줄어들게 되면서, 기업들도 이에 발 빠르게 대응해야만 하게 되었다. 제품 기획, 생산, 판매가 빨리 이뤄져야 경쟁력을 갖출 수 있다 보니 공장입지 검토, 건설, 가동에 필요한 시간이 전반적으로 단축되고 있다. 특히 중소기업의 경우 제품이 기획되면 공장을 지어서 제품을 생산할 시간도 없을 정도로 제품 트렌드가 바뀌는 사업들도 있어 이런 기업들은 위탁 생산 공장을 찾기도 한다.

우리나라 제조업에 필요한 것은 이 지점에서 시작한다고 생각한다. 이 세계적인 변화 속에서 어떻게 새로운 제조 기업을 육성하고, 발전시킬지 고민해야 한다. 그 접점에 공장입지가 있다. 아무리 혁신적인 기업도 제품을 생산하려면 공장이 있어야 하고 땅이 있어야 한다. 그런데 여기서 말하려는 건 공장 입지의 중요성이 아니다. 시간이다. 공공기관이나 지자체 업무 담당자는 법령 적합 여부 검토에도 많은 어려움을 겪고 있어 중소기업이 공장 입지를 찾을 때 얼마나 시간에 쫓기고 있는지 인지하지 못하는 경우가 많다. 모든 기업은 아니지만, 많은 기업들이 일분일초가 아까운 상황에서 입지를 찾아다닌다. 그렇기에 정말 중요한 것은 절차, 규제, 인센티브가 아니다. 기업이 원하는 적기에 적합한 공장 입지를 찾는 것이다. 즉 시간이다.

공장 설립 및 공장입지 안내서 서두에 이 내용을 굳이 넣은 것은, 정말 중요하지만 눈에 보이지 않기에 이 점을 너무나 소홀히 생각하기 때문이다. 기업이 알아서 입지를 찾겠거니, 돈도 있는데 어려울 것이 있을까 이런 생각을 하는 분들이 의외로 많다. 그러나 그렇지 않다. 시간에 쫓겨 좋지 않은 곳에 공장을 설립하기도 하고, 적기를 놓쳐 사업을 접기도 한다.

세상은 정말 빠르게 변하고 있다. 기업들도 이에 따라 빠르게 대처하고 있다. 그런데 이런 변화 속에 공장 설립 절차나 공장입지에 대한 정보 부족으로 기업이 제때 공장 가동을 못하여 성장할 수 없다면 국가 경쟁력 하락으로 이어질 것이다. 너무 안타깝지 않은가? AI가 등장한 이 시대에 법령과 절차에 얽매어 국내 산업이 발목잡힌다면? 공장입지에서 중요한 것은 첫째가 시간이다.

Chapter 2

왜 제조업은 입지가 중요한가?

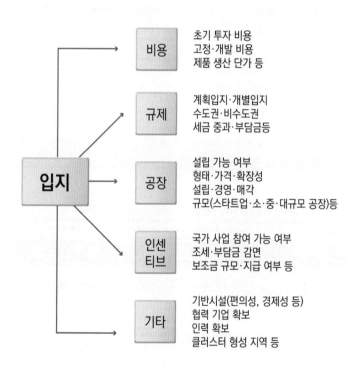

입지
├ 비용 — 초기 투자 비용 / 고정·개발 비용 / 제품 생산 단가 등
├ 규제 — 계획입지·개별입지 / 수도권·비수도권 / 세금 중과·부담금등
├ 공장 — 설립 가능 여부 / 형태·가격·확장성 / 설립·경영·매각 / 규모(스타트업·소·중·대규모 공장)등
├ 인센티브 — 국가 사업 참여 가능 여부 / 조세·부담금 감면 / 보조금 규모·지급 여부 등
└ 기타 — 기반시설(편의성, 경제성 등) / 협력 기업 확보 / 인력 확보 / 클러스터 형성 지역 등

공장은 생산 원가 관리가 중요하다. 원가에 영향을 미치는 요소는 재료비, 인건비, 물류비와 같은 변동비와 세금, 유틸리티, 토지 가격 등과 같은 고정비 등이 있다. 그런데 입지는 이런 비용 요인과 밀접한 관련이 있다. 어디에 입지를 구하느냐에 따라 토지 가격, 물류비, 인건비, 세금, 유틸리티 비용 등 많은 요소가 달라지기 때문이다.

또한 이런 비용 요인을 감소케 해 주는 여러 인센티브도 입지에 딸려 있는 경우가 많고, 세금이 중과되거나 공장을 설립하지 못하거나 하는 등 규제도 입지에 따라 달라지기에 최적 입지의 선택은 생산 원가에 지대한 영향을 미친다.

1. 공장입지 검토 요인(공통 요인)

1.1 입지 결정의 기준

공장은 제품을 생산하는 곳이어서 마케팅, 외관, 유동 인구 등 일반적인 상업 부동산 입지에서 검토하는 요소는 그리 중요하지 않다. 공장입지는 제품 생산과 물류에 대부분 초점이 맞춰지기 때문에 인력, 협력사, 교통망, 토지 가격 등이 입지 선정에 중요 요인이다. 입지 검토 시 중요 평가 기준은 세 가지로 요약할 수 있는 데, ① 제품 생산을 최적으로 할 수 있는 곳이면서 ② 판매가 용이하며, ③ 최대 이윤을 얻을 수 있는 곳이다.

1.1.1 제품 생산을 최적으로 할 수 있는 곳

주요 검토 요소는 원료·부품 공급의 안정성, 원활한 인력 확보, 협력사(협업 시)와의 근접성, 유틸리티의 양과 질, 기후 조건, 주변 환경 등이 검토 요인이다.

- 원료와 부품 공급을 파악할 때는 해당 지역이나 그 나라에서 생산되는지, 그렇지 않다면 해외에서 수입은 원활한지, 관세율은 어떻게 되는지(FTA는 체결 되어 있는 지 여부 등), 도로 교통망이 잘 되어 있어 수송은 어렵지 않은지, 부품 생산 기업이 인근에 있는지 등을 확인하여야 한다.

- 인력은 지식이나 기술 숙련도, 근로자의 마인드와 같이 근로자에 근거해서 검토해야 할 사항과 대중교통 수단 이용의 편의성, 도로 여건, 정주 여건 등과 같은 외부 환경 검토 사항이 구분된다. 지식이나 기술 숙련도를 살펴보면 단순 작업·장비 사용·R&D 연구 인력 정도로 나눠 볼 수 있다.

- 단순 작업 인력은 인구가 많은 지역이 유리하다. 다만 공장이 스마트화 되고 있

어 이런 인력의 필요성은 점점 줄어들고 있다. 또한 과거에는 인력이 부족한 지역에 공장 설립이 불가능한 제조업들이 스마트화로 인해 가능해져가고 있다. 장비 사용 인력은 관련 산업 클러스터가 형성된 곳이거나, 관련 인력을 양성하는 대학 등이 있는 곳이 유리하다. 최근 공장 스마트화로 장비 사용 및 유지 보수에 필요한 인력은 늘어나고 있다. R&D 연구 인력은 도시에 몰려 있는 특성이 있다. 급여 수준도 높을 뿐만 아니라, 주거 및 교육 환경에 민감하기 때문이다.

• 협력사와의 근접성은 모든 기업에서 요구되는 것은 아니다. 제품 생산량을 유연하게 조절해야 하는 기업은 원료나 부품이 그때그때 원활하게 공급되어야 해서 협력사와 근접성이 높을수록 좋고, 제품 개발을 함께 하는 기업은 가까울수록 협업 횟수와 질이 높아지는 경향이 있다.

• 유틸리티의 경우 우리나라는 전기와 물이 부족한 지역이 있다. 그리고 스팀이나 가스는 공급되는 지역이 한정되어 있어 사전 확인이 필요하다. 이중 용수의 경우 가공·세척·냉각 등에 많은 물이 필요한 공장이 있는데 식품, 철강, 피혁, 유리 등의 제조업이 그렇다. 수질이 중요 요인인 제조업은 술을 생산하는 공장을 들 수 있다. 공업용수는 상수도, 지하수, 하천수, 해수를 들 수 있는데, 상수도의 경우 지역마다 가격에 차이가 있어 사전 확인이 필요하다.

• 기후에 많은 영향을 받는 공장이 있는데, 이 경우 작업 능률과 생산 공정 등이 온·습도, 강우량 등에 따라 상당한 영향을 받고 이에 따라 제품의 품질이 달라진다. 화학 섬유 공장이 대표적인데 기온이 결정적인 영향을 미친다. 다만 공장 시설이 자동화·스마트화·현대화되면서 이런 제약은 개선되고 있으며 입지 결정에 있어 중요도는 낮아지기도 한다.

기후에 있어 주의해야 할 점은 기후 변화로 우리나라의 기후가 전과 달라졌다는 점이다. 단편적인 예로 예전 사과의 주요 생산지는 대구였으나, 현재는 충북 제천 정도에서 생산되는 사과가 맛이 좋다. 또한 상주에서 곶감이 많이 생산되었으나, 기후 변화로 건조에 어려움을 겪었던 사례가 있다. 식품 생산 및 가공 기업의 경우 원재료의 맛과 질이 몇 년 사이에 변할 수도 있으므로 사전에 이런 부분에 대한 고려를 반드시 해야 한다.

- 주변 환경은 민원 발생과 인접 기업의 생산 환경이다. 제조업 기업마다 다르지만 인접 주거지로 인해 민원이 발생하여 공장을 이전해야 하는 상황이 발생하기도 하고, 인접 기업의 작업 시 발생하는 여러 요인이 작업 환경에 영향을 미칠 수 있어, 입지 검토 시 주변 환경은 직접 해당 지역을 방문하여 확인해야 하는 사항이다.

1.1.2 납품이 용이한 곳

식품처럼 제품 변질이 쉽거나, 수요 변화에 신속히 대응해야 한다거나, 수요량이 유동적이어서 일시적으로 납품 요청이 많다거나, 이송 중 파손되기 쉬운 제품은 소비지 근처에 입지하는 것이 유리할 수 있다. 또한 교통이 편리한 지역, 물류센터 등이 있는 지역에 위치하여야 물류비 절감 등을 이룰 수 있는 제조업이 있다.

1.1.3 최대 이윤을 얻을 수 있는 곳

일반적으로 공장은 제품 생산시설이어서 비용의 최소화가 이윤의 최대화로 연결된다. 다만 R&D 연구 인력이 필요한 기업 등은 인력 확보가 용이한 곳이 지속적인 이윤 창출에 유리하고, 인력이 너무 없는 지역은 인력 자체를 구하기 어려워 사업에 애로가 발생할 수 있어 비용이나 이윤만을 무작정 검토할 것은 아니다.

공장의 경우 비용은 투자비용(초기, 추가 투자), 변동·고정 비용, 개발 비용, 인센티브 정도로 구분할 수 있다. 우리나라의 경우 초기 투자비용은 공장 용지 가격에 의해 차이가 많이 난다. 공장 건설비용이 초기 투자비용의 절반 또는 그 이상인 경우도 있어 기업의 신규 투자에 큰 장애가 되고 있을 정도이다. 이런 부분을 해소하기 위해 수도권 지방 이전 기업, 창업 중소기업 등에 공장 용지 조성 시 발생하는 부담금을 감면하거나 입지 보조금, 건축 보조금을 제공하는 등 토지 부담을 완화하고 있고, 조성 원가에 공급하는 산업단지나 각종 인센티브가 있는 특별지역을 지정하여 기업의 초기 투자 비용을 낮추는 제도를 두고 있다.

또한 인센티브 중에 법인세나 소득세 감면을 하는 공장입지들이 있는데, 초기 대규모 투자에 따른 리스크를 일정 부분 완화해 준다. 이와 같이 초기 투자비용의 경우 인센티브에 의한 감소 요인이 상당하므로, 입지 검토 시 인센티브 확인이 반드시 필요하다.

고정비용은 물류비, 인건비, 유틸리티 사용료 등을 들 수 있다. 물류비는 익히 알려진 바와 같이 원료 지향형(원료 산지에 공장 입지함), 시장 지향형(판매지역에 공장 입지함)인 입지가 있고, 고부가가치 소형 제품은 보통 물류비에 영향을 크게 받지 않는다. 인건비의 경우 지역마다 큰 차이가 없을 것이라 생각하기도 하는데 그렇지 않다. 예로 거리상으로 40㎞ 정도밖에 차이가 나지 않는 두 도시가 있는데, MCT 가동 인력의 인건비가 1.5배 정도까지 차이 나기도 한다. 용수 다소비 제조업 등은 유틸리티 사용료에 따라 최적 입지가 달라질 수 있다.

1.2 공장입지 검토 순서

일반적인 순서는 '대상 지역 선정 → 후보지(개별 필지) 선정 → 평가 → 입지 결정' 이다. 대상 지역은 산업마다 다르며 중요 요인도 다르지만, 일반적으로 인력 확보 가능 여부, 물류비, 기후 조건, 토지 가격 등을 검토한다. 또한 대상 지역 검토 시 이용 가능한 항만, 공항, 철도, 도로망 등 기반시설과 대략적인 비용, 전기 · 상하수도 · 가스 등 유틸리티 확보 가능 여부와 대략적인 비용을 체크하면 최적 입지 확보가 더 용이해진다. 고부가가치 산업의 경우 물류비에 대한 고려가 적지만, 식품처럼 물류비에 영향을 많이 받는 제조업은 이 점을 먼저 검토하여야 한다. 최종 후보지는 보통 2 ~ 4개 정도인데, 후보지로 선정되면 토지 경사도, 주 출입로 등 세부 내용을 검토해야 한다. 이 부분은 'Chapter 5 공장입지별 Check List'에서 대략적인 내용을 확인할 수 있다.

외국인 기업의 투자나 국내 기업의 신규 산업 진입처럼 우리나라의 해당 산업에 대해 잘 알지 못하는 경우에는 '산업 분석 → 대상 지역 선정 → 후보지 선정 → 평가 → 입지 결정' 의 순서로 하여야 한다. 우리나라는 이미 많은 산업들이 형성되어 있어 관련 기업들이 집적된 지역이나 협력사 확보가 용이한 지역, R&D 및 산업 인력을 구하기 쉬운 지역 등이 지역별로 차이가 난다. 외국인 기업의 경우 산업별로 차이는 있지만 산업 클러스터가 형성된 지역, R&D 인력을 구하기 용이한 지역 등을 선호하기도 한다. 다만 외국인 투자 기업 중 수출도 함께 하려는 기업은 이용 가능한 항만(항만별로 취급하는 물건에 차이가 있으므로 이 점도 체크해야 함)이나 공항을 우선적으로 고려한 후에 입지를 검토해야 한다.

2. 어떤 유형·규모의 공장(또는 용지)이 내게 적합할까?(공장입지의 추천)

예전에는 산업입지 유형이 그리 다양하지 않았다. 산업단지, 자유무역지역, 개별 입지 정도였다. 그러나 지금은 스타트업을 위한 입지, 특화 업종을 위한 입지, R&D 중심 입지 등 산업입지가 다양하다. 여러 유형의 입지가 제공되는 것은 좋은 변화이다.

그러나 각 유형별로 절차와 인센티브도 다르고 지역도 제각각이어서 기업이 이것을 일일이 찾아보는 건 어려운 일이다. 또한 입지별로 기업 규모에 따라 적합도가 다른데 기업이 이런 점을 아는 것도 어려운 일이다. 게다가 입지 중에는 컨설팅 업체나 공인중개사 등이 안내하지 않는 곳들이 있다. 보통 공공기관이 제공하는 입지들이 그러한데, 중개수수료가 발생하지 않는 것이 대표적인 원인이다. 사적 영역에서 안내가 거의 안 되고 있어 아는 사람만 알음알음 입주하고 있다. 그나마 최근에는 KStartup 등에서 산업입지를 안내하고는 있지만, 비제조업과 함께 안내가 되고 있어 어디가 제조업에 적합한 곳인지 개인이 직접 찾아봐야 하는 번거로움이 있다.

이러한 원인들로 산업입지가 체계적으로 안내가 되지 않는 면이 있다. 이런 문제는 고스란히 기업에 전가되어 비용 상승, 경영애로 등 근본적인 문제가 되기도 한다. 아래는, 미흡하지만, 이런 부분을 안내하려 노력하였다. 모든 산업입지가 안내되는 것은 아니므로 이 점 참고 바란다.

2.1 산업입지 유형별

공장 규모를 기본축으로 하여 적합한 산업입지를 정리하였다.

〈표 1 - 유형과 제조업 입지[1]〉

(2019.10 기준)

유형	공장규모	입지(요건)
1. 스타트업·소기업 육성		
창업보육센터	스타트업·소	○스타트업 기업 육성 시설
테크노파크	스타트업·소	○R&D지원, 장비 사용 등 장점이 많음
1인창조기업지원센터	스타트업·소	○1인 기업 육성 시설
경기기업성장센터	스타트업·소	○공공기관지식산업센터 ○임대 형식
…	…	○이 외에도 관련 입지 있음
2. 소규모 공장 (대도시 내·산업단지 내 외·빌딩 형태)		
지식산업센터	스타트업·소	○보통 빌딩 형태임
제조업소	스타트업·소	○개별입지에서 할 수 있는 형태
…	…	○이 외에도 관련 입지 있음
3. 산업단지(전국에 1,210개 지정)		
국가산업단지(45개)	소중대	○지역 거점 형태
일반산업단지(664개)	소중대	○전국에 있음
도시첨단산업단지 (28개)	소중	○도시 내(인근) 소규모 단지 ○오염 배출 덜한 중소기업 대상
농공단지(473개)	소중대	○비 도시지역(농촌 등) 소규모 단지
4. 특정 업종·산업 육성 지역		
첨단의료복합단지	소중대	○의료연구개발 활성화와 연구 성과 상품화 촉진 위해 조성 ○오송, 대구 2곳 지정
환경산업연구단지	소중	○환경산업 육성을 위한 환경기업 전문 단지
뿌리산업 특화단지	소중	○뿌리기업 집적화 촉진·경쟁력 제고
국가식품클러스터 (1개[익산])	소중대	○농식품 산업 육성 목적 ○식료품·음료제조업 업종 입주 가능 ○분양, 임대, 외국인투자지역 ○식품기능성평가지원센터 등 지원기관 있음
I Food Park 인천식품산업단지	소중	○식품 전문산업단지(식품·음료 제조업만 가능)

1 　입지별 상세 설명은 'Part 2, Chapter 4 제조업 입지 유형 및 절차' 참고. 제조업소는 'Part 2, Chapter 2 공장의 유형, 7. 제조업소' 참고

유형	공장규모	입지(요건)
...	...	이 외에도 관련 입지 있음

5. 외국인 투자 유치 지역(내국기업 입주 가능 지역도 있음)

유형	공장규모	입지(요건)
외국인투자지역 (110개)	소중대	○개별형(84개) : 대규모 공장 ○단지형(21개) : 중소규모 공장 ○부품·소재형(5개) : 중소규모 공장
자유무역지역 (13개)	소중대	○산업단지형(7개), 항만형(5개), 공항형(1개) 있음. 항만형과 공항형은 대부분 물류를 위한 입지임 ○공장용지와 아파트형 공장을 임대 ○수출입 기업에 적합(관세 감면)
경제자유구역 (7개)	소중대	○구역 내 산업단지, 외국인투자지역, 개별입지 형태의 공장용지 제공
외국인투자기업 전용임대단지(4개)	소중	○경기도에만 있음 ○단지형 외국인투자지역과 유사하나 입주 요건, 인센티브에서 차이 있음
국가식품클러스터 (1개[익산], 일부)	소중	○농식품 산업 육성 목적 ○식료품·음료제조업 업종 입주 가능 ○분양, 임대, 외국인투자지역 ○식품기능성평가지원센터 등 지원기관 있음

6. 산업 육성을 위해 지정된 지역

유형	공장규모	입지(요건)
연구개발특구	연구개발 기업	○연구개발을 통한 신기술의 창출 및 연구개발 성과의 확산과 사업화 촉진을 위하여 조성된 지역
국제과학 비즈니스벨트	기초과학	○기초과학연구원 본원 및 분원, 50개 사업단, 중이온가속기 등
신기술창업집적지역	스타트업·소	○대학, 연구소 내 일정지역을 지정하여 공장등록 등 각종 특례 허용
벤처기업촉진지구	스타트업·소	○벤처기업이 자연발생적으로 집적 or 대학 연구소 등 소재한 지역에 지정 ○경영, 자금, 입지, 인력 지원 등
도시형 소공인 집적지구	스타트업·소	○2017년 신설 제도로 소공인 사업장 집적 지역에 지정
기업도시	소중대	○민간 기업이 주도적으로 개발한 특정 산업 중심의 복합 기능도시
국가혁신클러스터	-	○R&D 지원 등
산업위기대응 특별지역	소중대	○기업이 유치될 수 있도록 조세 감면 등 다양한 인센티브 지원
...	...	이 외에도 관련 입지 있음

7. 지역 거점 육성 지역

유형	공장규모	입지(요건)
새만금	소중대	○새만금방조제 내부의 매립용지·호소, 외부 도서 등을 개발하여 환황해경제권의 거점 육성 ○산업·상업·도시가 함께 조성되며 공항, 항구 등 기반시설 신설 예정
…	…	이 외에도 관련 입지 있음

8. 산업단지 및 특별지역 이 외의 지역(개별입지)

용도지역 등	소중대	○앞서 소개된 산업단지 및 특별지역 이 외의 모든 지역을 의미함

2.2 공장 규모별

제조업 공간 규모에 따른 적합 입지 안내이다.

〈표 2 - 공장 규모와 제조업 입지〉

공장 규모	입지
스타트업, 신규 창업, 소기업	공공기관 지원 시설(테크노파크,벤처기업집적시설, 창조혁신센터, 창업보육센터, 전자정보기술원 등), 제조업소, 지식산업센터, 산업단지 임차, 개별입지 공장 임차 등
소규모 공장	제조업소, 지식산업센터, 산업단지, 개별입지 공장, 창업중소기업 지원제도를 통한 개별입지 공장 설립 등
중규모 공장	산업단지 등 특별지역, 개별입지
대규모 공장	산업단지 등 특별지역, 개별입지

2.3 기업(공장) 규모별 입지 추천

기업은 규모별로 적합한 입지가 다르다. 스타트업 기업이 산업단지에 들어가서 사업을 시작한다는 건 요즘 같은 시대에서는 맞지 않는 이야기이다. 또한 식품기업이 화학단지에 입주하는 것도 적합하지 않다. 그러나 실제 화학기업들이 입주한 지역에 식품기업 입지가 조성된 지역도 있고, 기업이 입주를 한다. 문제는 입지 타당성에 대해 조사가 가능한 대기업은 이런 지역을 피하거나, 돈을 들여 공장 시설 완비 후 이런 곳에 입주를 하여 문제가 되지 않지만, 스타트업 기업이나 중소기업의 경우 그러지를 못해 피해가 발생하곤 한다. 입지 타당성 조사를 할 여력이 없는 중소기업이 대다수

이기 때문이다.

우선 기업 규모별로 입지 추천지를 안내하고, 산업별 등에 따라 입지 고르는 방법을 안내한다. 기업 규모와 관련된 입지의 경우 중소기업은 비용에 중점을 두어 입지를 추천하였고, 중견기업과 대기업은 사업에 적합한 곳을 추천하였다.

2.3.1 스타트업 및 소규모 창업 기업에 적합한 곳
(초기투자비용↓, 고정비용↓)

스타트업 및 소규모 창업 기업은 사업 초기 '죽음의 계곡(Death Valley)'이라 불리는 기간을 어떻게 넘기느냐가 성패를 좌우한다고 한다. 이들 기업은 당장의 성공 보다는 사업을 키워나갈 수 있는 기초 체력을 기를 수 있는 곳이 최적지로 볼 수 있다.

※ 참고 : 시제품화까지 한 스타트업 기업

시제품화까지 한 스타트업 기업은 제품의 대량생산 가능성, 제조 단가, 판매(납품) 대상군에 대한 사전 조사를 반드시 해야 한다. 이 단계를 거쳐야 위탁생산을 할 것인지, 직접 생산을 할 것인지, 특허 이전 또는 사용 허가를 할 것인지를 판단할 수 있다. 또한 이 조사가 있어야 향후 공장 입지 검토를 할 때 최적지 검토가 된다. 어떤 협력사가 필요한지도 모르는데 어떻게 공장 입지 검토가 되겠는가.

그리고 제조 단가는 국내와 국외가 다른데, 인력 투입이 많아지는 제품일수록 국내보다는 해외 생산이 더 적합한 제품일 수 있다. 이 내용을 언급하는 것은 국내 생산이 부적합할 경우 투자 자금 및 협력사 확보를 원해도 가능한 기업이 없기에 헛수고만 하고 다닐 수 있기 때문이다. 스타트업 기업은 기술 개발에 역량을 집중하기에도 벅차겠지만 상품화 단계에 대한 검토가 없는 제품 개발은, 정말 좋은 제품을 개발하고서도, 상품화하지 못할 수 있어 주의가 필요하다.

그러기 위해선 초기 투자비용과 고정 비용을 줄일 수 있는 곳에서 사업을 시작하는 것이 여러 면에서 유리하다. 현재 우리나라에는 이런 관점에서 기업을 지원하기 위해 여러 입지(건물형, 토지형)를 제공하고 있다.

(1) 공적 영역 제공 입지
창업보육센터, 창조혁신센터, 신기술창업집적지역, 1인창조기업지원센터, 테크

노파크, 지식산업센터(공공기관 소유[2]), 대학교, 연구소(공공기관), 벤처기업집적시설 등

장점

① 저렴한 임대료, ② 도시 접근성 높음(입지별로 다름), ③ 창업교육, ④ 시설·공간 지원, ⑤ 멘토링·컨설팅, ⑥ 사업화, ⑦ 정책자금, ⑧ R&D, ⑩ 판로·해외진출, ⑪ 행사·네트워크, ⑫ 시제품 제작, ⑬ 지식재산권 확보, ⑭ 인증 지원, ⑮ 기술이전 지원 등, ⑯ 인력 채용 지원, ⑰ 장비 공동 이용.

단점

① 빌딩이나 건물 내 호실별로 입주하여 사용 공간의 규모가 작음, ② 일정 요건이 되는 기업만 입주할 수 있는 입지가 있음, ③ 임대 기간 제한이 있을 수 있음(ex 창업보육센터), ④ 도시 접근성이 떨어지는 입지도 있음, ⑤ 제조업 가능하지 않은 입지도 있어 개별 확인 필요, ⑥ 환경오염물질 배출 기업은 입주가 어려움, ⑦ 품 업종 등 특정 업종은 입주가 어려울 수 있음

입지 추천 대상

스타트업 기업처럼 초기 자본이 적고, 인력이 부족하여 기업 경영에 필요한 여러 업무에 대한 지원이 필요한 기업, 소규모이며 R&D 중심으로 사업을 진행하는 기업, 고가 장비의 이용이 필요한 기업.

(2) 사적 영역 제공 입지

제조업소(2종 근린생활시설), 지식산업센터(사기업이 분양하는 곳), 산업단지 내 공장 매매 및 임차, 개별입지 공장 매매 및 임차 등.

장점

① 도시 접근성이 좋음, ② 대중교통이 편리한 곳에 입지할 수 있음(직원과 고객사

---

2 예시 : 한국산업단지공단 등 기관 보유 지식산업센터, 기업성장센터(LH와 경기도시공사에서 운영하는 공공 지식산업센터로 판교에 있음) 등

접근성 좋음), ③ 원하는 지역에 원하는 규모로 공장 설립 가능(다만 수도권은 개별입지에 제한 사항 많음), ④ 업종에 대한 제약이 공적 영역 제공 입지보다 적음, ⑤ 산업단지, 지식산업센터는 연관·동종 기업 밀집에 따른 시너지 효과 얻을 수 있음, ⑥ 제조업소는 공장 등록 없이도 제조업을 할 수 있음.

단점

① 임대료 등에 대해 국가 지원 받기 어려움, ② 조세·경영 등 컨설팅 지원이 없음, ③ 환경오염물질 배출 기업은 입주가 어려움(제조업소, 지식산업센터. 다만 뿌리산업 기업 전문 지식산업센터 같이 특화된 곳도 있음), ④ 산업단지 중에 도시 접근성이 떨어지는 단지는 직원 구하기가 어려울 수 있음.

입지 추천 대상

협력 기업 또는 판매처 인근에 공장 설립이 필요한 기업, 초기 투자비용 보다 고정비용(물류비 등)에 더 많은 영향을 받는 기업, 도심에 있어야 하는 기업.

(3) 인센티브 지역

연구개발특구, 벤처기업육성촉진지구(지정 고시에 주소 List 나옴) 등.

장점

이 지역에 공장을 설립(또는 사업 개시)하면 각종 인센티브를 받거나 국가 지원 사업(R&D 지원)에 참여 가능.

단점

① 업종, 대상 기업 요건 등에 제한이 있어 조건에 해당하는 기업만 혜택 가능, ② 산업단지 등 특별지역에 인센티브 지역을 추가 지정한 경우가 있어 행정 업무가 추가될 수 있음(예 : 산업단지 입주 신청 + 혜택 지원 신청) 등.

입지 추천 대상

R&D 중심 기업, 벤처기업 등.

2.3.2 중소기업에 적합한 곳(초기투자비용↘, 고정비용↘)

사업이 어느 정도 안정화 되었거나 규모가 커가는 중소기업에는 스타트업 기업과는 다른 유형의 입지가 필요하다. 왜냐하면 사업 확장도 고려해야 하고, 직원 추가 채용 및 장비 도입에 따른 공간 확보 등 규모가 커가는 것과 비례해 공간이 더 필요해지기 때문이다. 다만 사업 특성상 공간이 그다지 많이 필요하지 않거나, 스마트 공장으로 공장이 변모하면서 공간적 제약이 덜한 제조업일 경우 사업 시작 시 확보했던 공간에서 그대로 계속 사업을 할 수도 있다. 또한 화학 원료 등의 사용이 필수적인 기업은 사업 초기부터 산업단지와 같이 제조업을 육성하기 위해 조성된 지역에 입주하는 것이 기업 성장에 더 도움이 될 수 있다.

(1) 초기 투자비용 우선 고려 입지

제조업소, 지식산업센터, 산업단지 또는 개별입지 공장 임차, 소규모 공장 소유, 산업위기대응지역 등.

장점

① 공장 및 부지 매입(또는 임대) 비용이 저렴함, ② 소규모 공장에 적합함, ③ 제조업소와 지식산업센터는 수도권 입지 규제 제한을 피할 수 있음, ④ 산업단지 또는 개별입지 공장 임차 시 임대 공장과 협업을 할 수도 있고, 공장 이전이 보다 자유로움. 또한 산업단지는 제조업에 필요한 행위를 광범위하게 할 수 있도록 허용하는 공간이어서 제조업소나 지식산업센터보다 제조업 영위에 자유로움이 있음(예 : 환경오염 물질 배출 제한이 완화).

단점

① 제조업소는 사용 건축물의 면적이 500㎡ 미만이어야 하고 환경유해물질 발생 기업은 사업 제한이 있음, ② 지식산업센터는 빌딩 형태의 입지여서 기업 성장에 따라 넓은 공간이 필요한 기업은 이전이 필요함. 또한 지식산업센터는 물동량이 많은 제조 기업, 중장비 이용 제조업 기업(건물 하중 관련) 등에는 부적합할 수 있음.

입지 추천 대상

- 제조업소, 지식산업센터: 기업 규모가 작고 공장 매입 비용 또는 임대료가 부담되는 기업, 협력 기업 또는 판매처 인근에 공장 설립이 필요한 기업, 초기 투자비용 보다 고정비용(물류비 등)에 더 많은 영향을 받는 기업, 도심에 있어야 하는 기업 등
- 소규모 공장 소유: 대출 등에 장점이 있음, 자산 가치가 상승할 경우 사업 자금을 추가 확보할 수 있음
- 산업위기대응지역: 법인세 감면 등 다양한 혜택이 있으므로(2021년까지 한함), 초기투자비용과 고정비용 절감이 필요한 기업에 유리한 지역. 비용 절감에서는 유리하나 사업 환경은 검토가 필요

(2) 특정 조건 또는 인센티브 우선 고려 입지

특별지역(경제자유구역, 자유무역지역), 연구개발특구, 벤처기업육성촉진지구(별도 고시에 주소 나옴), 국가혁신클러스터, 혁신도시, 첨단의료복합단지, 환경산업연구단지, 국제과학비즈니스벨트 등.

장점

① 관세 혜택, ② R&D 지원, ③ 외국인 기업에 대해 노동법 일부 조항 비적용 등 각 조성 목적에 맞게 특정 산업을 영위하는 기업에 유리하도록 인센티브를 부여 등.

단점

① 해당 지역에 들어가야 인센티브가 주어지는 점으로 인해 입지 선정에 있어 공간 제약을 받음, ② 인센티브 요건이 복잡하여 사전에 충분히 검토를 해야 인센티브를 받을 수 있는 곳도 있음, ③ 지방 경제 활성화 목적으로 지정된 곳도 있어 외진 지역에 자리 잡은 입지들이 있음, ④ R&D 위주여서 제조업을 병행하기에 부적합한 입지가 있음, ⑤ 특정 업종(또는 외국인)만 입주할 수 있거나 인센티브를 받을 수 있는 입지 있음.

입지 추천 대상

수출입이 많은 기업(자유무역지역, 경제자유구역), R&D 기업(연구개발특구, 국가혁신클러스터, 혁신도시, 첨단의료복합단지, 환경산업연구단지, 국제과학비즈니스벨트 등), 외국인 기업에 유리한 입지(외국인투자지역, 경제자유구역, 자유무역지역, 국제과학비즈니스벨트, 첨단의료복합단지 등).

(3) 사업 우선 고려 입지 : 산업단지, 개별입지

장점

① 넓은 공간 확보(공장 확장성), ② 기반시설 설치되어 있는 곳(산업단지에 한함), ③ 업종 제한 완화, ④ 보다 자유로운 입지 선정(개별입지).

단점

도시로부터 떨어져 있는 경우 인력 확보에 어려움이 있을 수 있음(인력 채용 및 교육에 추가 지출 발생 가능).

입지 추천 대상

초기 투자비용 부담이 적은 기업, 공장 확장성을 고려해야 하는 기업, 넓은 부지가 필요한 기업, 주변에 다른 공장·민가 등이 없어야 하는 기업, 환경오염물질 배출 기업으로 공장 설립 인허가가 쉽지 않은 기업, 창업 중소기업(개별입지 공장 설립 시 각종 부담금 감면 등 인센티브 있음) 등.

2.3.3 중견기업에 적합한 곳

사업을 원활히 경영할 수 있는 곳, 확장이 가능한 곳, 물류비 최적지인 곳, 납품 기업 또는 판매처가 인근인 곳, R&D연구가 용이한 곳 등이 있다. 중견 기업은 단일 공장을 가지고 있기 보다는 필요에 따라 여러 지역, 또는 여러 나라에 공장을 보유하고 있는 경우가 많다.

따라서 중견 기업이 보유하고 있는 공장은 소·중 규모 공장들이다. 지점의 관점으로 보유하고 있는 소형 공장은 앞서 설명한 중소기업의 추천 입지와 유사할 수 있다. 그러나 본사가 함께 있는 공장은 근로자, 생산 시설 등을 고려해야 해 입지 탐색 시 다른 관점에서 접근해야 할 수도 있다. 물론 이 경우도 초기투자비용이나 고정비용이 우선 고려되지만, 자금이 넉넉한 기업의 경우에는 다른 요소가 공장입지 선택에서 더 중요한 요소로 평가될 수 있다.

(1) 추천 입지

산업단지, 개별입지, 특별지역(경제자유구역, 자유무역지역 등).

장점

① 산업단지는 기반시설(유틸리티, 도로, 폐수처리장 등)이 설치되어 있어 사업 개시를 빠르게 할 수 있음, ② 개별입지는 기업이 원하는 위치에 원하는 규모로 공장 설립을 할 수 있음.

단점

① 적합한 위치의 산업단지는 입지가 부족하거나 업종 제한으로 공장 설립 못할 수 있어 사실상 개별입지 외에는 대안이 없을 수 있음, ② 개별입지는 각종 제한으로 공장 설립 가능한 곳이 최적지는 아닐 수 있음(서울과 수도권은 공장총량제로 개별입지에 공장설립이 매우 어려울 수 있음), ③ 산업단지는 기반시설이 갖춰져 있기는 하지만 특정 폐수, 폐기물은 처리를 못할 수 있어 처리 비용이 추가로 발생할 수 있음, ④ 지역별로 유틸리티 비용에 차이가 있음. 예로 상수도 요금은 지역별 몇 배 이상 차이가 나기도 함, 즉 업종에 따라서는 공장 설립 가능 입지가 제한적일 수 있음, ⑤ 수도권이나 대도시의 경우 부지 가격이 높아 원하는 면적의 부지를 확보하기 어려울 수 있음.

2.3.4 대기업(대규모 공장)에 적합한 곳 – 사업을 원활히 경영할 수 있는 곳

대규모 공장은 제품의 대량 생산을 염두에 두고 공장입지를 탐색하기 때문에 부지의 면적과 가격, 물류비, 원재료비, 유틸리티 비용 등 기초적인 부분에서 보다 많은 영향을 받을 수 있다. 단적인 사례를 들면, 대규모 시설 설치가 필요한 공장의 경우 산업단지 내 공장용지의 경사도가 1 ~ 2도 더 기울어져 있어도 부지 평탄화 작업을 추가로 해야 할 수 있고, 비용과 투입 시간이 늘어나게 되어 투자를 꺼려할 수 있다. 또한 예전에는 공장 건설 후 투자 자금 회수 기간과 수익을 내는 기간을 길게 보았으나, 현재는 점점 짧아지고 있다. 일부 산업의 경우 대규모 공장 시설을 설치함에도 불구하고 투자 자금 회수 기간을 5년 정도로 짧게 보기도 하여 입지 선정 방식이 변화하고 있다.

(1) 추천 입지
산업단지, 개별입지.

가능한 입지
지가가 싼 곳(또는 임대, 보조금 지급으로 부지를 저렴하게 확보할 수 있는 곳), 넓은 부지 확보가 가능한 곳, 인력 확보 용이한 곳, 협력 업체가 인근에 입주할 수 있는 환경인 곳, 환경·군사시설·동식물 등의 보호구역이 아닌 곳, 물류비가 저렴한 곳, 생산 공정에 필요한 원재료, 유틸리티의 공급이 용이한 곳 등.

불가능한 입지
지가가 높은 곳(산업단지여도 지가가 높을 경우 생산 원가 등에 영향을 줘 사실상 대규모 공장 설립이 불가능한 곳이 많음), 문화재 출토가 많은 지역, 인구 밀집 지역(민원 발생 가능성이 있어 기업 경영에 상시 애로 사항 발생 가능), 특정 산업 육성(농업*, 어업) 지역 등.

2.4 외국인 제조업 기업 입지 추천
외국인 투자 기업에 적합한 곳(경제자유구역과 자유무역지역은 국내 기업도 공장 설립 가능).

2.4.1 외국인투자지역

(1) 개별형(대규모 공장 투자 기업 대상)

입지 추천 대상

대규모로 우리나라에 투자하는 기업이면서 우리나라 산업 진흥에 필요한 기업.

주의 사항

① 모든 대규모 외국인 투자 기업에 혜택을 주는 것은 아니며 정부와 지자체 예산 지원 가능성, 투자 기업 기술이 우리나라에 필요한지 여부 등에 따라 지원 여부가 달라짐, ② FDI 투자를 특정 절차에 맞춰서 해야 투자금액으로 인정이 되므로 사전에 전반적인 프로세스 확인이 필수임, ③ 공장 가동 기간 동안 해당 공장에 투자한 FDI 금액 중 입주계약서상의 계약금액 이상을 유지해야 함, ④ 국공유지 임대의 경우 퇴거 시 공장 철거해야 하는 리스크 있음(정부 또는 지자체 등 소유권자 허용 시 매각 가능), ⑤ 전대가 어려움(별도 절차 있음).

(2) 단지형(중소규모 공장 투자 기업 대상)

입지 추천 대상

외국인 기업으로 장기간(50년, 연장 가능) 토지를 저렴하게 확보하고 싶은 기업, 협력사를 구하기 쉬운 저렴한 입지를 찾는 기업 등.

주의 사항

① FDI 투자를 특정 절차에 맞춰서 해야 투자금액으로 인정이 되므로, 사전에 전반적인 프로세스 확인이 필수임, ② 공장 가동 기간 동안 해당 공장에 투자한 FDI 금액 중 입주계약서상의 계약금액 이상을 유지해야 함, ③ 퇴거 시 공장 철거가 원칙이나 매각 가능함, ④ 공장 확장이 용이하지 않을 수 있음(외투지역 내 빈부지가 있어도 추가로 FDI가 들어와야 부지를 빌릴 수 있는 등 제약 조건 있음), ⑤ 국공유지 임대의 경우 퇴거 시 공장 철거해야 하는 리스크 있음(정부 또는 지자체 등 소유권자 허용 시 매각 가능), ⑥ 전대가 어려움(별도 절차 있음).

(3) 부품·소재형

입지 추천 대상

부품 소재 전문 외국인 투자 기업일 경우 추가 인센티브 있음(임대료 감면).

주의사항

단지형과 동일.

2.4.2 경제자유구역

장점

각종 인센티브 제공(현금지원, 노동규제 완화, 외환거래 자유[1만 불 이내], 부지 저렴하게 임대, 행정절차 간소화, 별도 관리기관의 행정 케어를 받을 수 있음 등).

2.4.3 자유무역지역

산업단지형, 항만형, 공항형 세 유형이 있고 제조업이 가능한 용지(건물)은 공장용지, 항만배후단지 일부지역, 표준형 공장[아파트형 공장] 등이 있음.

장점

각종 인센티브 제공.

- 산업단지형: 관세 특례, 부가세 영세율 적용, 지방세[취득세, 재산세 감면], 저렴한 임대료, 각종 보조금[투자 보조금, 고용 보조금, 교육훈련 보조금 등] 지급[지역 마다 상이] 등)
- 항만형: 부산, 광양, 인천, 포항항, 평택·당진항(5개 지역)에 있음. 물류 업체를 중심으로 기업 유치를 하였으나, 몇 년 전부터 국제 산업 생태계 변화 및 항만물류의 부가가치를 높이기 위해 제조업체 유치를 위한 입지도 제공 중임(항만 배후단지), 다만 물류 중심의 자유무역지역이기 때문에 물류 입지에 비해 제조업 입지는 상대적으로 임대료 높음
- 공항형: 인천국제공항만 있음

단점

항만형의 경우 3년마다 입주기업 실적 평가를 하여 인센티브 및 페널티 부여.

2.5 특별한 조건이 중요한 산업 공장입지 추천

2.5.1 인력이 중요한 산업

(1) 연구 인력, IT 산업 관련 인력

연구 인력은 주거지 선호도가 대도시로 편향되어 있음. 이런 원인으로 지방 소도시에 공장 설립 시 연구 인력 확보에 어려움을 겪을 수 있음. 다만 지방 거점 대학에서 인력 양성을 지속적으로 하고 있고, 국가 정책적으로 지방 기업의 R&D 활성화를 지원하고 있어 세부적으로 확인 필요함.

(2) 다수의 비숙련 근로자

단순 조립 등의 업무가 일시적으로 많아 비숙련 근로자를 탄력적으로 확보해야 하는 기업은 도시 지역, 산업 밀집 지역 등 인력 확보가 용이한 지역이 좋음. 또한 이와 같은 인력은 대중교통 이용이 용이한 곳을 선호하므로 대중교통이 발달한 곳에 입지하는 것이 좋음.

(3) 특수 기술자

특수 기술자는 보통 관련 산업 밀집지역에서 채용하기가 쉬움. 이런 원인으로 외국인 투자 기업의 경우 공장입지 탐색 시 관련 산업 클러스터가 형성되어 있는지 여부를 사전에 확인하기도 함. 산업단지가 발달한 도시는 클러스터가 형성되어 있을 가능성이 높음. 인천 및 안산 뿌리산업, 경기 반도체, 여수 화학, 울산 자동차, 창원 기계 등이 그 예임.

자동화시스템, 표면처리 등 관련 산업에 필요한 기술을 가진 근로자의 지속적인 유입이 필요한 사업은 이런 기술자를 양성하는 대학 등이 있는 곳에 위치하는 것이 유리함. 예로 폴리텍대학은 지역 산업 특성에 맞춰 전문 인력을 양성하고 있고 산업단지 안에 있는 경우도 있어 접근성이 좋고 근로자의 교육 지원 사업도 하고 있음.

2.5.2 R&D 중심 기업

R&D는 인력도 중요하지만, 스타트업 기업이나 소기업의 경우 자금 등에 있어 국가적 지원이 절실히 필요할 수도 있음. 테크노파크(산업기술단지), 창업지원센터, 대학교, 신기술창업집적지역 등에 입주할 시 각종 지원을 종합적으로 받을 수 있음.

2.5.3 고가 장비 사용

제품 테스트 등을 위해 고가 장비 사용이 필요한 기업은 장비 대여, 사용 허용을 하는 공공기관, 연구기관이 있는 지역에 입지하면 많은 도움을 받을 수 있음. 오픈랩을 하는 기관은 장비 대여 사업을 하는 경우가 많음.

2.5.4 유틸리티

(1) 용수

용수 다소비 업종(사업)의 경우 용수가 풍부한 지역에 입주해야 한함. 용수가 부족한 지역에 입주를 하면 공장 규모 확대 시 용수를 추가로 확보할 수 없게 되어 많은 애로를 겪음. 또한 지역별로 용수 가격에 차이가 나므로 이런 점도 체크를 할 수 있다면 고정비용 절감에 도움을 줄 수 있음.

(2) 전기

지역별, 산업단지별로 전기 공급량에 차이가 있음. 전기 다소비 업종(사업)의 사업은 전력 공급이 원활한 지역에 공장을 설립하여야 함. 다만 대부분의 지역은 전력 공급에 문제가 없음.

※ 참고 : 전기, 상하수도 요금, 가스 요금 확인 방법

- 전기 : 산업용 전기요금은 한국전력공사 사이버지점(https://cyber.kepco.co.kr)에서 확인이 가능하다. 다만 산업용 전기는 요금 체계가 다양하고, 예상되는 최대 사용 전력량을 기준으로 기본 요금에 차등을 두므로 한국전력공사에 직접 전화를 하여 문의하는 것이 빠르다 (국번없이 123, 휴대폰은 02 등 지역번호 + 123).
- 상하수도 : 상하수도 요금은 지자체별로 차이가 많이 난다. 또한 요금이 통합 안내되고 있지 않다. 지자체 홈페이지에서 많이 안내되고 있으며, 찾기가 어려울 경우 기초자치단체 관련과 (명칭 예시 : 급수과, 하수과)에 직접 전화를 하여야 한다.
- 가스 : 한국도시가스협회 홈페이지 자료실(http://www.citygas.or.kr)에 전지역의 공급업자와 요금을 안내하고 있다. 지역별로 공급업체와 요금이 다르다.

2.5.5 환경오염 배출 관련

(1) 폐수

표면처리업(도금업)

정부에서는 산업 밸류체인에 중요 산업인 뿌리산업 육성을 위해 '뿌리산업 특화단지'를 지속적으로 조성하고 있음. 또한 도금업 전용 지식산업센터를 공급하기도 함.

입지 추천

인천 요진코아텍(도금업 전용 지식산업센터), 대구국가산단 표면처리특화단지, 부산녹산 표면처리특화단지, 안산 반월산단 내 경인도금단지, 안산 스마트허브 피앤피단지, 인천 남동인더스파크 청정지식산업센터, 부산 장림도금단지 등.

(2) 악취

악취가 발생하는 기업은 개별입지가 적합. 민가나 다른 기업이 없는 곳이어야 민원발생을 방지할 수 있음. 산업단지에 들어가려 할 경우 관련 기업이 다수 있는 산업단지나 산을 끼고 있는 산업단지 외곽 지역이 그나마 적합함.

2.5.6 안전 관련

(1) 불산

2012년 구미 불산 사고 이후 불산 관련 공장을 기피하는 지역이 많음. 문제는 관련 기업을 선별적으로 집적시킬 경우 산업 밸류체인이 형성되지 못해 클러스터가 형성되지 않을 수 있음. 또한 원재료 조달 단가 등에 악영향을 미쳐 육성하고자 하는 지역 산업이 제대로 성장하지 않을 수 있음. 현재 불산같이 산업에 반드시 필요한 화학제품을 생산하는 국내외 기업들 중에는 신규 투자를 정말 원함에도 그러질 못해 해외에서 수입하는 경우가 있음. 지자체 등 산업 유치 기관은 이 점을 정말 심각하게 고민해야 함.

(2) 식품

식품 제조업은 시설 기준상 건물의 위치가 축산폐수·화학물질 기타 오염물질의 발생시설로부터 식품에 나쁜 영향 을 주지 않도록 거리를 두어야 함. 그러나 식품 공장은 주변 환경이 다양하고 공장별로 환경 유해 차단 설비에 차이가 있어 이격거리 등을 명확하게 규정하고 있지 않음. 간혹 화학 업종도 입주가 가능하고 식품 제조업도 입주가 가능한 산업단지가 있음. 관리기관에서 적절하게 기업을 입주시키면 괜찮으나 그렇지 않은 경우 인접한 화학 공장으로 낭패를 볼 수도 있으므로 확인이 필요함. 식품은 대기를 통해서도 오염이 될 수 있어 이러한 제한이 있음. 다만 이를 적용할 때 사업 환경에 따라 검토가 되므로, 주변 환경 등을 확인할 필요가 있음. 이런 원인으로 산업단지와 같이 여러 산업이 밀집된 지역은 선호되지 않음. 또한 원료 산지, 소비지 인근에 공장이 있는 경우가 많음. 많은 식품 원재료가 수입품이기 때문에 원료 산지에만 공장이 편중되어 있지 않음.

2.5.7 진동 등 주변 기업에 영향을 주는 사업

정밀 제품을 생산하는 기업은 주변에서 법상 허용하는 범위 내의 진동이 발생하는 경우에도 제품 불량이 발생할 수 있음. 이런 원인으로 프레스 기계 등을 이용하는 기업은 정밀 기계 등을 생산하는 기업이 밀집한 산업단지나 지역은 피해야 함. 기업 간

민원 발생으로 사업에 차질을 빚을 가능성이 높기때문임

2.5.8 정밀가공업

제품 생산 시 진동에 민감한 제조업은 지반이 튼튼한 곳을 선호하기도 하고, 프레스 가공 같은 것을 하는 기업이 주변에 있으면 제품 생산 시 영향을 받을 수 있어 주변에 이런 기업이 있는 것을 기피함. 예전에 인접 기업으로부터 민원이 발생했던 사례를 접한 적이 있는데, 바로 옆에 프레스 가공하는 기업에서 발생하는 진동 때문에 불량 제품 발생 빈도 증가가한 것이 원인이었음. 프레스 가공 기업의 진동 발생 정도는 법상 허용되는 범위 내였고 직접 방문했을 때 제품 생산에 지장을 줄까 하는 생각이 들 정도로 미미하였지만 불량품이 증가하였다고 함.

2.5.9 건축 관련 제조업

예로 레미콘 제조업의 경우 산업단지 조성 중인 경우가 아니면 대부분의 산업단지에 입주가 어려움. 산업단지는 육성하려는 산업이 단지별로 있는데, 건설 관련 산업은 대부분 입주 허용 업종이 아니어서 입주가 어려운 원인이 있음. 또한 인근 기업 등에 환경 영향을 줄 수 있다는 인식으로 입주가 어려워지기도 함.

2.5.10 화학제품 제조업

화학 원료 물질을 생산하는 공장 중에 대규모 생산 시설의 설치가 필요한 기업은 산업단지나 개별입지가 적합함. 이 경우 공장부지 가격이 입지 선정에 많은 영향을 미치기도 하는데 대규모여서 그 가격이 만만치 않기 때문임. 한국은 지가가 싸지 않기 때문에, 토지 가격은 투자에 많은 걸림돌이 되고 있음.

이런 점을 보완하는 정책이 지자체에서 조례로 기업을 지원하는 정책인데, 부지매입금액, 건축비, 시설장비구입비, 기반시설설치비 등을 지원 받을 수 있음. 그러나 여러 절차를 거치며 다양한 검토가 이뤄지기 때문에 쉽게 자금을 받을 수는 없음.

산업단지는 단지 조성 시에 환경영향평가를 업종별로 하는 등 공장 설립에 필요한 여러 절차가 이미 이뤄져 있어 대규모 공장 건설이 개별입지에 비해 보다 수월함. 또한 대규모 공장은 매각도 쉽지 않기 때문에, 입지 선정 시 매각에 대한 고려보다는 공장 가동 가능성, 원활한 사업 수행 가능성, 비용 등에 대한 고려를 더 많이 함.

개별입지의 경우 문화재 지표 조사를 받아야 할 수도 있고, 환경영향평가를 별도로 받아야 할 수도 있기 때문에 비용과 시간이 산업단지에 비해 더 많이 드는 경향이 있음.

특정물질의 경우 대부분의 지역에서는 허용이 되지만, 특정 지역에서는 규제 수준이 높아 사용을 못하는 지역이 있음. 사전에 지자체에 미리 확인 필요함. 화학 원료물질 생산 기업 중 화학물질 냄새가 나거나 악취가 나는 경우가 있음. 이런 기업은 기업 주변에 다른 기업이나 민간인 주거 시설 등이 있을 경우 사업하기가 매우 어려워질 수 있음. 악취의 경우 불쾌감, 집중력 저하 등을 일으키기 때문에 민원의 강도와 지속성이 강함. 또한 인접 공장에서의 민원도 상당하기 때문에 이런 원인으로 동종 기업들이 밀집한 지역에 공장을 경영하거나, 외딴 지역, 산업단지 내에서도 외곽에 위치하는 경우가 많음.

사출, 성형과 같은 플라스틱 제품 제조업의 경우 악취, 소음이 심하지 않아 많은 지역에 위치할 수 있음. 정밀화학 등 제품 중 인증이 중요 요소인 경우 인증센터 주변에 위치하거나, 납품 기업과 긴밀한 협조가 필요한 경우 납품 기업의 공장이 위치한 곳 인근에 공장이 자리 잡는 경우가 있음. 교반기나 몇 개의 시설만을 갖추고 화학 원료를 생산하는 기업의 경우에는 관련 업종이 열려 있는 산업단지에 손쉽게 입주하기도 함.

2.5.11 전자부품 제조업

전자부품 제조업의 경우 부품 생산 시 납품 기업과 협의를 하거나 제품 개선 등을 해야 하는 경우가 있어 납품 기업 주변에 있는 경우가 많음.

2.5.12 금속 가공제품 제조업

MCT 장비 등의 발달로 입지 제한에서 비교적 자유롭고 입주 가능한 산업단지도 많으며 개별입지에도 사업하기가 수월함.

3. 전국의 미분양 산업단지

전국에 지정된 1,200여개의 산업단지 중 현재 미분양인 산업단지는 다음에 안내되는 곳 정도이다. 즉, 미분양 산업단지 공장용지가 그리 많지 않다. 아래 표에서 참고할 점은 미분양율은 대부분 맞으나, 정부에 분양 정보 제공이 지연되어 실재 분양 현황과 다른 지역도 일부 있다. 또한 아래 도표는 산업단지 내 산업시설용지(공장 용지)의 분양율만을 표시하였다.

〈표 3 – 전국 미분양 산업단지〉

2019년 8월말 현재(단위:㎡,%)

단지명	유형	시도	시군구	미분양 면적	미분양율
강릉과학일반산업단지	일반	강원	강릉시	108,420	12.7
우천일반산업단지	일반	강원	횡성군	156,546	30.6
동춘천일반산업단지[구:봉명]	일반	강원	춘천시	142,741	46.4
문막반계일반산업단지	일반	강원	원주시	95,957	34.0
문막반계(산업단지)	일반	강원	원주시	45,514	24.4
송정일반산업단지	일반	강원	동해시	51,779	19.3
영월제3농공단지	농공	강원	영월군	88,512	54.3
주문진제2농공단지	농공	강원	강릉시	53,080	49.7
동송농공단지	농공	강원	철원군	19,008	19.5
하리농공단지	농공	강원	양구군	6,500	7.2
예미농공단지	농공	강원	정선군	31,598	43.2
양양제2그린농공단지	농공	강원	양양군	6,379	10.5
문막반계(문막중소협력외국인)	일반	강원	원주시	50,443	52.6
포진일반산업단지	일반	강원	원주시	36,735	100.0
방림농공단지	농공	강원	평창군	8,490	21.1
귀둔농공단지	농공	강원	인제군	9,597	82.4
전곡해양일반산업단지	일반	경기	화성시	73,081	7.5
평택드림테크일반산업단지[구:신재생]	일반	경기	평택시	255,242	65.2
용정일반산업단지	일반	경기	포천시	124,854	19.4
진위3일반산업단지[구:kdb Utoplex]	일반	경기	평택시	81,805	16.6
포승2일반산업단지	일반	경기	평택시	49,480	11.8
장안첨단일반산업단지(2단지)[외국인]	일반	경기	화성시	125,432	38.0
장안첨단(1)일반산업단지[외국인]	일반	경기	화성시	135,946	30.7
가장2일반산업단지	일반	경기	오산시	13,954	3.5
장자일반산업단지[구:신평3리]	일반	경기	포천시	90,150	33.7

단지명	유형	시도	시군구	미분양 면적	미분양율
매화일반산업단지	일반	경기	시흥시	14,880	8.1
고렴일반산업단지	일반	경기	평택시	69,942	35.7
광릉테크노밸리[구:팔야]	일반	경기	남양주시	5,481	5.1
양문일반산업단지	일반	경기	포천시	13,926	13.1
남여주일반산업단지	일반	경기	여주시	10,863	27.4
대송산업단지(광양만권경제자유구역)	일반	경남	하동군	777,237	100.0
석계2일반산업단지	일반	경남	양산시	29,742	6.7
뿌리일반산업단지	일반	경남	진주시	367,069	89.8
진주(사봉)일반산업단지	일반	경남	진주시	29,113	8.5
함양일반산업단지	일반	경남	함양군	96,983	27.2
서김해일반산업단지	일반	경남	김해시	114,576	45.0
종포일반산업단지	일반	경남	사천시	13,160	5.0
덕계일반산업단지	일반	경남	양산시	11,072	5.0
승강기전문농공단지	농공	경남	거창군	57,727	30.0
봉암동원일반산업단지	일반	경남	고성군	135,002	73.7
대사일반산업단지	일반	경남	함안군	7,213	3.5
명동일반산업단지	일반	경남	김해시	126,015	68.4
가산일반산업단지	일반	경남	진주시	129,707	69.8
산청한방항노화일반산업단지	일반	경남	산청군	37,915	100.0
장암농공단지	농공	경남	함안군	54,464	59.6
나전2일반산업단지	일반	경남	김해시	26,266	33.4
향촌삽재농공단지	농공	경남	사천시	12,267	19.1
대미농공단지	농공	경남	밀양시	14,495	33.7
구미국가산업단지(제2·3·4·확장단지)	국가	경북	구미시	30,954	0.4
구미하이테크밸리	국가	경북	구미시	234,164	35.3
포항블루밸리	국가	경북	포항시	362,631	100.0
구미(확장단지)	국가	경북	구미시	30,954	100.0
천북일반산업단지	일반	경북	경주시	29,122	2.3
영천첨단부품소재산업단지 (대구경북경제자유구역)	일반	경북	영천시	27,065	2.7
상주청리일반산업단지	일반	경북	상주시	21,974	2.2
김천1일반산업단지(3단계)	일반	경북	김천시	281,155	89.5
강동일반산업단지	일반	경북	경주시	5,000	0.8
경북바이오일반산업단지	일반	경북	안동시	9,980	1.9
구어2일반산업단지	일반	경북	경주시	9,282	1.7
상주한방일반산업단지	일반	경북	상주시	12,365	3.2
동고령일반산업단지[구:박곡]	일반	경북	고령군	75,788	17.3

단지명	유형	시도	시군구	미분양 면적	미분양율
광명일반산업단지	일반	경북	포항시	102,647	20.9
신기제2일반산업단지	일반	경북	문경시	134,318	46.7
영덕제2농공단지	농공	경북	영덕군	177,808	91.1
남후농공단지	농공	경북	안동시	11,331	5.6
예천제2농공단지	농공	경북	예천군	88,217	48.0
유곡농공단지	농공	경북	봉화군	64,991	48.3
영일만3일반산업단지	일반	경북	포항시	123,541	79.7
평해농공단지	농공	경북	울진군	36,629	39.1
죽변해양바이오농공단지	농공	경북	울진군	69,968	83.8
갈산일반산업단지	일반	경북	영주시	38,185	37.9
화서제2농공단지	농공	경북	상주시	56,875	56.2
산양제2농공단지	농공	경북	문경시	44,227	48.4
신기일반산업단지	일반	경북	문경시	13,348	16.2
신흥일반산업단지	일반	경북	포항시	52,000	100.0
천북2일반산업단지	일반	경북	경주시	47,104	87.8
명계2일반산업단지	일반	경북	경주시	42,452	66.6
제내2일반산업단지	일반	경북	경주시	11,672	23.8
경산1-1일반산업단지[구:진량3]	일반	경북	경산시	10,356	56.1
두전일반산업단지	일반	경북	영주시	4,080	10.2
남영양농공단지	농공	경북	영양군	5,913	41.5
빛그린(광주광역시 구역)	국가	광주	광산구	143,088	77.4
평동3차일반산업단지(1단계)	일반	광주	광산구	209,832	44.6
남구도시산업단지	도시	광주	남구	33,675	30.7
대구국가산업단지	국가	대구	달성군	33,403	1.3
대구테크노폴리스일반산업단지 (대구경북경제자유구역)	일반	대구	달성군	39,165	1.8
대구신서혁신도시(공공주택지구)도시 산업단지(대구경북경제자유구역)	도시	대구	동구	27,792	60.3
대덕연구개발특구	국가	대전	유성구	279,109	1.3
대덕연구개발특구(제4지구)	국가	대전	유성구	279,109	25.1
미음지구산업단지 (부산진해경제자유구역)	일반	부산	강서구	78,147	4.1
미음(산업단지)	일반	부산	강서구	78,147	4.8
오리일반산업단지	일반	부산	기장군	223,052	85.2
생곡산업단지(부산진해경제자유구역)	일반	부산	강서구	23,839	7.2
반룡일반산업단지	일반	부산	기장군	6,947	2.1

단지명	유형	시도	시군구	미분양 면적	미분양율
행정중심복합도시4-2 생활권도시산업단지	도시	세종	세종	8,858	7.6
세종미래일반산업단지	일반	세종	세종	102,969	26.6
KCC울산일반산업단지	일반	울산	울주군	215,641	25.2
송도지식정보산업단지 (인천경제자유구역)	일반	인천	연수구	22,740	2.8
검단일반산업단지	일반	인천	서구	36,338	2.6
IHP도시산업단지(인천경제자유구역)	도시	인천	서구	75,955	30.8
강화일반산업단지	일반	인천	강화군	316	0.1
여수국가산업단지	국가	전남	여수시	37,689	0.2
대불국가산업단지	국가	전남	영암군	220,926	3.4
율촌제1일반산업단지 (광양만권경제자유구역)	일반	전남	여수시	830,901	14.2
빛그린산업단지	국가	전남	함평군	156,667	67.3
장흥바이오식품산업단지[구:해당]	일반	전남	장흥군	782,833	64.9
세풍일반산업단지 (광양만권경제자유구역)	일반	전남	광양시	263,239	98.3
세풍(산업단지)	일반	전남	광양시	263,239	98.3
빛그린(전라남도 구역)	국가	전남	함평군	13,579	28.3
대불(주거단지)	국가	전남	영암군	220,926	63.9
나주혁신산업단지[구:나주미래]	일반	전남	나주시	357,679	29.5
대마전기자동차산업단지[구:대마]	일반	전남	영광군	202,681	18.5
해룡산업단지(광양만권경제자유구역)	일반	전남	순천시	310,845	48.4
대양일반산업단지	일반	전남	목포시	346,439	40.6
화순생물의약산업단지 [구:화순]	일반	전남	화순군	60,162	16.6
동함평일반산업단지	일반	전남	함평군	77,058	15.8
담양일반산업단지	일반	전남	담양군	115,375	34.2
나주일반산업단지	일반	전남	나주시	5,627	1.4
광양익신일반산업단지	일반	전남	광양시	103,287	29.7
신금일반산업단지	일반	전남	광양시	90,231	40.0
나주신도일반산업단지	일반	전남	나주시	27,038	11.9
군내농공단지	농공	전남	진도군	27,476	50.6
장흥농공단지	농공	전남	장흥군	93,757	95.7
동면제2농공단지	농공	전남	화순군	11,795	11.2
학교명암축산특화농공단지	농공	전남	함평군	68,971	100.0
세라믹일반산업단지	일반	전남	목포시	52,261	64.7
영암특화농공단지	농공	전남	영암군	19,383	24.0

단지명	유형	시도	시군구	미분양 면적	미분양율
완도해양생물특화단지	농공	전남	완도군	23,765	33.5
새만금지구국가산업단지	국가	전북	군산시	1,495,864	51.1
지평선일반산업단지	일반	전북	김제시	325,851	16.8
익산제3일반산업단지	일반	전북	익산시	454,952	28.9
익산제3(산업단지)	일반	전북	익산시	260,495	20.7
국가식품클러스터	국가	전북	익산시	640,938	50.1
국가식품클러스터(산업단지)	국가	전북	익산시	640,938	55.1
정읍첨단과학(RFT)일반산업단지	일반	전북	정읍시	205,610	48.3
고창일반산업단지	일반	전북	고창군	560,615	95.5
남원일반산업단지	일반	전북	남원시	117,599	100.0
익산제4일반산업단지 [구:익산종합의료과학]	일반	전북	익산시	46,266	15.1
부안제2농공단지	농공	전북	부안군	14,164	5.6
익산제3(익산외국인)	일반	전북	익산시	194,457	60.9
함열농공단지	농공	전북	익산시	247,563	100.0
노암제3농공단지	농공	전북	남원시	89,787	42.9
진안홍삼한방농공단지	농공	전북	진안군	8,479	4.4
임피농공단지	농공	전북	군산시	67,644	38.4
소성특화농공단지	농공	전북	정읍시	122,160	74.6
철도산업농공단지	농공	전북	정읍시	12,068	23.6
복분자농공단지	농공	전북	고창군	42,860	33.5
풍산제2농공단지	농공	전북	순창군	11,684	9.4
장수농공단지	농공	전북	장수군	52,787	51.5
풍산농공단지	농공	전북	순창군	5,375	4.8
쌍암농공단지	농공	전북	순창군	48,096	71.5
석문국가산업단지	국가	충남	당진시	3,076,653	68.0
송산2일반산업단지	일반	충남	당진시	446,201	20.9
서산오토밸리일반산업단지[구:서산]	일반	충남	서산시	57,730	2.1
송산2(산업단지)	일반	충남	당진시	220,235	12.9
장항국가생태산업단지	국가	충남	서천군	190,534	56.9
서산테크노밸리일반산업단지	일반	충남	서산시	16,748	2.2
홍성일반산업단지	일반	충남	홍성군	41,878	5.4
예당일반산업단지	일반	충남	예산군	11,579	1.7
탄천일반산업단지	일반	충남	공주시	79,699	12.5
예당(1공구)	일반	충남	예산군	11,579	1.7
합덕일반산업단지	일반	충남	당진시	8,389	1.5
동산일반산업단지	일반	충남	논산시	103,620	21.7

단지명	유형	시도	시군구	미분양 면적	미분양율
웅천일반산업단지[구:선진]	일반	충남	보령시	444,010	100.0
합덕인더스파크일반산업단지	일반	충남	당진시	237,380	50.6
예산신소재일반산업단지	일반	충남	예산군	137,357	43.4
송산2(송산2외국인)	일반	충남	당진시	225,966	54.2
종천2농공단지	농공	충남	서천군	51,867	43.6
계룡제2산업단지	농공	충남	계룡시	73,506	59.6
한진농공단지	농공	충남	당진시	13,378	11.7
인삼약초특화농공단지	농공	충남	금산군	18,430	26.9
유구자카드일반산업단지	일반	충남	공주시	3,901	6.4
서천김가공특화단지	농공	충남	서천군	12,517	27.5
월미2농공단지	농공	충남	공주시	8,271	14.7
충주메가폴리스산업단지	일반	충북	충주시	27,002	2.2
충주메가폴리스(산업단지)	일반	충북	충주시	27,002	3.0
옥산산업단지	일반	충북	청주시	3,112	0.4
보은산업단지	일반	충북	보은군	129,589	16.2
영동산업단지	일반	충북	영동군	87,033	14.7
괴산대제산업단지	일반	충북	괴산군	74,840	13.5
초평은암일반산업단지	일반	충북	진천군	207,485	64.6
청산산업단지	일반	충북	옥천군	31,833	12.4
단양산업단지[구:단양신소재]	일반	충북	단양군	36,236	19.1
괴산발효식품농공단지	농공	충북	괴산군	92,016	47.0
충주제5일반산업단지	일반	충북	충주시	187,953	92.9
양화농공단지	농공	충북	제천시	26,579	27.3
옥천의료기기농공단지	농공	충북	옥천군	7,145	6.7
송학농공단지	농공	충북	제천시	4,447	5.7

전국의 산업집적 현황

1. 전국의 산업 집적지역 분석

아래 입지 분석 중 공장은 단순히 등록된 공장 숫자로만 파악한 현황으로 공장 규모나 지역 기여도, 밸류체인 등은 분석되지 않은 정보이다. 관련 기업이 다수 분포한 것을 통해 해당 지역이 어떤 업종의 산업에 관련된 기업이 많은지 확인할 수 있는 용도로 작성되었다. 참고용으로 활용하기 바란다.

행정구역별 총인구수·면적·공장수는 해당 지역에서 협력사, 인력을 어느 정도로 확보할 수 있을지 직관적으로 파악할 수 있도록 작성되었다. 인력이 부족한 곳이더라도 물류, 교통의 편의성이 높은 곳이 우리나라에는 많다. 공장 스마트화나 보다 많은 인건비 지출이 있을 수 있는 지역임을 간접적으로 알 수 있도록 하였다.

산업단지 현황의 경우 미분양이 남아 있는 지역은 공장을 사인간 매매나 임차로만 확보가 가능함을 나타내려 하였다. 미분양이 남아 있는 경우 'Part 1, Chapter 2, 3. 전국의 미분양 산업단지'를 보면 해당 지역의 미분양이 있는 산업단지를 확인할 수 있다.

1.1 서울(11,600여 개)

서울은 공장입지 규제로 규모가 작은 공장이 많은 특징이 있다. 업종별 분포를 보면 금천구에 기업들이 많이 있는데, 구로의 서울디지털국가산업단지에 지식산업센터 등이 모여 있어 그러하다.

1.1.1 공장 주요 집적지역

금천구(3,425개), 성동구(1,357개), 구로구(1,265개), 중구(1,173개), 영등포구(833개), 강서구(650개)는 제조업 업종(10 ~ 34) 공장이 고루 분포한 지역이다.

1.1.2 행정구역별(시군구) 총인구수·면적·공장수

〈표 4 - 서울시 행정구역별(시군구) 총인구수·면적·공장수〉

행정구역(시군구)별	총인구수(천명)	면적(㎢)	공장(개)
종로구	151.8	23.91	154
중구	126.4	9.96	1,173
용산구	228.8	21.87	77
성동구	303.2	16.86	1,357
광진구	352.7	17.06	173
동대문구	346.6	14.21	263
중랑구	398.8	18.51	341
성북구	441.6	24.58	122
강북구	314.1	23.6	100
도봉구	335.3	20.67	153
노원구	535.3	35.44	114
은평구	481.7	29.7	93
서대문구	310.1	17.61	51
마포구	373.6	23.84	104
양천구	459.8	17.41	115
강서구	593.7	41.44	650
구로구	406.7	20.12	1,265
금천구	233.4	13.02	3,425
영등포구	368.4	24.53	833
동작구	397.6	16.35	40
관악구	502.1	29.57	67
서초구	431	47	205
강남구	544	39.5	221
송파구	677.5	33.88	425

행정구역(시군구)별	총인구수(천명)	면적(㎢)	공장(개)
강동구	426.2	24.59	129
서울특별시	9,740.4	605.23	11,650

* 인구수 : 2019.10., 국가통계포털(이하 아래 도표 동일)
** 행정구역 면적 : 2017.12.31., 지방자치단체 행정구역 및 인구현황, 행정안전부(이하 아래 도표 동일)
*** 공장수 : 2019.10., 팩토리온(이하 아래 도표 동일)

1.1.3 업종별 공장 분포

〈표 5 – 서울특별시 업종별 공장 분포〉

(2019.10기준)

세분류	업종명	총공장수(개)	강서구	구로구	금천구	성동구	영등포	중랑구	중구	지역
1322	직물제품	285			24	29		42		
1411	겉옷	317			80				51	강남구(25)
1419	기타 봉제의복	688			118			99		동대문(75)
1512	핸드백, 가방 및 기타 보호용 케이스	151	21		18			19		
1790	기타 종이 및 판지 제품	92	12		27	14				
1811	인쇄업	1,446			108	231			851	
2042	세제, 화장품 및 광택제	82			31					
2229	기타 플라스틱 제품	131			66	16				
2511	구조용 금속제품	108		15	26	21	15			
2592	금속,열처리, 도금및기타금속가공업	108		22	27			44		
2599	그 외 기타 금속 가공제품	138		18	35	28				
2629	기타 전자부품	297	24	42	162					
2631	컴퓨터	210		29	85		19			
2632	기억장치 및 주변기기	271	20	46	110					
2641	유선 통신장비	285		47	76		32			
2642	방송 및 무선 통신장비	493		52	174	53				
2651	텔레비전,비디오및기타 영상기기	108		12	51	10				
2652	오디오,스피커및기타음향기기	117	13	10	30					
2719	기타 의료용 기기	295		48	115	21				
2721	측정, 시험, 항해, 제어 및 기타 정밀기기	533		100	249	38				

업종(제조업)		총공장수(개)	대표 3개 지역(공장 개수)							
세분류	업종명		강서구	구로구	금천구	성동구	영등포	중랑구	중구	지역
2811	전동기,발전기및전기변환장치	161		24	66	13	13			
2812	전기 공급 및 제어장치	474		69	213	46				
2842	조명장치	284			66	55	20			
2890	기타 전기장비	209	17	26	67					
2917	냉각, 공기 조화, 여과, 증류 및 가스 발생기	192		26	75	24				
2929	기타 특수목적용 기계	272		28	164		32			
3311	귀금속 및 장신용품	75			14	16				종로구(26)
3391	간판 및 광고물	239			26		24			송파구(25)
3393	가발, 장식용품 및 전시용 모형	141		12	54	24				
합 계		8,202	107	626	2,357	639	199	160	902	151

1.1.4 서울특별시 내 산업단지 현황

〈표 6 – 서울특별시 내 산업시설용지 분양 현황〉

2019년 8월말 현재(단위:㎡,%)

유형	단지수	지정면적	분양대상면적	미분양	미분양율
국가	1	1,925,327	1,447,460	0	0.0
일반	2	1,281,344	852,539	0	0.0
도시첨단	–	–	–	–	–
농공	–	–	–	–	–
계	3	3,206,671	2,299,999	0	0.0

1.2 경기(69,800여 개)

1.2.1 행정구역별(시군구) 총인구수·면적·공장수

〈표 7 – 경기도 행정구역별(시군구) 총인구수·면적·공장수〉

행정구역(시군구)별	총인구수(천명)	면적(㎢)	공장(개)
수원시	1,196.10	121.05	1,216
성남시	944.7	141.66	3,447
의정부시	451.8	81.54	219
안양시	570.5	58.49	1,920
부천시	833.2	53.44	3,552

행정구역(시군구)별	총인구수(천명)	면적(㎢)	공장(개)
광명시	319.2	3.52	611
평택시	507.6	458.08	2,112
동두천시	94.9	95.66	206
안산시	654.7	155.19	6,550
고양시	1,059.30	268.10	1,432
과천시	58	35.87	25
구리시	199.6	33.31	93
남양주시	699.3	458.07	2,658
오산시	223	42.73	218
시흥시	468.3	137.60	6,117
군포시	274.7	36.41	1,656
의왕시	159.9	53.99	548
하남시	269.5	93.03	471
용인시	1,055.50	591.34	2,179
파주시	453.8	672.83	4,119
이천시	216.2	461.38	1,083
안성시	184.1	553.40	2,061
김포시	434.3	276.60	6,587
화성시	803.3	693.95	10,350
광주시	370.4	431.02	2,621
양주시	221.6	310.34	2,229
포천시	148.8	826.63	4,030
여주시	111	608.33	762
연천군	43.9	676.32	156
가평군	62.7	843.72	134
양평군	117	877.69	149
경기도	13,207.20	10,151.29	69,511

1.2.2 경기도 내 산업단지 현황

〈표 8 – 경기도 산업시설용지 분양 현황〉

2019년 8월말 현재(단위 : ㎡, %)

유형	단지수	지정면적	분양대상면적	미분양	미분양율
국가	4	171,913,796	30,615,223	0	0.0
일반	168	68,268,045	42,569,800	1,065,036	3.1
도시첨단	8	1,617,422	616,295	0	0.0
농공	1	116,704	96,219	0	0.0
계	181	241,915,967	73,897,537	1,065,036	1.7

1.2.3 경기도 기초 자치단체별 등록 공장 집적 현황(업종별 공장 분포)

(1) 화성시(10,300여 개)

화성시 총 등록 공장 수가 1만 개인데 아래 9가지 중분류에 8천3백여 개가 몰려 있음.

〈표 9 – 화성시 업종별 공장 분포〉

(2019.10기준)

업종(제조업)		총공장수 (개)	대표 세분류 업종(개) (대표 지역(개))
중분류 (세분류)	업종명		
17	펄프, 종이 및 종이제품	295	(1721)골판지 및 골판지 가공제품 제조업(107개) (1722)종이 포대, 판지 상자 및 종이 용기 제조업 (74개) (1790)기타 종이 및 판지 제품 제조업(81개)
18	인쇄 및 기록매체 복제업	153	(1811)인쇄업(140개)
22	고무 및 플라스틱제품	1,283	(2219)기타 고무제품 제조업(99개) (2221)1차 플라스틱제품 제조업(159개) (2222)건축용 플라스틱제품 제조업(150개) (2223)포장용 플라스틱제품 제조업(247개) (2224)기계장비 조립용 플라스틱제품 제조업(187개) (2225)기타 플라스틱 제품 제조업(70개) (2229)기타 플라스틱 제품 제조업(367개)
25	금속 가공제품;기계 및 가구 제외	2,105	(2511)구조용 금속제품 제조업(933개) (2512)산업용 난방 보일러, 금속탱크 및 유사용품 제조업(150개) (2591)금속 단조, 압형 및 분말 야금제품 제조업 (127개) (2592)금속 열처리, 도금 및 기타 금속 가공업(477개) (2593)날붙이, 수공구 및 일반 철물 제조업(98개) (2594)금속 파스너, 스프링 및 금속선 가공제품 제조업(120개) (2599)그 외 기타 금속 가공제품 제조업(189개)
26	전자 부품, 컴퓨터, 영상, 음향 및 통신장비	670	(2629)기타 전자 부품 제조업(386개)
27	의료, 정밀, 광학 기기 및 시계	239	(2721)측정, 시험, 항해, 제어 및 기타 정밀 기기 제조업(149개)

업종(제조업)		총공 장수 (개)	대표 세분류 업종(개) (대표 지역(개))
중분류 (세분류)	업종명		
28	전기장비	705	(2811)전동기, 발전기 및 전기 변환장치 제조업(105개) (2812)전기 공급 및 제어장치 제조업(232개) (2842)조명장치 제조업(109개)
29	기타 기계 및 장비	2,406	(2916)산업용 트럭, 승강기 및 물품 취급장비 제조업 (165개) (2917)냉각, 공기 조화, 여과, 증류 및 가스 발생기 제조업(414개) (2919)기타 일반 목적용 기계 제조업(181개) (2922)가공 공작기계 제조업(181개) (2924)건설 및 광업용 기계장비 제조업(108개) (2927)반도체 및 디스플레이 제조용 기계 제조업 (405개) (2929)기타 특수 목적용 기계 제조업(627개)
30	자동차 및 트레일러	536	(3020)자동차 차체 및 트레일러 제조업(89개) (3031)자동차 엔진용 신품 부품 제조업(55개) (3032)자동차 차체용 신푼 부품 제조업(55개) (3033)자동차용 신품 동력 전달장치 및 전기장치 제조업(28개) (3039)자동차용 기타 신품 부품 제조업(292개)
합 계		8,392	7356

(2) 안산시(6,500여 개)

〈표 10 – 안산시 업종별 공장 분포〉

(2019.10기준)

업종(제조업)		총공 장수 (개)	대표 세분류 업종(개) (대표 지역(개))
중분류 (세분류)	업종명		
13	섬유제품 제조업; 의복제외	177	(1340)섬유제품 염색, 정리 및 마무리 가공업(126개)
24	1차 금속	370	(2419)기타 1차 철강 제조업(184개)
25	금속 가공제품;기계 및 가구 제외	1,512	(2511)구조용 금속제품 제조업(187개) (2592)금속 열처리, 도금 및 기타 금속 가공업(1,004개)
26	전자 부품, 컴퓨터, 영상, 음향 및 통신장비	1,076	(2622)인쇄회로기판 및 전자부품 실장기판 제조업 (666개) (2629)기타 전자 부품 제조업(227개)

업종(제조업)		총공장수 (개)	대표 세분류 업종(개) (대표 지역(개))
중분류 (세분류)	업종명		
27	의료, 정밀, 광학 기기 및 시계	201	(2721)측정, 시험, 항해, 제어 및 기타 정밀 기기 제조업(137개)
28	전기장비	588	(2812)전기 공급 및 제어장치 제조업(326개)
29	기타 기계 및 장비	1,276	(2913)펌프 및 압축기 제조업;탭, 밸브 및 유사제품 제조업(99개) (2917)냉각, 공기 조화, 여과, 증류 및 가스 발생기 제조업(165개) (2919)기타 일반 목적용 기계 제조업(117개) (2922)가공 공작기계 제조업(115개) (2927)반도체 및 디스플레이 제조용 기계 제조업 (105개) (2929)기타 특수 목적용 기계 제조업(445개)
30	자동차 및 트레일러	209	(3039)자동차용 기타 신품 부품 제조업(99개)
합 계		5,409	4,002

(3) 김포시(6,500여 개)

〈표 11 - 김포시 업종별 공장 분포〉

(2019.10기준)

업종(제조업)		총공장수 (개)	대표 세분류 업종(개) (대표 지역(개))
중분류 (세분류)	업종명		
18	인쇄 및 기록매체 복제업	147	(1811)인쇄업(133개)
22	고무 및 플라스틱제품	678	(2221)1차 플라스틱제품 제조업(110개) (2222)건축용 플라스틱제품 제조업(85개) (2223)포장용 플라스틱제품 제조업(123개) (2229)기타 플라스틱 제품 제조업(182개)
25	금속 가공제품;기계 및 가구 제외	1,411	(2511)구조용 금속제품 제조업(615개) (2512)산업용 난방 보일러, 금속탱크 및 유사용품 제조업(104개) (2591)금속 단조, 압형 및 분말 야금제품 제조업(95개) (2592)금속 열처리, 도금 및 기타 금속 가공업(251개) (2593)날붙이, 수공구 및 일반 철물 제조업(87개) (2594)금속 파스너, 스프링 및 금속선 가공제품 제조업(102개) (2599)그 외 기타 금속 가공제품 제조업(149개)

업종(제조업)		총공장수(개)	대표 세분류 업종(개) (대표 지역(개))
중분류 (세분류)	업종명		
28	전기장비 제조업	504	(2811)전동기, 발전기 및 전기 변환장치 제조업(78개) (2812)전기 공급 및 제어장치 제조업(154개) (2842)조명장치 제조업(118개) (2851)가정용 전기 기기 제조업(64개)
29	기타 기계 및 장비	1,265	(2913)펌프 및 압축기 제조업;탭, 밸브 및 유사 제품 제조업(184개) (2916)산업용 트럭, 승강기 및 물품 취급장비 제조업(169개) (2917)냉각, 공기 조화, 여과, 증류 및 가스 발생기 제조업(290개) (2919)기타 일반 목적용 기계 제조업(111개) (2922)가공 공작기계 제조업(91개) (2929)기타 특수 목적용 기계 제조업(234개)
32	가구	438	(3202)목재 가구 제조업(354개)
합 계		4,443	3,883

(4) 시흥시(6,100여 개)

〈표 12 – 시흥시 업종별 공장 분포〉

(2019.10기준)

업종(제조업)		총공장수(개)	대표 세분류 업종(개) (대표 지역(개))
중분류 (세분류)	업종명		
24	1차 금속	349	(2419)기타 1차 철강 제조업(213개)
25	금속 가공제품;기계 및 가구 제외	1,821	(2511)구조용 금속제품 제조업(307개) (2591)금속 단조, 압형 및 분말 야금제품 제조업(140개) (2592)금속 열처리, 도금 및 기타 금속 가공업(1,041개) (2593)날붙이, 수공구 및 일반 철물 제조업(67개) (2594)금속 파스너, 스프링 및 금속선 가공제품 제조업(126개) (2599)그 외 기타 금속 가공제품 제조업(84개)

업종(제조업)		총공장수 (개)	대표 세분류 업종(개) (대표 지역(개))
중분류 (세분류)	업종명		
26	전자 부품, 컴퓨터, 영상, 음향 및 통신장비	342	(2622)인쇄회로기판 및 전자부품 실장기판 제조업 (73개) (2629)기타 전자 부품 제조업(128개)
27	의료, 정밀, 광학 기기 및 시계	196	(2721)측정, 시험, 항해, 제어 및 기타 정밀 기기 제조업(150개)
28	전기장비	595	(2811)전동기, 발전기 및 전기 변환장치 제조업(76개) (2812)전기 공급 및 제어장치 제조업(311개)
29	기타 기계 및 장비	1,669	(2913)펌프 및 압축기 제조업; 탭, 밸브 및 유사제품 제조업(135개) (2916)산업용 트럭, 승강기 및 물품 취급장비 제조업 (115개) (2917)냉각, 공기 조화, 여과, 증류 및 가스 발생기 제조업(205개) (2919)기타 일반 목적용 기계 제조업(140개) (2922)가공 공작기계 제조업(202개) (2927)반도체 및 디스플레이 제조용 기계 제조업(90개) (2929)기타 특수 목적용 기계 제조업(517개)
합 계		4,972	4,120

(5) 파주시(4,400여 개)

〈표 13 – 파주시 업종별 공장 분포〉

(2019.10기준)

업종(제조업)		총공장수 (개)	대표 세분류 업종(개) (대표 지역(개))
중분류 (세분류)	업종명		
10, 11	식료품·음료	344	(1071)떡, 빵 및 과자류 제조업(69개) (1079)기타 식료품 제조업(57개)
17	펄프, 종이 및 종이제품	276	(1790)기타 종이 및 판지 제품 제조업(107개)
18	인쇄 및 기록매체 복제업	440	(1811)인쇄업(320개) (1812)인쇄관련 산업(114개)
22	고무 및 플라스틱제품	467	(2229)기타 플라스틱 제품 제조업(148개)
25	금속 가공제품;기계 및 가구 제외	588	(2511)구조용 금속제품 제조업(299개) (2599)그 외 기타 금속 가공제품 제조업(95개)

업종(제조업)		총공장수 (개)	대표 세분류 업종(개) (대표 지역(개))
중분류 (세분류)	업종명		
28	전기장비	293	(2812)전기 공급 및 제어장치 제조업(92개) (2842)조명장치 제조업(99개)
29	기타 기계 및 장비	433	(2917)냉각, 공기 조화, 여과, 증류 및 가스 발생기 제조업(148개)
합 계		2,841	1,548

(6) 포천시(4,000여 개)

〈표 14 - 포천시 업종별 공장 분포〉

(2019.10기준)

업종(제조업)		총공장수 (개)	대표 세분류 업종(개) (대표 지역(개))
중분류 (세분류)	업종명		
10, 11	식료품·음료	462	(1012)육류 가공 및 저장 처리업(71개) (1071)떡, 빵 및 과자류 제조업(66개) (1074)조미료 및 식품 첨가물 제조업(48개) (1079)기타 식료품 제조업(77개)
13	섬유제품 제조업; 의복제외	716	(1310)방적 및 가공사 제조업(108개) (1322)직물제품 제조업(59개) (1330)편조 원단 제조업(264개) (1340)섬유제품 염색, 정리 및 마무리 가공업(122개) (1399)그 이 기타 섬유제품 제조업(136개)
22	고무 및 플라스틱제품	407	(2221)1차 플라스틱제품 제조업(79개) (2222)건축용 플라스틱제품 제조업(64개) (2223)포장용 플라스틱제품 제조업(68개) (2229)기타 플라스틱 제품 제조업(128개)
23	비금속 광물	247	(2391)석제품 제조업(103개)
25	금속 가공제품; 기계 및 가구 제외	396	(2511)구조용 금속제품 제조업(178개)
28	전기장비	245	(2812)전기 공급 및 제어장치 제조업(103개) (2842)조명장치 제조업(99개) (2851)가정용 전기 기기 제조업(64개)
32	가구	494	(3202)목재 가구 제조업(424개)
합 계		2,967	2,261

(7) 부천시(3,500여 개)

〈표 15 – 부천시 업종별 공장 분포〉

(2019.10기준)

업종(제조업)		총공장수 (개)	대표 세분류 업종(개) (대표 지역(개))
중분류 (세분류)	업종명		
20	화학 물질 및 화학제품 제조업;의약품 제외	117	(2042)세제, 화장품 및 광택제 제조업(70개)
22	고무 및 플라스틱제품	320	(2224)기계장비 조립용 플라스틱제품 제조업(75개) (2229)기타 플라스틱 제품 제조업(112개)
25	금속 가공제품; 기계 및 가구 제외	404	(2592)금속 열처리, 도금 및 기타 금속 가공업(151개)
26	전자 부품, 컴퓨터, 영상, 음향 및 통신장비	441	(2629)기타 전자 부품 제조업(111개) (2642)방송 및 무선 통신장비 제조업(129개)
27	의료, 정밀, 광학 기기 및 시계	263	(2719)기타 의료용 기기 제조업(67개) (2721)측정, 시험, 항해, 제어 및 기타 정밀 기기 제조업(166개)
28	전기장비	720	(2811)전동기, 발전기 및 전기 변환장치 제조업(108개) (2812)전기 공급 및 제어장치 제조업(137개) (2842)조명장치 제조업(274개) (2851)가정용 전기 기기 제조업(81개)
29	기타 기계 및 장비	739	(2913)펌프 및 압축기 제조업;탭, 밸브 및 유사제품 제조업(72개) (2917)냉각, 공기 조화, 여과, 증류 및 가스 발생기 제조업(110개) (2919)기타 일반 목적용 기계 제조업(62개) (2929)기타 특수 목적용 기계 제조업(312개)
합 계		3,004	2,037

(8) 성남시(3,400여 개)

〈표 16 – 성남시 업종별 공장 분포〉

(2019.10기준)

업종(제조업)		총공장수 (개)	대표 세분류 업종(개) (대표 지역(개))
중분류 (세분류)	업종명		
10, 11	식료품·음료	322	(1071)떡, 빵 및 과자류 제조업(88개)

업종(제조업)		총공장수(개)	대표 세분류 업종(개)(대표 지역(개))
중분류(세분류)	업종명		
14	의복, 의복 액세서리 및 모피제품	374	(1419)기타 봉제의복 제조업(115개)(1430)편조의복 제조업(91개)(1441)편조 의복 액세서리 제조업(88개)
20	화학 물질 및 화학제품 제조업;의약품 제외	170	(2042)세제, 화장품 및 광택제 제조업(88개)
26	전자 부품, 컴퓨터, 영상, 음향 및 통신장비	666	(2629)기타 전자 부품 제조업(139개)(2641)유선 통신장비 제조업(120개)(2642)방송 및 무선 통신장비 제조업(177개)
27	의료, 정밀, 광학 기기 및 시계	423	(2719)기타 의료용 기기 제조업(167개)(2721)측정, 시험, 항해, 제어 및 기타 정밀 기기 제조업(190개)
28	전기장비	418	(2812)전기 공급 및 제어장치 제조업(120개)(2842)조명장치 제조업(95개)
29	기타 기계 및 장비	288	(2917)냉각, 공기 조화, 여과, 증류 및 가스 발생기 제조업(75개)(2927)반도체 및 디스플레이 제조용 기계 제조업(51개)
합 계		2,661	1,604

(9) 과밀억제권역 중 10곳

안양시(1,920개), 군포시(1,656개), 고양시(1,432개), 수원시(1,216개), 광명시(611개), 의왕시(548개), 하남시(471개), 의정부시(219개), 구리시(93개), 과천시(25개)(총 8,100여 개).

〈표 17 - 과밀억제권역 내 지자체 업종별 공장 분포〉

(2019.10기준)

업종(제조업)		총공장수(개)	대표 세분류 업종(개)(대표 지역(개))
중분류(세분류)	업종명		
10, 11	식료품·음료	402	(1071)떡, 빵 및 과자류 제조업(88개)(1079)기타 식료품 제조업(77개)
13	섬유제품 제조업;의복제외	182	(1322)직물제품 제조업(59개)
14	의복, 의복 액세서리 및 모피제품	225	(1411)겉옷 제조업(50개)(1419)기타 봉제의복 제조업(100개)

업종(제조업)		총공 장수 (개)	대표 세분류 업종(개) (대표 지역(개))
중분류 (세분류)	업종명		
17	펄프, 종이 및 종이제품	157	(1790)기타 종이 및 판지 제품 제조업(88개)
18	인쇄 및 기록매체 복제업	370	(1811)인쇄업(310개) (1812)인쇄관련 산업(56개)
20	화학 물질 및 화학제품 제조업;의약품 제외	196	(2042)세제, 화장품 및 광택제 제조업(95개)
22	고무 및 플라스틱제품	355	(2223)포장용 플라스틱제품 제조업(58개) (2229)기타 플라스틱 제품 제조업(135개)
25	금속 가공제품;기계 및 가구 제외	463	(2511)구조용 금속제품 제조업(159개) (2592)금속 열처리, 도금 및 기타 금속 가공업 (121개)
26	전자 부품, 컴퓨터, 영상, 음향 및 통신장비	1,655	(2622)인쇄회로기판 및 전자부품 실장기판 제조업 (131개) (2629)기타 전자 부품 제조업(378개) (2632)기억 장치 및 주변 기기 제조업(121개) (2641)유선 통신장비 제조업(236개) (2642)방송 및 무선 통신장비 제조업(455개) (2651)텔레비전, 비디오 및 기타 영상 기기 제조업(104개)
27	의료, 정밀, 광학 기기 및 시계	694	(2719)기타 의료용 기기 제조업(220개) (2721)측정, 시험, 항해, 제어 및 기타 정밀 기기 제조업(411개)
28	전기장비	1,394	(2811)전동기, 발전기 및 전기 변환장치 제조업 (241개) (2812)전기 공급 및 제어장치 제조업(442개) (2842)조명장치 제조업(348개) (2851)가정용 전기 기기 제조업(104개) (2890)기타 전기장비 제조업(157개)
29	기타 기계 및 장비	1,258	(2913)펌프 및 압축기 제조업;탭, 밸브 및 유사제품 제조업(74개) (2917)냉각, 공기 조화, 여과, 증류 및 가스 발생기 제조업(230개) (2919)기타 일반 목적용 기계 제조업(116개) (2922)가공 공작기계 제조업(70개) (2927)반도체 및 디스플레이 제조용 기계 제조업 (135개) (2929)기타 특수 목적용 기계 제조업(414개)
합 계		7,351	5,783

(10) 성장관리권역(북부) 중 4곳

남양주시(2,658개, 자연보전권역 지역 공장 모두 여기에 정리), 양주시(2,229개), 동두천시(206개), 연천군(156개)(총 5,200여 개).

〈표 18 – 성장관리권역 내(북부) 지자체 업종별 공장 분포〉

(2019.10기준)

업종(제조업)		총공장수 (개)	대표 세분류 업종(개) (대표 지역(개))
중분류 (세분류)	업종명		
10, 11	식료품·음료	429	(1012)육류 가공 및 저장 처리업(70개) (1071)떡, 빵 및 과자류 제조업(62개) (1079)기타 식료품 제조업(58개)
13	섬유제품 제조업; 의복제외	676	(1322)직물제품 제조업(125개) (1330)편조 원단 제조업(139개) (1340)섬유제품 염색, 정리 및 마무리 가공업(198개) (1399)그 이 기타 섬유제품 제조업(122개)
15	가죽, 가방 및 신발	139	(1511)모피 및 가죽 제조업(82개)
22	고무 및 플라스틱제품	501	(2221)1차 플라스틱제품 제조업(88개) (2222)건축용 플라스틱제품 제조업(86개) (2223)포장용 플라스틱제품 제조업(78개) (2229)기타 플라스틱 제품 제조업(166개)
25	금속 가공제품;기계 및 가구 제외	810	(2511)구조용 금속제품 제조업(334개) (2592)금속 열처리, 도금 및 기타 금속 가공업(79개) (2593)날붙이, 수공구 및 일반 철물 제조업(138개) (2599)그 외 기타 금속 가공제품 제조업(170개)
28	전기장비	442	(2812)전기 공급 및 제어장치 제조업(137개) (2842)조명장치 제조업(115개)
29	기타 기계 및 장비	480	(2917)냉각, 공기 조화, 여과, 증류 및 가스 발생기 제조업(136개) (2919)기타 일반 목적용 기계 제조업(52개) (2929)기타 특수 목적용 기계 제조업(85개)
32	가구	390	(3202)목재 가구 제조업(261개) (3209)기타 가구 제조업(89개)
합 계		3,867	2,870

(11) 성장관리권역(남부) 중 4곳

용인시(2,179개, 자연보전권역 지역 공장 모두 여기에 정리), 평택시(2,112개), 안성시(2,061개), 오산시(218개)(총 6,500여 개).

〈표 19 – 성장관리권역 내(남부) 지자체 업종별 공장 분포〉

(2019.10기준)

업종(제조업)		총공장수 (개)	대표 세분류 업종(개) (대표 지역(개))
중분류 (세분류)	업종명		
10, 11	식료품·음료	735	(1012)육류 가공 및 저장 처리업(84개) (1030)과실, 채소 가공 및 저장 처리업(70개) (1061)곡물 가공품 제조업(92개) (1074)조미료 및 식품 첨가물 제조업(86개) (1079)기타 식료품 제조업(103개) (1080)동물용 사료 및 조제식품 제조업(97개)
17	펄프, 종이 및 종이제품	244	(1721)골판지 및 골판지 가공제품 제조업(94개) (1722)종이 포대, 판지 상자 및 종이 용기 제조업(52개) (1790)기타 종이 및 판지 제품 제조업(69개)
18	인쇄 및 기록매체 복제업	111	(1811)인쇄업(100개)
20	화학 물질 및 화학제품 제조업;의약품 제외	512	(2020)합성고무 및 플라스틱 물질 제조업(85개) (2031)비료 및 질소 화합물 제조업(63개) (2042)세제, 화장품 및 광택제 제조업(134개) (2049)그 외 기타 화학제품 제조업(107개)
22	고무 및 플라스틱제품	640	(2221)1차 플라스틱제품 제조업(102개) (2222)건축용 플라스틱제품 제조업(72개) (2223)포장용 플라스틱제품 제조업(112개) (2224)기계장비 조립용 플라스틱제품 제조업(84개) (2225)기타 플라스틱 제품 제조업(66개) (2229)기타 플라스틱 제품 제조업(158개)
23	비금속 광물	260	(2332)콘크리트, 레미콘 및 기타 시멘트, 플라스터 제품 제조업(95개) (2391)석제품 제조업(56개)
25	금속 가공제품;기계 및 가구 제외	669	(2511)구조용 금속제품 제조업(298개) (2592)금속 열처리, 도금 및 기타 금속 가공업(141개)

업종(제조업)		총공장수 (개)	대표 세분류 업종(개) (대표 지역(개))
중분류 (세분류)	업종명		
26	전자 부품, 컴퓨터, 영상, 음향 및 통신장비	519	(2629)기타 전자 부품 제조업(165개) (2642)방송 및 무선 통신장비 제조업(105개)
27	의료, 정밀, 광학 기기 및 시계	217	(2719)기타 의료용 기기 제조업(76개) (2721)측정, 시험, 항해, 제어 및 기타 정밀 기기 제조업(118개)
28	전기장비	499	(2811)전동기, 발전기 및 전기 변환장치 제조업 (69개) (2812)전기 공급 및 제어장치 제조업(143개) (2842)조명장치 제조업(104개) (2890)기타 전기장비 제조업(65개)
29	기타 기계 및 장비	1,007	(2913)펌프 및 압축기 제조업;탭, 밸브 및 유사제품 제조업(55개) (2917)냉각, 공기 조화, 여과, 증류 및 가스 발생기 제조업(212개) (2919)기타 일반 목적용 기계 제조업(52개) (2921)농업 및 임업용 기계 제조업(224개) (2927)반도체 및 디스플레이 제조용 기계 제조업 (299개) (2929)기타 특수 목적용 기계 제조업(138개)
30	자동차 및 트레일러	288	(3039)자동차용 기타 신품 부품 제조업(135개)
32	가구	160	(3202)목재 가구 제조업(107개)
합 계		5,861	4,487

(12) 자연보전권역 중 5곳

광주시(2,621개), 이천시(1,083개), 여주시(762개), 양평군(149개), 가평군(134개)(총 4,700여 개)

〈표 20 - 자연보전권역 내 지자체 업종별 공장 분포〉

(2019.10기준)

업종(제조업)		총공장수(개)	대표 세분류 업종(개) (대표 지역(개))
중분류(세분류)	업종명		
10, 11	식료품·음료	671	(1012)육류 가공 및 저장 처리업(74개) (1030)과실, 채소 가공 및 저장 처리업(96개) (1061)곡물 가공품 제조업(80개) (1074)조미료 및 식품 첨가물 제조업(78개) (1079)기타 식료품 제조업(103개)
16	목재 및 나무제품 제조업;가구제외	189	(1610)제재 및 목재 가공업(70개) (1622)건축용 나무제품 제조업(63개)
22	고무 및 플라스틱제품	449	(2221)1차 플라스틱제품 제조업(64개) (2223)포장용 플라스틱제품 제조업(105개) (2229)기타 플라스틱 제품 제조업(109개)
23	비금속 광물	599	(2322)비내화 일반 도자기 제조업(310개) (2332)콘크리트, 레미콘 및 기타 시멘트, 플라스터 제품 제조업(152개)
25	금속 가공제품;기계 및 가구 제외	583	(2511)구조용 금속제품 제조업(328개) (2592)금속 열처리, 도금 및 기타 금속 가공업(63개) (2599)그 외 기타 금속 가공제품 제조업(73개)
28	전기장비	343	(2812)전기 공급 및 제어장치 제조업(100개) (2842)조명장치 제조업(97개)
29	기타 기계 및 장비	420	(2913)펌프 및 압축기 제조업;탭, 밸브 및 유사제품 제조업(50개) (2917)냉각, 공기 조화, 여과, 증류 및 가스 발생기 제조업(103개) (2919)기타 일반 목적용 기계 제조업(49개) (2929)기타 특수 목적용 기계 제조업(70개)
32	가구	350	(3201)침대 및 내장 가구 제조업(60개) (3202)목재 가구 제조업(250개)
합 계		3,604	2,547

1.3 강원(3,800여 개)

강원은 전지역에 (10, 11)식·음료 제조업 공장(1,022개)이 가장 많고, 다음으로 (29)기타 기계 및 장비 제조업 공장(303개)이 많다.

1.3.1 공장 주요 집적지역

원주시(1,060개), 춘천시(565개), 강릉시(438개), 동해시(240개), 횡성군(228개).

1.3.2 행정구역별(시군구) 총인구수·면적·공장수

〈표 21 – 강원도 행정구역별(시군구) 총인구수·면적·공장수〉

행정구역(시군구)별	총인구수(천명)	면적(㎢)	공장(개)
춘천시	280.5	1,116.40	565
원주시	347.8	868.27	1,060
강릉시	213.5	1,040.71	438
동해시	90.5	180.21	240
태백시	44.1	303.5	74
속초시	81.8	105.74	159
삼척시	67.7	1,186.96	107
홍천군	69.3	1,820.28	154
횡성군	46.7	998.1	228
영월군	39.2	1,127.64	118
평창군	42.3	1,463.89	112
정선군	37.4	1,219.77	82
철원군	45.6	889.47	106
화천군	24.7	908.92	48
양구군	23.1	705.87	58
인제군	31.7	1,645.18	84
고성군	27.3	664.04	74
양양군	27.7	630.1	99
강원도	1,540.9	16,875.05	3,806

1.3.3 업종별 공장 분포(2019.10기준)

강원은 아래 업종별 기업수가 1천9백여 개 정도로 보다 많은 업종을 나타내기 위해 대표지역으로 표시.

〈표 22 – 강원도 업종별 공장 분포〉

(2019.10기준)

업종(제조업)		총공장수 (개)	대표 3개 지역(개)
세분류	업종명		
1021	수산동물 가공 및 저장 처리업	216	속초시(60), 강릉시(53), 동해시(33)
1030	과실, 채소 가공 및 저장 처리업	131	횡성군(15), 원주시(14), 춘천시(11), 태백시(11)
1079	기타 식료품 제조업	164	원주시(30), 강릉시(25), 춘천시(24)
1610	제재 및 목재 가공업	99	원주시(22), 강릉시(12), 동해시(10)
1811	인쇄업	43	춘천시(15), 원주시(14)
2042	세제, 화장품 및 광택제	57	춘천시(26), 원주시(13)
2110	기초 의약 물질 및 생물학적 제제	20	춘천시(14)
2332	콘크리트, 레미콘 및 기타 시멘트, 플라스터 제품	235	원주시(46), 동해시(25), 강릉시(24)
2399	그 외 기타 비금속 광물제품	89	원주시(20), 영월군(13), 춘천시(10)
2511	구조용 금속제품	257	원주시(68), 춘천시(41), 강릉시(35)
2642	방송 및 무선 통신장비	80	춘천시(18), 원주시(14), 강릉시(12)
2719	기타 의료용 기기	128	원주시(106), 춘천시(14)
2812	전기 공급 및 제어장치	87	춘천시(23), 원주시(19)
2842	조명장치 제조업	73	원주시(28), 춘천시(15)
2913	펌프 및 압축기 제조업;밸브 및 유사 장치	35	원주시(15), 춘천시(7)
2917	냉각, 공기 조화, 여과, 증류 및 가스 발생기	69	원주시(31), 횡성군(9)
2924	건설 및 광업용 기계 장비	77	원주시(19), 강릉시(17)
3039	자동차용 기타 신품 부품	45	원주시(40)
3202	목재 가구	72	춘천시(20), 원주시(19), 동해시(10)
합 계		1,905	1,474

1.3.4 강원도 내 산업단지 현황

〈표 23 - 강원도 산업시설용지 분양 현황〉

2019년 8월말 현재(단위:㎡,%)

유형	단지수	지정면적	분양대상면적	미분양	미분양율
국가	1	4,030,000	702,401	0	0.0
일반	24	14,470,019	9,206,700	592,178	8.7
도시첨단	4	352,862	123,303	0	0.0
농공	44	7,016,639	5,057,381	223,164	4.5
계	73	25,869,520	15,089,785	815,342	6.5

1.4 경남(19,400여 개)

경남은 (25)금속 가공제품 제조업(기계 및 가구 제외) 공장(4,303개)과 (29)기타 기계 및 장비 제조업 공장(4,044개)이 두드러지게 많음을 알 수 있다.

1.4.1 공장 주요 집적지역

김해시(6,379개), 창원시(4,709개), 양산시(2,309개), 함안군(1,885개), 진주시(1,220개).

1.4.2 행정구역별(시군구) 총인구수·면적·공장수

〈표 24 - 경상남도 행정구역별(시군구) 총인구수·면적·공장수〉

행정구역(시군구)별	총인구수(천명)	면적(㎢)	공장(개)
창원시	1,046.60	747.82	4,709
진주시	347.4	712.96	1,220
통영시	131.9	239.86	155
사천시	112.2	398.64	524
김해시	540.3	463.36	6,379
밀양시	105.8	798.64	478
거제시	248.5	402.74	134
양산시	349.6	485.41	2,309
의령군	27.3	482.86	196
함안군	66	416.6	1,885

행정구역(시군구)별	총인구수(천명)	면적(㎢)	공장(개)
창녕군	62.4	532.86	524
고성군	52.5	517.92	201
남해군	43.8	357.57	62
하동군	46.8	675.62	144
산청군	35.5	794.82	125
함양군	39.8	725.48	137
거창군	62.4	803.2	167
합천군	45.4	983.47	131
경상남도	3,364.2	10,539.83	19,480

1.4.3 업종별 공장 분포

〈표 25 - 경상남도 업종별 공장 분포〉

(2019.10기준)

업종(제조업)		총공장수 (개)	대표 세분류 업종(개) (대표 지역(개))
중분류 (세분류)	업종명		
10, 11	식료품·음료	1,546	(1012)육류 가공 및 저장 처리업(165개) (1021)수산동물 가공 및 저장 처리업(323개) (1061)곡물 가공품 제조업(132개) (1074)조미료 및 식품 첨가물 제조업(136개) (1079)기타 식료품 제조업(201개)
13	섬유제품 제조업; 의복제외	480	(1321)직물 직조업(146개) (1322)직물제품 제조업(103개)
16	목재 및 나무제품 제조업;가구제외	395	(1610)제재 및 목재 가공업(193개)
17	펄프, 종이 및 종이제품	247	(1721)골판지 및 골판지 가공제품 제조업(119개)
20	화학 물질 및 화학제품 제조업; 의약품 제외	698	(2020)합성고무 및 플라스틱 물질 제조업(168개) (2031)비료 및 질소 화합물 제조업(123개) (2049)그 외 기타 화학제품 제조업(128개)
22	고무 및 플라스틱제품	1,097	(2219)기타 고무제품 제조업(180개) (2221)1차 플라스틱제품 제조업(189개) (2222)건축용 플라스틱제품 제조업(121개) (2223)포장용 플라스틱제품 제조업(110개) (2224)기계장비 조립용 플라스틱제품 제조업(199개) (2229)기타 플라스틱 제품 제조업(207개)

업종(제조업)		총공장수 (개)	대표 세분류 업종(개) (대표 지역(개))
중분류 (세분류)	업종명		
23	비금속 광물	702	(2332)콘크리트, 레미콘 및 기타 시멘트, 플라스터 제품 제조업(261개) (2399)그 외 기타 비금속 광물제품 제조업(154개)
24	1차 금속	696	(2413)철강관 제조업(100개) (2419)기타 1차 철강 제조업(202개) (2431)철강 주조업(111개)
25	금속 가공제품; 기계 및 가구 제외	4,303	(2511)구조용 금속제품 제조업(1,237개) (2512)산업용 난방 보일러, 금속탱크 및 유사용품 제조업(125개) (2591)금속 단조, 압형 및 분말 야금제품 제조업(314개) (2592)금속 열처리, 도금 및 기타 금속 가공(1,897개) (2593)날붙이, 수공구 및 일반 철물 제조업(118개) (2594)금속 파스너, 스프링 및 금속선 가공제품 제조업(222개) (2599)그 외 기타 금속 가공제품 제조업(312개)
26	전자 부품, 컴퓨터, 영상, 음향 및 통신장비	526	(2629)기타 전자 부품 제조업(228개)
27	의료, 정밀, 광학 기기 및 시계	300	(2721)측정, 시험, 항해, 제어 및 기타 정밀 기기 제조업(178개)
28	전기장비	1063	(2811)전동기, 발전기 및 전기 변환장치 제조업(167개) (2812)전기 공급 및 제어장치 제조업(454개) (2851)가정용 전기 기기 제조업(151개)
29	기타 기계 및 장비	4,044	(2912)유압 기기 제조업(216개) (2913)펌프 및 압축기 제조업;탭, 밸브 및 유사제품 제조업(313개) (2914)베어링, 기어 및 동력 전달장치 제조업(213개) (2916)산업용 트럭, 승강기 및 물품 취급장비 제조업(303개) (2917)냉각, 공기 조화, 여과, 증류 및 가스 발생기 제조업(326개) (2919)기타 일반 목적용 기계 제조업(334개) (2921)농업 및 임업용 기계 제조업(224개) (2922)가공 공작기계 제조업(765개) (2924)건설 및 광업용 기계장비 제조업(251개) (2929)기타 특수 목적용 기계 제조업(790개)

업종(제조업)		총공장수(개)	대표 세분류 업종(개) (대표 지역(개))
중분류 (세분류)	업종명		
30	자동차 및 트레일러	1,533	(3031)자동차 엔진용 신품 부품 제조업(166개) (3032)자동차 차체용 신품 부품 제조업(106개) (3033)자동차용 신품 동력 전달장치 및 전기장치 제조업 (142개) (3039)자동차용 기타 신품 부품 제조업(1,051개)
31	기타 운송장비	1,149	(3111)선박 및 수상 부유 구조물 건조업(865개) (3132)항공기용 엔진 및 부품 제조업(150개)
(1811)	인쇄업	126	창원시(69), 김해시(24)
(3202)	목재 가구 제조업	155	김해시(60)
(3330)	운동 및 경기용구	55	김해시(32)
중분류 합계		18,779	15,389
세분류 합계		336	185
총계		19,115	15,574

1.4.4 경남 내 산업단지 현황

〈표 26 - 경상남도 산업시설용지 분양 현황〉

2019년 8월말 현재(단위:㎡,%)

유형	단지수	지정면적	분양대상면적	미분양	미분양율
국가	8	61,088,102	30,746,636	0	0.0
일반	114	62,737,399	38,236,200	1,901,070	7.5
도시첨단	1	145,206	82,843	0	0.0
농공	81	11,880,394	9,005,645	138,953	1.6
계	204	135,851,101	78,071,324	2,040,023	3.3

1.5 경북(15,000여 개)

경북은 (25)금속 가공제품 제조업(기계 및 가구 제외) 공장(2,318개), (29)기타 기계 및 장비 제조업 공장(1,953개), (13)섬유제품 제조업 공장(1,618개), (10, 11)식료품·음료 제조업 공장(1,445개) 순으로 공장이 다수 분포한다.

1.5.1 공장 주요 집적지역

구미(2,623개), 경산시(2,310개), 경주시(2,036개), 칠곡군(1,474개), 영천시(1,137개), 포항시(1,119개), 성주군(967개).

1.5.2 행정구역별(시군구) 총인구수·면적·공장수

〈표 27 – 경상북도 행정구역별(시군구) 총인구수·면적·공장수〉

행정구역(시군구)별	총인구수(천명)	면적(㎢)	공장(개)
포항시	507.8	1,130.02	1,119
경주시	255.5	1,324.94	2,036
김천시	141.4	1,009.82	498
안동시	160.1	1,521.98	317
구미시	420.3	615.29	2,623
영주시	105.4	669.9	252
영천시	102.3	919.22	1,137
상주시	99.6	1,254.66	249
문경시	72	911.61	260
경산시	262.6	411.77	2,310
군위군	23.7	614.27	181
의성군	52.6	1,175.12	144
청송군	25.5	846.06	25
영양군	17.1	815.65	30
영덕군	37.6	741.1	137
청도군	42.9	693.72	199
고령군	32.5	384.06	787
성주군	43.9	616.08	967
칠곡군	117.6	450.93	1,474
예천군	54.9	661.41	72
봉화군	32.4	1,201.79	78
울진군	49.5	989.93	141
울릉군	9.7	72.87	13
경상북도	2,666.9	19,032.2	15,049

1.5.3 업종별 공장 분포

〈표 28 - 경상북도 업종별 공장 분포〉

(2019.10기준)

업종(제조업)		총공장수 (개)	대표 세분류 업종(개) (대표 지역(개))
중분류 (세분류)	업종명		
10, 11	식료품·음료	1,445	(1021)수산동물 가공 및 저장 처리업(158개) (1030)가실, 채소 가공 및 저장 처리업(292개) (1061)곡물 가공품 제조업(176개) (1074)조미료 및 식품 첨가물 제조업(173개) (1079)기타 식료품 제조업(180개)
13	섬유제품 제조업; 의복제외	1,618	(1310)방적 및 가공사 제조업(502개) (1321)직물 직조업(559개) (1322)직물제품 제조업(189개) (1399)그 외 기타 섬유제품 제조업(186개)
16	목재 및 나무제품 제조업;가구제외	374	(1610)제재 및 목재 가공업(166개)
17	펄프, 종이 및 종이제품	264	(1721)골판지 및 골판지 가공제품 제조업(124개)
20	화학 물질 및 화학제품 제조업;의약품 제외	796	(2020)합성고무 및 플라스틱 물질 제조업(187개) (2031)비료 및 질소 화합물 제조업(151개) (2049)그 외 기타 화학제품 제조업(122개)
22	고무 및 플라스틱제품	1,080	(2219)기타 고무제품 제조업(101개) (2221)1차 플라스틱제품 제조업(191개) (2222)건축용 플라스틱제품 제조업(149개) (2223)포장용 플라스틱제품 제조업(109개) (2224)기계장비 조립용 플라스틱제품 제조업(195개) (2225)플라스틱 발포 성형제품 제조업(124개) (2229)기타 플라스틱제품 제조업(204개)
23	비금속 광물	994	(2332)콘크리트, 레미콘 및 기타 시멘트, 플라스터 제품 제조업(369개) (2399)그 외 기타 비금속 광물제품 제조업(265개)
24	1차 금속	525	(2419)기타 1차 철강 제조업(140개) (2431)철강 주조업(116개)

업종(제조업)		총공장수(개)	대표 세분류 업종(개)(대표 지역(개))
중분류(세분류)	업종명		
25	금속 가공제품;기계 및 가구 제외	2,318	(2511)구조용 금속제품 제조업(926개) (2591)금속 단조, 압형 및 분말 야금제품 제조업(159개) (2592)금속 열처리, 도금 및 기타 금속 가공(717개) (2594)금속 파스너, 스프링 및 금속선 가공제품 제조업(144개) (2599)그 외 기타 금속 가공제품 제조업(172개)
26	전자 부품, 컴퓨터, 영상, 음향 및 통신장비	727	(2629)기타 전자 부품 제조업(271개) (2642)방송 및 무선 통신장비 제조업(175개)
27	의료, 정밀, 광학 기기 및 시계	253	(2721)측정, 시험, 항해, 제어 및 기타 정밀 기기 제조업(176개)
28	전기장비	640	(2811)전동기, 발전기 및 전기 변환장치 제조업(102개) (2812)전기 공급 및 제어장치 제조업(238개) (2842)조명장치 제조업(133개)
29	기타 기계 및 장비	1,953	(2916)산업용 트럭, 승강기 및 물품 취급장비 제조업(112개) (2917)냉각, 공기 조화, 여과, 증류 및 가스 발생기 제조업(160개) (2922)가공 공장기계 제조업(204개) (2924)건설 및 광업용 기계 장비 제조업(144개) (2927)반도체 및 디스플레이 제조용 기계 제조업(118개) (2929)기타 특수 목적용 기계 제조업(568개)
30	자동차 및 트레일러	1,161	(3032)자동차 차체용 신품 부품 제조업(161개) (3033)자동차용 신품 동력 전달장치 및 전기장치 제조업(103개) (3039)자동차용 기ㅏ 신품 부품 제조업(787개)
31	기타 운송장비	175	(3111)선박 및 수상 부유 구조물 건조업(133개)
32	가구	259	(3202)목재 가구 제조업(127개)
합 계		14,582	10,958

1.5.4 경북 내 산업단지 현황

〈표 29 – 경상북도 산업시설용지 분양 현황〉

2019년 8월말 현재(단위:㎡,%)

유형	단지수	지정면적	분양대상면적	미분양	미분양율
국가	6	83,716,355	42,350,115	627,749	1.9
일반	73	48,261,059	32,049,711	1,051,434	4.6
도시첨단	–	–	–	–	–
농공	69	11,684,919	8,858,850	555,959	6.4
계	148	143,662,333	83,258,676	2,235,142	3.4

1.6 전남(6,900여 개)

전남은 (10, 11)식료품·음료 제조업 공장(2,007개)이 가장 많고, 여수에 석유화학 산업이 집적되어 있다.

1.6.1 공장 주요 집적지역

전남은 공장이 전 지역에 골고루 분포되어 있다. 여수시(603개), 순천시(585개), 나주시(576개), 광양시(556개)에 공장이 다수 분포해 있다.

1.6.2 행정구역별(시군구) 총인구수·면적·공장수

〈표 30 – 전라남도 행정구역별(시군구) 총인구수·면적·공장수〉

행정구역(시군구)별	총인구수(천명)	면적(㎢)	공장(개)
목포시	230	51.64	355
여수시	282.2	510.54	603
순천시	281.2	910.98	585
나주시	114.5	608.4	576
광양시	151.2	463.12	556
담양군	46.2	455.1	540
곡성군	29.1	547.48	112
구례군	26.1	443.26	63
고흥군	65.2	807.35	196
보성군	41.7	663.9	168

행정구역(시군구)별	총인구수(천명)	면적(㎢)	공장(개)
화순군	62.9	786.91	332
장흥군	38.7	622.32	149
강진군	35.5	500.92	141
해남군	70.7	1,031.37	388
영암군	54.6	604.17	524
무안군	81.3	449.73	340
함평군	33	392.11	229
영광군	53.9	474.96	210
장성군	45.6	518.4	534
완도군	50.9	396.44	234
진도군	30.8	440.12	83
신안군	40.7	655.92	77
전라남도	1,866	12,335.14	6,995

1.6.3 업종별 공장 분포

〈표 31 - 전라남도 업종별 공장 분포〉

(2019.10기준)

업종(제조업)		총공장수(개)	대표 세분류 업종(개)(대표 지역(개))
중분류(세분류)	업종명		
10, 11	식료품·음료	2,007	(1021)수산동물 가공 및 저장 처리업(246개) (1022)수산식물 가공 및 저장 처리업(575개) (1030)가실, 채소 가공 및 저장 처리업(263개) (1061)곡물 가공품 제조업(226개) (1074)조미료 및 식품 첨가물 제조업(106개) (1079)기타 식료품 제조업(184개) (1080)동물용 사료 및 조제식품 제조업(100개)
13	섬유제품 제조업;의복제외	158	-
16	목재 및 나무제품 제조업;가구제외	198	(1610)제재 및 목재 가공업(102개)
17	펄프, 종이 및 종이제품	93	(1721)골판지 및 골판지 가공제품 제조업(124개)
20	화학 물질 및 화학제품 제조업;의약품 제외	506	(2020)합성고무 및 플라스틱 물질 제조업(104개) (2031)비료 및 질소 화합물 제조업(163개)
22	고무 및 플라스틱제품	354	(2221)1차 플라스틱제품 제조업(95개)

업종(제조업)		총공장수 (개)	대표 세분류 업종(개) (대표 지역(개))
중분류 (세분류)	업종명		
23	비금속 광물	579	(2332)콘크리트, 레미콘 및 기타 시멘트, 플라스터 제품 제조업(259개) (2399)그 외 기타 비금속 광물제품 제조업(120개)
25	금속 가공제품;기계 및 가구 제외	988	(2511)구조용 금속제품 제조업(623개) (2592)금속 열처리, 도금 및 기타 금속 가공업(140개)
28	전기장비	454	(2811)전동기, 발전기 및 전기 변환장치 제조업 (95개)
29	기타 기계 및 장비	532	(2917)냉각, 공기 조화, 여과, 증류 및 가스 발생기 제조업(133개)
31	기타 운송장비	393	(3111)선박 및 수상 부유 구조물 건조업(272개)
32	가구	81	(3202)목재 가구 제조업(73)
합 계		6,343	4,003

1.6.4 전남 내 산업단지 현황

〈표 32 – 전라남도 산업시설용지 분양 현황〉

2019년 8월말 현재(단위:㎡,%)

유형	단지수	지정면적	분양대상면적	미분양	미분양율
국가	5	174,866,645	56,924,055	272,194	0.5
일반	31	51,685,623	31,578,961	3,625,656	19.9
도시첨단	1	190,050	70,038	0	–
농공	68	11,409,188	8,383,513	245,147	3.2
계	105	238,151,506	96,956,567	4,142,997	5.3

1.7 전북(6,800여 개)

전북은 (10, 11)식료품·음료 제조업 공장(1,462개)이 가장 많으며 금속 가공제품(기계 및 가구 제외) 공장(891개)가 다음으로 많다.

1.7.1 공장 주요 집적지역

익산시(1,513개), 군산시(1,106개), 전주시(1,085개).

1.7.2 행정구역별(시군구) 총인구수·면적·공장수

〈표 33 - 전라북도 행정구역별(시군구) 총인구수·면적·공장수〉

행정구역(시군구)별	총인구수(천명)	면적(㎢)	공장(개)
전주시	654.6	205.48	1,085
군산시	270.9	396.41	1,106
익산시	289.1	506.54	1,513
정읍시	110.9	692.92	525
남원시	81.8	752.23	336
김제시	84.3	545.85	728
완주군	92.6	821.08	596
진안군	25.7	789.10	135
무주군	24.4	631.85	60
장수군	22.6	533.26	88
임실군	28.2	597.37	113
순창군	28.5	495.97	131
고창군	55.9	607.74	172
부안군	53.5	493.21	249
전라북도	1,823	8,069.01	6,837

1.7.3 업종별 공장 분포

〈표 34 - 전라북도 업종별 공장 분포〉

(2019.10기준)

업종(제조업)		총공장수 (개)	대표 세분류 업종(개) (대표 지역(개))
중분류 (세분류)	업종명		
10, 11	식료품·음료	1,462	(1012)육류 가공 및 저장 처리업(148개) (1030)가실, 채소 가공 및 저장 처리업(195개) (1061)곡물 가공품 제조업(240개) (1074)조미료 및 식품 첨가물 제조업(140개) (1079)기타 식료품 제조업(174개) (1080)동물용 사료 및 조제식품 제조업(101개)
13	섬유제품 제조업; 의복제외	218	-
14	의복, 의복 액세서리 및 모피제품	215	(1412)속옷 및 잠옷 제조업(110개)

업종(제조업)		총공장수(개)	대표 세분류 업종(개)(대표 지역(개))
중분류(세분류)	업종명		
16	목재 및 나무제품 제조업;가구제외	233	(1610)제재 및 목재 가공업(119개)
20	화학 물질 및 화학제품 제조업;의약품 제외	450	(2031)비료 및 질소 화합물 제조업(135개)
23	비금속 광물	660	(2332)콘크리트, 레미콘 및 기타 시멘트, 플라스터 제품 제조업(184개) (2391)석제품 제조업(232개) (2399)그 외 기타 비금속 광물제품 제조업(121개)
25	금속 가공제품;기계 및 가구 제외	891	(2511)구조용 금속제품 제조업(477개) (2592)금속 열처리, 도금 및 기타 금속 가공업(166개)
26	전자 부품, 컴퓨터, 영상, 음향 및 통신장비	219	(2642)방송 및 무선 통신장비 제조업(96개)
28	전기장비	370	(2812)전기 공급 및 제어장치 제조업(123개) (2842)조명장치 제조업(93개)
29	기타 기계 및 장비	496	(2917)냉각, 공기 조화, 여과, 증류 및 가스 발생기 제조업(96개)
30	자동차 및 트레일러	461	(3020)자동차 차체 및 트레일러 제조업(98개) (3032)자동차 차체용 신품 부품 제조업(108개) (3039)자동차용 기타 신품 부품 제조업(205개)
31	기타 운송장비	254	(3111)선박 및 수상 부유 구조물 건조업(130개)
합 계		5,929	3,491

1.7.4 전북 내 산업단지 현황

〈표 35 – 전라북도 산업시설용지 분양 현황〉

2019년 8월말 현재(단위:㎡,%)

유형	단지수	지정면적	분양대상면적	미분양	미분양율
국가	5	86,313,681	24,148,048	2,136,802	11.7
일반	22	33,604,992	22,300,255	1,710,893	8.3
도시첨단	1	109,924	38,647	0	0.0
농공	59	11,070,189	8,579,449	722,667	9.0
계	87	131,098,786	55,066,399	4,570,362	9.8

1.8 충남(10,500여 개)

충남은 (10, 11)식료품·음료 제조업 공장(1,729개)로 가장 많고, (29)기타 기계 및 장비 제조업 공장(1,583개)과 (25)금속 가공제품(기계 및 가구 제외) 공장(1,467개)이 많다.

1.8.1 공장 주요 집적지역

천안시(3,136개), 아산시(2,112개), 당진시(881개), 논산시(803개).

1.8.2 행정구역별(시군구) 총인구수·면적·공장수

〈표 36 – 충청남도 행정구역별(시군구) 총인구수·면적·공장수〉

행정구역(시군구)별	총인구수(천명)	면적(㎢)	공장(개)
당진시	167.3	704.43	881
천안시	651.1	636.07	3,136
공주시	106.8	864.2	572
보령시	101.2	573.9	406
아산시	314	542.62	2,112
서산시	174.5	741.3	454
논산시	119.4	555.18	803
계룡시	43.3	60.72	65
금산군	52.5	577.22	769
부여군	67.1	624.53	182
서천군	53	365.71	211
청양군	31.4	479.12	114
홍성군	100.7	443.991	337
예산군	79.5	542.66	416
태안군	63	515.8	94
충청남도	2,124.8	8,227.451	10,552

1.8.3 업종별 공장 분포

〈표 37 - 충청남도 업종별 공장 분포〉

(2019.10기준)

업종(제조업)		총공장수 (개)	대표 세분류 업종(개) (대표 지역(개))
중분류 (세분류)	업종명		
10, 11	식료품·음료	1,729	(1012)육류 가공 및 저장 처리업(123개) (1021)수산동물 가공 및 저장 처리업(131개) (1022)수산식물 가공 및 저장 처리업(144개) (1030)가실, 채소 가공 및 저장 처리업(213개) (1061)곡물 가공품 제조업(186개) (1071)떡, 빵 및 과자류 제조업(103개) (1074)조미료 및 식품 첨가물 제조업(127개) (1079)기타 식료품 제조업(289개) (1080)동물용 사료 및 조제식품 제조업(195개)
13	섬유제품 제조업; 의복제외	389	(1321)직물 직조업(137개) (1399)그 외 기타 섬유제품 제조업(99개)
20	화학 물질 및 화학제품 제조업;의약품 제외	702	(2012)기초 무기화학 물질 제조업(93개) (2020)합성고무 및 플라스틱 물질 제조업(120개) (2031)비료 및 질소 화합물 제조업(97개) (2042)세제, 화장품 및 광택제 제조업(118개) (2049)그 외 기타 화학제품 제조업(161개)
22	고무 및 플라스틱제품	755	(2221)1차 플라스틱제품 제조업(176개) (2222)건축용 플라스틱제품 제조업(117개) (2229)기타 플라스틱 제품 제조업(277개)
23	비금속 광물	717	(2332)콘크리트, 레미콘 및 기타 시멘트, 플라스터 제품 제조업(303개) (2391)석제품 제조업(111) (2399)그 외 기타 비금속 광물제품 제조업(162개)
25	금속 가공제품;기계 및 가구 제외	1,467	(2511)구조용 금속제품 제조업(787개) (2592)금속 열처리, 도금 및 기타 금속 가공업(272개) (2599)그 외 기타 금속 가공제품 제조업(128개)
26	전자 부품, 컴퓨터, 영상, 음향 및 통신장비	424	(2629)기타 전자 부품 제조업(124개) (2642)방송 및 무선 통신장비 제조업(91)
28	전기장비	642	(2812)전기 공급 및 제어장치 제조업(243개) (2842)조명장치 제조업(100개)

업종(제조업)		총공장수 (개)	대표 세분류 업종(개) (대표 지역(개))
중분류 (세분류)	업종명		
29	기타 기계 및 장비	1,583	(2913)펌프 및 압축기 제조업;탭, 밸브 및 유사제품 제조업(100개) (2917)냉각, 공기 조화, 여과, 증류 및 가스 발생기 제조업(263개) (2921)농업 및 임업용 기계 제조업(108개) (2924)건설 및 광업용 기계장비 제조업(122개) (2927)반도체 및 디스플레이 제조용 기계 제조업(374개) (2929)기타 특수 목적용 기계 제조업(201개)
30	자동차 및 트레일러	781	(3032)자동차 차체용 신문 부품 제조업(116개) (3039)자동차용 기타 신품 부품 제조업(472개)
합 계		9,189	6,983

1.8.4 충남 내 산업단지 현황

〈표 38 – 충청남도 산업시설용지 분양 현황〉

2019년 8월말 현재(단위:㎡,%)

유형	단지수	지정면적	분양대상면적	미분양	미분양율
국가	4	28,137,905	12,793,010	3,267,187	28.1
일반	55	65,258,981	41,133,416	1,588,492	4.3
도시첨단	2	1,298,903	685,238	0	0.0
농공	93	14,740,216	11,140,653	177,969	1.7
계	154	109,436,005	65,752,317	5,033,648	8.5

1.9 충북(8,800여 개)

충북은 (10, 11)식료품·음료 제조업 공장(1,417개)로 가장 많고, (25)금속 가공제품(기계 및 가구 제외) 공장(1,352개)과 (22)고무 및 플라스틱제품 제조업 공장(987개)이 많다.

1.9.1 공장 주요 집적지역

청주시(3,266개), 음성군(2,040개), 진천군(1,154개).

1.9.2 행정구역별(시군구) 총인구수·면적·공장수

〈표 39 – 충청북도 행정구역별(시군구) 총인구수·면적·공장수〉

행정구역(시군구)별	총인구수(천명)	면적(㎢)	공장(개)
청주시	839.4	940.80	3,266
충주시	210.5	983.53	773
제천시	134.9	883.4	353
보은군	33.1	584.22	184
옥천군	51.1	537.17	447
영동군	48.9	845.96	140
증평군	37.5	81.8	136
진천군	80.9	407.25	1,154
괴산군	37.9	842.15	265
음성군	95.2	520.23	2,040
단양군	29.9	781.15	104
충청북도	1,599.3	7,407.66	8,862

1.9.3 업종별 공장 분포

〈표 40 – 충청북도 업종별 공장 분포〉

(2019.10기준)

업종(제조업) 중분류(세분류)	업종(제조업) 업종명	총공장수(개)	대표 세분류 업종(개) (대표 지역(개))
10, 11	식료품·음료	1,417	(1012)육류 가공 및 저장 처리업(193개) (1030)과실, 채소 가공 및 저장 처리업(213개) (1061)곡물 가공품 제조업(144개) (1074)조미료 및 식품 첨가물 제조업(208개) (1079)기타 식료품 제조업(197개) (1080)동물용 사료 및 조제식품 제조업(94)
13	섬유제품 제조업;의복제외	266	(1399)그 외 기타 섬유제품 제조업(97개)
16	목재 및 나무제품 제조업;가구제외	212	(1610)제재 및 목재 가공업(95개)
17	펄프, 종이 및 종이제품		(1790)기타 종이 및 판지제품 제조업(99개)
20	화학 물질 및 화학제품 제조업;의약품 제외	713	(2020)합성고무 및 플라스틱 물질 제조업(123개) (2042)세제, 화장품 및 광택제 제조업(159개) (2049)그 외 기타 화학제품 제조업(160개)

업종(제조업)		총공장수(개)	대표 세분류 업종(개)(대표 지역(개))
중분류(세분류)	업종명		
22	고무 및 플라스틱제품	987	(2221)1차 플라스틱제품 제조업(229개) (2222)건축용 플라스틱제품 제조업(212개) (2223)포장용 플라스틱제품 제조업(149개) (2229)기타 플라스틱 제품 제조업(175개)
23	비금속 광물	661	(2332)콘크리트, 레미콘 및 기타 시멘트, 플라스터 제품 제조업(268개) (2399)그 외 기타 비금속 광물제품 제조업(154개)
25	금속 가공제품;기계 및 가구 제외	1,352	(2511)구조용 금속제품 제조업(844개) (2592)금속 열처리, 도금 및 기타 금속 가공업(200개)
26	전자 부품, 컴퓨터, 영상, 음향 및 통신장비	362	(2629)기타 전자 부품 제조업(100개)
28	전기장비	576	(2812)전기 공급 및 제어장치 제조업(214개) (2830)절연선 및 케이블 제조업(98개)
29	기타 기계 및 장비	899	(2917)냉각, 공기 조화, 여과, 증류 및 가스 발생기 제조업(148개) (2924)건설 및 광업용 기계장비 제조업(105개) (2929)기타 특수 목적용 기계 제조업(148개)
30	자동차 및 트레일러	244	(3039)자동차용 기타 신품 부품 제조업(106개)
합 계		7,689	4,932

1.9.4 충북 내 산업단지 현황

〈표 41 – 충청북도 산업시설용지 분양 현황〉

2019년 8월말 현재(단위:㎡,%)

유형	단지수	지정면적	분양대상면적	미분양	미분양율
국가	2	8,805,759	3,372,471	0	0.0
일반	73	63,450,654	35,136,142	785,083	2.8
도시첨단	2	271,599	157,677	0	0.0
농공	43	6,205,673	5,062,931	130,187	2.6
계	120	78,733,685	43,729,221	915,270	2.5

1.10 광주(4,500여 개)

광주는 (29)기타 기계 및 장비 제조업 공장(916개)이 가장 많고, (25)금속 가공제

품 제조업(기계 및 가구 제외) 공장(778개)과 (28)전기장비 제조업 공장(544개), (30)
자동차 및 트레일러 제조업 공장(338개)이 많다.

1.10.1 공장 주요 집적지역

광산구(2,736개), 북구(1,141개).

1.10.2 행정구역별(시군구) 총인구수·면적·공장수

〈표 42 - 광주광역시 행정구역별(시군구) 총인구수·면적·공장수〉

행정구역(시군구)별	총인구수(천명)	면적(㎢)	공장(개)
동구	98.2	49.32	173
서구	301.5	47.78	367
남구	218	60.98	166
북구	435.4	120.30	1,141
광산구	406.6	222.80	2,736
광주광역시	1,459.7	501.18	4,583

1.10.3 업종별 공장 분포

〈표 43 - 광주광역시 업종별 공장 분포〉

(2019.10기준)

업종(제조업) 중분류(세분류)	업종명	총공장수(개)	대표 세분류 업종(개) (대표 지역(개))
10, 11	식료품·음료	270	(1012)육류 가공 및 저장 처리업(60개) (1030)과실, 채소 가공 및 저장 처리업(44개)
18	인쇄 및 기록매체 복제업	147	(1811)인쇄업(126개)
22	고무 및 플라스틱제품	311	(2222)건축용 플라스틱제품 제조업(66개) (2224)기계장비 조립용 플라스틱제품 제조업(85개) (2229)기타 플라스틱 제품 제조업(50개)
25	금속 가공제품;기계 및 가구 제외	778	(2511)구조용 금속제품 제조업(441개) (2592)금속 열처리, 도금 및 기타 금속 가공업(162개) (2599)그 외 기타 금속 가공제품 제조업(64개)

업종(제조업)		총공장수(개)	대표 세분류 업종(개)(대표 지역(개))
중분류(세분류)	업종명		
26	전자 부품, 컴퓨터, 영상, 음향 및 통신장비	288	(2629)기타 전자 부품 제조업(92개) (2641)유선 통신장비 제조업(68개) (2642)방송 및 무선 통신장비 제조업(73개)
28	전기장비	544	(2811)전동기, 발전기 및 전기 변환장치 제조업(66개) (2812)전기 공급 및 제어장치 제조업(186개) (2842)조명장치 제조업(128개) (2851)가정용 전기 기기 제조업(68개)
29	기타 기계 및 장비	916	(2916)산업용 트럭, 승강기 및 물품 취급장비 제조업(63개) (2917)냉각, 공기 조화, 여과, 증류 및 가스 발생기 제조업(162개) (2919)기타 일반 목적용 기계 제조업(50개) (2921)농업 및 임업용 기계 제조업(56개) (2922)가공 공작기계 제조업(110개) (2924)건설 및 광업용 기계장비 제조업(54개) (2929)기타 특수 목적용 기계 제조업(316개)
30	자동차 및 트레일러	338	(3020)자동차 차체 및 트레일러 제조업(76개) (3032)자동차 차체용 신품 부품 제조업(75개) (3039)자동차용 기타 신품 부품 제조업(154개)
32	가구	117	(3202)목재 가구 제조업(94개)
합 계		3,709	2,989

1.10.4 광주 산업단지 현황

〈표 44 – 광주광역시 산업시설용지 분양 현황〉

2019년 8월말 현재(단위:㎡,%)

유형	단지수	지정면적	분양대상면적	미분양	미분양율
국가	1	11,838,711	3,645,055	143,088	5.4
일반	8	16,450,325	11,039,537	209,832	2.0
도시첨단	1	485,887	225,424	33,675	30.7
농공	1	324,451	261,639	0	0.0
계	11	29,099,374	15,171,655	386,595	2.9

1.11 대구(8,000여 개)

대구는 (29)기타 기계 및 장비 제조업 공장(1,574개)가 가장 많고, (25)금속 가공 제품 제조업(기계 및 가구 제외) 공장(1,411개), (13)섬유 제품 제조업(의복 제외) (1,176개), (30)자동차 및 트레일러 제조업 공장(707개)이 많다.

1.11.1 공장 주요 집적지역

달서구(2,679개), 북구(2,028개), 달성군(1,860개), 서구(847개).

1.11.2 행정구역별(시군구) 총인구수·면적·공장수

〈표 45 – 대구광역시 행정구역별(시군구) 총인구수·면적·공장수〉

행정구역(시군구)별	총인구수(천명)	면적(km²)	공장(개)
중구	77.7	7.06	163
동구	347.3	182.16	374
서구	177.4	17.33	847
남구	148.2	17.44	52
북구	439.4	94.07	2,028
수성구	429.1	76.46	61
달서구	570.7	62.34	2,679
달성군	255.4	426.68	1,860
대구광역시	2,445.2	883.54	8,064

1.11.3 업종별 공장 분포

〈표 46 – 대구광역시 업종별 공장 분포〉

(2019.10기준)

업종(제조업)		총공장수(개)	대표 세분류 업종(개) (대표 지역(개))
중분류 (세분류)	업종명		
10, 11	식료품·음료	263	(1012)육류 가공 및 저장 처리업(51개) (1071)떡, 빵 및 과자류 제조업(40개)

업종(제조업)		총공장수 (개)	대표 세분류 업종(개) (대표 지역(개))
중분류 (세분류)	업종명		
13	섬유제품 제조업; 의복제외	1,176	(1310)방적 및 가공사 제조업(142개) (1321)직물 직조업(340개) (1322)직물제품 제조업(258개) (1340)섬유제품 염색, 정리 및 마무리 가공업(308개) (1399)그 외 기타 섬유제품 제조업(90개)
14	의복, 의복 액세서리 및 모피제품	179	(1419)기타 봉제의복 제조업(90개)
18	인쇄 및 기록매체 복제업	238	(1811)인쇄업(217개)
22	고무 및 플라스틱제품	340	(2219)기타 고무제품 제조업(92개) (2224)기계장비 조립용 플라스틱제품 제조업(46개) (2229)기타 플라스틱 제품 제조업(58개)
24	1차 금속	212	(2419)기타 1차 철강 제조업(105개)
25	금속 가공제품;기계 및 가구 제외	1,411	(2511)구조용 금속제품 제조업(284개) (2591)금속 단조, 압형 및 분말 야금제품 제조업(104개) (2592)금속 열처리, 도금 및 기타 금속 가공업(692개) (2593)날붙이, 수공구 및 일반 철물 제조업(105개) (2594)금속 파스너, 스프링 및 금속선 가공제품 제조업(86개) (2599)그 외 기타 금속 가공제품 제조업(99개)
26	전자 부품, 컴퓨터, 영상, 음향 및 통신장비	249	(2629)기타 전자 부품 제조업(50개) (2642)방송 및 무선 통신장비 제조업(96개)
27	의료, 정밀, 광학 기기 및 시계	345	(2719)기타 의료용 기기 제조업(151개) (2721)측정, 시험, 항해, 제어 및 기타 정밀 기기 제조업(135개)
28	전기장비	503	(2811)전동기, 발전기 및 전기 변환장치 제조업(59개) (2812)전기 공급 및 제어장치 제조업(206개) (2842)조명장치 제조업(108개) (2890)기타 전기장비 제조업(46개)

업종(제조업)		총공장수 (개)	대표 세분류 업종(개) (대표 지역(개))
중분류 (세분류)	업종명		
29	기타 기계 및 장비	1,574	(2913)펌프 및 압축기 제조업;탭, 밸브 및 유사제품 제조업(98개) (2914)베어링, 기어 및 동력 전달장치 제조업(59개) (2916)산업용 트럭, 승강기 및 물품 취급장비 제조업 (50개) (2917)냉각, 공기 조화, 여과, 증류 및 가스 발생기 제조업(97개) (2919)기타 일반 목적용 기계 제조업(102개) (2921)농업 및 임업용 기계 제조업(118개) (2922)가공 공작기계 제조업(186개) (2926)섬유, 의복 및 가죽 가공기계 제조업(122개) (2927)반도체 및 디스플레이 제조용 기계 제조업 (57개) (2929)기타 특수 목적용 기계 제조업(463개)
30	자동차 및 트레일러	707	(3031)자동차 엔진용 신품 부품 제조업(89개) (3032)자동차 차체용 신품 부품 제조업(81개) (3033)자동차용 신품 동력 전달장치 및 전기장치 제조업(69개) (3039)자동차용 기타 신품 부품 제조업(452개)
합 계		7,197	6,101

1.11.4 대구 산업단지 현황

〈표 47 – 대구광역시 산업시설용지 분양 현황〉

2019년 8월말 현재(단위:㎡,%)

유형	단지수	지정면적	분양대상면적	미분양	미분양율
국가	1	8,548,252	4,923,556	33,403	1.3
일반	16	35,283,367	18,540,886	39,165	0.2
도시첨단	2	316,153	199,582	27,792	60.3
농공	2	353,554	293,279	0	0.0
계	21	44,501,326	23,957,303	100,360	0.5

1.12 대전(3,100여 개)

대전은 (29)기타 기계 및 장비 제조업 공장(650개)이 가장 많다. 대전은 연구개발 및 사업화 지원에 특화된 도시이다.

1.12.1 공장 주요 집적지역

유성구(1,262개), 대덕구(1,225개).

1.12.2 행정구역별(시군구) 총인구수·면적·공장수

〈표 48 – 대전광역시 행정구역별(시군구) 총인구수·면적·공장수〉

행정구역(시군구)별	총인구수(천명)	면적(㎢)	공장(개)
동구	228.5	136.67	315
중구	241.6	62.14	141
서구	482.1	95.50	167
유성구	349	176.46	1,262
대덕구	178.4	68.69	1,225
대전광역시	1,479.6	539.46	3,110

1.12.3 업종별 공장 분포

〈표 49 – 대전광역시 업종별 공장 분포〉

(2019.10기준)

업종(제조업)		총공장수(개)	대표 세분류 업종(개) (대표 지역(개))
중분류 (세분류)	업종명		
18	인쇄 및 기록매체 복제업	57	(1811)인쇄업(55개)
20	화학 물질 및 화학제품 제조업; 의약품 제외	199	(2042)세제, 화장품 및 광택제 제조업(56개) (2049)그 외 기타 화학제품 제조업(53개)
25	금속 가공제품;기계 및 가구 제외	386	(2511)구조용 금속제품 제조업(151개) (2592)금속 열처리, 도금 및 기타 금속 가공업(103개) (2599)그 외 기타 금속 가공제품 제조업(61개)

업종(제조업)		총공장수(개)	대표 세분류 업종(개) (대표 지역(개))
중분류 (세분류)	업종명		
26	전자 부품, 컴퓨터, 영상, 음향 및 통신장비	390	(2629)기타 전자 부품 제조업(82개) (2642)방송 및 무선 통신장비 제조업(108개)
27	의료, 정밀, 광학 기기 및 시계	284	(2719)기타 의료용 기기 제조업(75개) (2721)측정, 시험, 항해, 제어 및 기타 정밀 기기 제조업(184개)
28	전기장비	323	(2811)전동기, 발전기 및 전기 변환장치 제조업(43개) (2812)전기 공급 및 제어장치 제조업(135개) (2842)조명장치 제조업(63개)
29	기타 기계 및 장비	650	(2917)냉각, 공기 조화, 여과, 증류 및 가스 발생기 제조업(115개) (2919)기타 일반 목적용 기계 제조업(84개) (2922)가공 공작기계 제조업(89개) (2927)반도체 및 디스플레이 제조용 기계 제조업(63개) (2929)기타 특수 목적용 기계 제조업(124개)
합 계		2,289	1,644

1.12.4 대전 산업단지 현황

〈표 50 – 대전광역시 산업시설용지 분양 현황〉

2019년 8월말 현재(단위:㎡,%)

유형	단지수	지정면적	분양대상면적	미분양	미분양율
국가	1	67,445,000	23,762,863	279,109	1.3
일반	3	3,478,547	2,277,641	0	0.0
도시첨단	–	–	–	–	–
농공	–	–	–	–	–
계	4	70,923,547	26,040,504	279,109	1.2

1.13 부산(10,300여 개)

부산은 (29)기타 기계 및 장비 제조업 공장(1,933개)이 가장 많고, (25)금속 가공 제품 제조업(기계 및 가구 제외) 공장(1,918개)과 (31)기타 운송장비 제조업 공장(1,035개)이 많다.

1.13.1 공장 주요 집적지역

강서구(4,016개), 사상구(1,898개), 사하구(1,429개), 기장군(766개), 영도구(710개).

1.13.2 행정구역별(시군구) 총인구수·면적·공장수

〈표 51 - 부산광역시 행정구역별(시군구) 총인구수·면적·공장수〉

행정구역(시군구)별	총인구수(천명)	면적(㎢)	공장(개)
중구	42.1	2.83	46
서구	108.9	13.98	136
동구	87.4	9.74	50
영도구	117.7	14.19	710
부산진구	359	29.67	177
동래구	269.7	16.63	90
남구	276.6	26.81	213
북구	291.5	39.36	61
해운대구	406.3	51.47	227
사하구	322.9	41.88	1,429
금정구	240.5	65.27	406
강서구	127.9	181.49	4,016
연제구	209.3	12.1	84
수영구	176.7	10.21	60
사상구	219.9	36.09	1,898
기장군	165	218.32	766
부산광역시	3,421.4	770.04	10,369

1.13.3 업종별 공장 분포

〈표 52 - 부산광역시 업종별 공장 분포〉

(2019.10기준)

업종(제조업)		총공장수(개)	대표 세분류 업종(개) (대표 지역(개))
중분류 (세분류)	업종명		
10, 11	식료품·음료	540	(1021)수산동물 가공 및 저장 처리업(268개)
13	섬유제품 제조업; 의복제외	369	(1321)직물 직조업(50개) (1322)직물제품 제조업(92개)
14	봉제의복	238	(1419)기타 봉제의복 제조업(176개)

업종(제조업)		총공장수 (개)	대표 세분류 업종(개) (대표 지역(개))
중분류 (세분류)	업종명		
15	가죽, 가방 및 신발	213	(1521)신발 제조업(99개) (1522)신발 부분품 제조업(84개)
18	인쇄 및 기록매체 복제업	163	(1811)인쇄업(142개)
22	고무 및 플라스틱제품	441	(2219)기타 고무제품 제조업(110개) (2221)1차 플라스틱제품 제조업(50개) (2224)기계장비 조립용 플라스틱제품 제조업(69개) (2229)기타 플라스틱 제품 제조업(97개)
24	1차 금속	560	(2413)철강관 제조업(136개) (2419)기타 1차 철강 제조업(187개) (2431)철강 주조업(49개)
25	금속 가공제품;기계 및 가구 제외	1,918	(2511)구조용 금속제품 제조업(424개) (2512)산업용 난방 보일러, 금속탱크 및 유사용품 제조업(76개) (2591)금속 단조, 압형 및 분말 야금제품 제조업(113개) (2592)금속 열처리, 도금 및 기타 금속 가공업(832개) (2593)날붙이, 수공구 및 일반 철물 제조업(80개) (2594)금속 파스너, 스프링 및 금속선 가공제품 제조업(163개) (2599)그 외 기타 금속 가공제품 제조업(197개)
26	전자 부품, 컴퓨터, 영상, 음향 및 통신장비	401	(2629)기타 전자 부품 제조업(88개) (2641)유선 통신장비 제조업(64개) (2642)방송 및 무선 통신장비 제조업(130개)
27	의료, 정밀, 광학 기기 및 시계	226	(2719)기타 의료용 기기 제조업(73개) (2721)측정, 시험, 항해, 제어 및 기타 정밀 기기 제조업(142개)
28	전기장비	802	(2811)전동기, 발전기 및 전기 변환장치 제조업(123개) (2812)전기 공급 및 제어장치 제조업(399개) (2842)조명장치 제조업(99개) (2890)기타 전기장비 제조업(99개)

업종(제조업)		총공장수(개)	대표 세분류 업종(개)(대표 지역(개))
중분류(세분류)	업종명		
29	기타 기계 및 장비	1,933	(2911)내연기관 및 터빈 제조업;항공기용 및 차량용 제외(53개) (2912)유압 기기 제조업(123개) (2913)펌프 및 압축기 제조업;탭, 밸브 및 유사제품 제조업(309개) (2914)베어링, 기어 및 동력 전달장치 제조업(108개) (2916)산업용 트럭, 승강기 및 물품 취급장비 제조업(82개) (2917)냉각, 공기 조화, 여과, 증류 및 가스 발생기 제조업(272개) (2919)기타 일반 목적용 기계 제조업(200개) (2922)가공 공작기계 제조업(183개) (2929)기타 특수 목적용 기계 제조업(451개)
30	자동차 및 트레일러	470	(3031)자동차 엔진용 신품 부품 제조업(63개) (3032)자동차 차체용 신품 부품 제조업(56개) (3039)자동차용 기타 신품 부품 제조업(297개)
31	기타 운송장비	1,035	(3111)선박 및 수상 부유 구조물 건조업(946개) (3120)철도장비 제조업(50개)
33	기타 제품	241	(3330)운동 및 경기용구 제조업(64개)
합 계		9,550	7,968

1.13.4 부산 산업단지 현황

〈표 53 – 부산광역시 산업시설용지 분양 현황〉

2019년 8월말 현재(단위:㎡,%)

유형	단지수	지정면적	분양대상면적	미분양	미분양율
국가	1	8,840,920	4,112,450	0	0.0
일반	30	33,586,940	18,053,083	331,985	2.1
도시첨단	3	899,417	494,936	0	0.0
농공	1	258,083	189,317	0	0.0
계	35	43,585,360	22,849,786	331,985	1.7

1.14 울산(2,800여 개)

울산은 자동차가 대표적인 산업이고, 밸류체인이 형성되어 있다.

1.14.1 공장 주요 집적지역

울주군(1,550개), 북구(681개), 남구(518개).

1.14.2 행정구역별(시군구) 총인구수·면적·공장수

〈표 54 – 울산광역시 행정구역별(시군구) 총인구수·면적·공장수〉

행정구역(시군구)별	총인구수(천명)	면적(㎢)	공장(개)
중구	225.2	37.01	85
남구	324.7	73.46	518
동구	160.8	36.04	21
북구	215.8	157.34	681
울주군	223.5	757.33	1,550
울산광역시	1,150	1,061.18	2,855

1.14.3 업종별 공장 분포

〈표 55 – 울산광역시 업종별 공장 분포〉

(2019.10기준)

업종(제조업) 중분류(세분류)	업종명	총공장수(개)	대표 세분류 업종(개) (대표 지역(개))
20	화학 물질 및 화학제품 제조업;의약품 제외	302	(2011)기초 유기화학 물질 제조업(53개) (2012)기초 무기화학 물질 제조업(66개) (2020)합성고무 및 플라스틱 물질 제조업(47개) (2049)그 외 기타 화학제품 제조업(71개)
25	금속 가공제품;기계 및 가구 제외	451	(2511)구조용 금속제품 제조업(154개) (2592)금속 열처리, 도금 및 기타 금속 가공업(121개) (2599)그 외 기타 금속 가공제품 제조업(53개)
28	전기장비	266	(2812)전기 공급 및 제어장치 제조업(155개)

업종(제조업)		총공장수(개)	대표 세분류 업종(개)(대표 지역(개))
중분류(세분류)	업종명		
29	기타 기계 및 장비	485	(2917)냉각, 공기 조화, 여과, 증류 및 가스 발생기 제조업(84개) (2922)가공 공작기계 제조업(66개) (2929)기타 특수 목적용 기계 제조업(115개)
30	자동차 및 트레일러	466	(3032)자동차 차체용 신품 부품 제조업(82개) (3039)자동차용 기타 신품 부품 제조업(288개)
31	기타 운송장비	129	(3111)선박 및 수상 부유 구조물 건조업(118개)
합 계		2,099	1,473

1.14.4 울산 산업단지 현황

〈표 56 – 울산광역시 산업시설용지 분양 현황〉

2019년 8월말 현재(단위:㎡,%)

유형	단지수	지정면적	분양대상면적	미분양	미분양율
국가	2	74,383,035	51,240,158	0	0.0
일반	22	15,270,495	9,270,195	215,641	2.8
도시첨단	–	–	–	–	–
농공	4	590,407	456,431	0	0.0
계	28	90,243,937	60,966,784	215,641	0.4

1.15 인천(12,000여 개)

(25)금속 가공 제품 제조업(기계 및 가구 제외) 공장(2,638개)이 가장 많고, (29)기타 기계 및 장비 제조업 공장(2,349개), (28)전기장비 제조업 공장(1,232개), (26)전자 부품, 컴퓨터, 영상, 음향 및 통신장비 제조업(1,184개)가 많다.

1.15.1 공장 주요 집적지역

남동구(4,886개), 서구(3,316개), 부평구(1,561개), 미추홀구(966개).

1.15.2 행정구역별(시군구) 총인구수·면적·공장수

〈표 57 - 인천광역시 행정구역별(시군구) 총인구수·면적·공장수〉

행정구역(시군구)별	총인구수(천명)	면적(㎢)	공장(개)
중구	132.1	110.6	129
동구	64.7	7.19	213
미추홀구	411	24.84	966
연수구	362.3	54.95	263
남동구	533.6	57.05	4,886
부평구	514.9	32	1,561
계양구	305.4	45.57	410
서구	543.1	116.9	3,316
강화군	69.1	411.45	228
옹진군	20.7	172.88	20
인천광역시	2,956.9	1,033.43	11,992

1.15.3 업종별 공장 분포

〈표 58 - 인천광역시 업종별 공장 분포〉

(2019.10기준)

업종(제조업) 중분류 (세분류)	업종명	총공장수 (개)	대표 세분류 업종(개) (대표 지역(개))
10, 11	식료품·음료	507	(1012)육류 가공 및 저장 처리업(79개) (1071)떡, 빵 및 과자류 제조업(60개) (1079)기타 식료품 제조업(60개)
16	목재 및 나무제품 제조업;가구제외	367	(1610)제재 및 목재 가공업(209개)
18	인쇄 및 기록매체 복제업	138	(1811)인쇄업(112개)
20	화학 물질 및 화학제품 제조업;의약품 제외	550	(2042)세제, 화장품 및 광택제 제조업(277개) (2049)그 외 기타 화학제품 제조업(117개)
22	고무 및 플라스틱제품	720	(2219)기타 고무제품 제조업(95개) (2221)1차 플라스틱제품 제조업(97개) (2223)포장용 플라스틱제품 제조업(94개) (2224)기계장비 조립용 플라스틱제품 제조업(163개) (2229)기타 플라스틱 제품 제조업(191개)

업종(제조업)		총공장수(개)	대표 세분류 업종(개)(대표 지역(개))
중분류(세분류)	업종명		
25	금속 가공제품;기계 및 가구 제외	2,638	(2511)구조용 금속제품 제조업(362개) (2591)금속 단조, 압형 및 분말 야금제품 제조업(218개) (2592)금속 열처리, 도금 및 기타 금속 가공업(1,352개) (2593)날붙이, 수공구 및 일반 철물 제조업(236개) (2594)금속 파스너, 스프링 및 금속선 가공제품 제조업(133개) (2599)그 외 기타 금속 가공제품 제조업(242개)
26	전자 부품, 컴퓨터, 영상, 음향 및 통신장비	1,184	(2622)인쇄회로기판 및 전자부품 실장기판 제조업(267개) (2629)기타 전자 부품 제조업(350개) (2642)방송 및 무선 통신장비 제조업(231개)
27	의료, 정밀, 광학 기기 및 시계	326	(2719)ㄱ타 의료용 기기 제조업(102개) (2721)측정, 시험, 항해, 제어 및 기타 정밀 기기 제조업(198개)
28	전기장비	1,232	(2811)전동기, 발전기 및 전기 변환장치 제조업(188개) (2812)전기 공급 및 제어장치 제조업(392개) (2842)조명장치 제조업(277개) (2851)가정용 전기 기기 제조업(165개) (2890)기타 전기장비 제조업(97개)
29	기타 기계 및 장비	2,349	(2912)유압 기기 제조업(72개) (2913)펌프 및 압축기 제조업;탭, 밸브 및 유사제품 제조업(184개) (2914)베어링, 기어 및 동력 전달장치 제조업(107개) (2916)산업용 트럭, 승강기 및 물품 취급장비 제조업(171개) (2917)냉각, 공기 조화, 여과, 증류 및 가스 발생기 제조업(333개) (2919)기타 일반 목적용 기계 제조업(181개) (2922)가공 공작기계 제조업(231개) (2927)반도체 및 디스플레이 제조용 기계 제조업(126개) (2929)기타 특수 목적용 기계 제조업(691개)
30	자동차 및 트레일러	362	(3039)자동차용 기타 신품 부품 제조업(204개)
32	가구	275	(3202)목재 가구 제조업(173개)
합 계		10,648	7,485

1.15.4 인천 산업단지 현황

〈표 59 – 인천광역시 산업시설용지 분양 현황〉

2019년 8월말 현재(단위:㎡,%)

유형	단지수	지정면적	분양대상면적	미분양	미분양율
국가	1	11,290,236	7,373,132	0	0.0
일반	11	8,634,989	5,250,657	59,394	1.2
도시첨단	2	1,403,838	775,811	75,955	30.8
농공	–	–	–	–	–
계	14	21,329,063	13,399,600	135,349	1.1

1.16 제주(680여 개)

제주특별자치도는 (10, 11)식료품·음료 제조업 공장(213개)이 가장 많고, (23)비금속 광물 제조업 공장(95개)과 (28)전기장비 제조업 공장(63개)이 많다. 6개의 산업단지가 지정되어 있다.

〈표 60 – 제주특별자치도 산업시설용지 분양 현황〉

2019년 8월말 현재(단위:㎡,%)

유형	단지수	지정면적	분양대상면적	미분양	미분양율
국가	2	1,947,041	809,182	0	0.0
일반	1	197,341	88,319	0	0.0
도시첨단	–	–	–	–	–
농공	3	312,864	240,599	0	0.0
계	6	2,457,246	1,138,100	0	0.0

1.17 세종(780여 개)

세종특별자치시는 (10, 11)식료품·음료 제조업 공장(117개)이 가장 많고, (25)금속 가공제품 제조업(기계 및 가구 제외) 공장(86개)과 (22)고무 및 플라스틱 제품 제조업 공장(67개), (28)전기장비 제조업 공장(66개)이 많다. 총 16개의 산업단지가 지정되어 있다.

<표 61 - 세종특별자치시 산업시설용지 분양 현황>

2019년 8월말 현재(단위:㎡,%)

유형	단지수	지정면적	분양대상면적	미분양	미분양율
국가	-	-	-	-	-
일반	11	8,063,366	5,416,808	102,969	2.3
도시첨단	1	750,356	237,982	8,858	7.6
농공	4	563,474	439,255	0	0.0
계	16	9,377,196	6,094,045	111,827	2.2

2. 산업별 주요 지역

2.1 석유화학집적지 현황

 * 출처 : 한국석유화학협회

2.1.1 주요 석유화학단지 위치

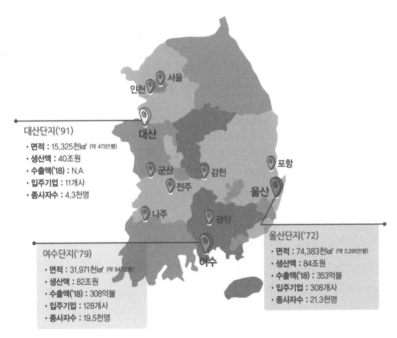

대산단지('91)
 • 면적 : 15,325천㎡ (약 473만평)
 • 생산액 : 40조원
 • 수출액('18) : N.A
 • 입주기업 : 11개사
 • 종사자수 : 4.3천명

여수단지('79)
 • 면적 : 31,971천㎡ (약 942만평)
 • 생산액 : 82조원
 • 수출액('18) : 308억불
 • 입주기업 : 128개사
 • 종사자수 : 19.5천명

울산단지('72)
 • 면적 : 74,383천㎡ (약 2,295만평)
 • 생산액 : 84조원
 • 수출액('18) : 353억불
 • 입주기업 : 308개사
 • 종사자수 : 21.3천명

2.1.2 석유화학단지별 설비현황(2019.06. 기준)

〈표 62 – 석유화학단지별 설비 현황〉

구분	정유기업	석유화학산업		가동시점
		NCC	유도품	
울산단지 (온산 포함)	2	2	79	1972년
여수단지	1	3	71	1979년
대산단지	1	3	38	1991년
기타지역	1	–	18	–
합 계	5	8	206	–

2.1.3 석유화학단지 위치, 기업, 생산품(2019.06. 기준)

〈표 63 – 석유화학단지 위치, 기업, 생산품〉

구분	기업 A : 석유제품 B : 기초유분 C : 중간원료 D : 합성수지 E : 합섬원료 F : 합성고무 G : 기타 화성품
대산 Complex	• 에틸렌 생산 능력 : 3,775 KTA • 기업 : 롯데엠시시(C,G), 롯데케미칼(B,C,D,E), LG화학(B,C,D,F), 코오롱인더스트리(G), 한화종합화학(E), 한화토탈(A,B,C,D,E), 현대오일뱅크(A,B), 현대OCI(G), 현대케미칼(B), 현대코스모(B,C)
여수 Complex	• 에틸렌 생산 능력 : 4,360 KTA • 기업 : 구다우케미칼(G), 금호미쓰이화학(G), 금호석유화학(B,D,F,G), 금호폴리켐(F), 금호피앤비화학(C,G), 대림산업(D,G), 롯데엠시시(C,G), 롯데베르살리스 엘라스토머스(F), 롯데첨단소재(D), 롯데케미칼(B,C,D,E,G), 비를라카본코리아(G), 삼남석유화학(E),LG MMA(G), LG화학(B,C,D,F,G), 여천NCC(B,C), 오리온엔지니어드카본즈(G), GS칼텍스(A,B,C,D), 코오롱인더스트리(G), 폴리미래(D), 한국바스프(G), 한화케미칼(C,D,G)
울산 Complex	• 에틸렌 생산 능력 : 1,660 KTA • 기업 : 금호석유화학(D,F,G), 대한유화(B,C,D,E), 동서석유화학(E), 롯데비피화학(G), 롯데케미칼(B,C,E), 애경유화(G), SSNC(D), S-Oil(A,B,C,D), SKC(C,G), SK어드밴스드(B), SK에너지(A,B), SK종합화학(B,C,D,E,F,G), SK케미칼(E), HDC 현대EP(D), MCNS(G), 용산화학(G), 울산아로마틱스(B,C), 이수화학(G), 카프로(E), KPX케미칼(G), 코리아 PTG(G), 코오롱인더스트리(G), 태광산업(B,E), 한국바스프(D,G), 한국알콜산업(G), 한국 이네오스 스티롤루션(D), 한국 트린지오(F), 한주(G), 한화종합화학(E), 한화케미칼(C,D,G), 효성화학(B,D,E)

구분	기업
	A : 석유제품 B : 기초유분 C : 중간원료
	D : 합성수지 E : 합섬원료 F : 합성고무 G : 기타 화성품
기타	• 기업 : 광양 : OCI(B,G), 구미 : Bluecube케미칼(G), 군산 : 삼양이노켐(G), SH에너지화학(D), OCI(G), 김천 : 코오롱인더스트리(G), 나주 : LG화학(G), 부산/서울/익산 : 국도화학(G), 인천 : SK인천석유화학(A,B,C), 전주 : 삼양화성(D), 한솔케미칼(F), 진해 : 아케마(G), 포항 : OCI(G)

2.2 항공 산업 집적지 현황

* 출처 : 한국항공우주산업진흥협회

2.2.1 항공산업 분야별 업체 현황

〈표 64 - 항공산업 분야별 업체 현황〉

분 야	업체수	주요업체
체계 종합	2	KAI, 대한항공
항공기체	45	아스트, 샘코, 율곡, 하이즈항공 등
항공전자	24	LIGNex1, 한화시스템(구 한화탈레스) 등
부품/장비	15	현대위아, 한화/기계 등
추진계통	5	한화테크윈, 한국로스트 왁스 등
무인기	5	유콘시스템, 대한항공, KAI 등
계	106	-

2.2.2 지역별 인프라(집적지 등)

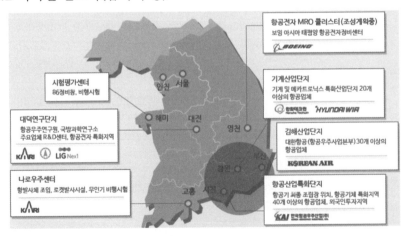

2.2.3 항공산업클러스터 산업(물류)시설용지

○분야 : 항공엔진정비, 조종사 훈련센터, 주항공산업
   등
○면적 : 493,208.3㎡
○업종 : 첨단(IT), 항공산업(MRO), 물류
 - 운송관련 서비스업, 운송업, 기계 및 장비제조업,
   통신장비 제조업, 컴퓨터 및 사무용기계제조업 등
○분양 관련
 - 매각완료 : 101,820㎡(항공엔진정비센터,
   운항훈련센터
○분양 가능 잔여분 : 386,044㎡
○문의사항:인천경제자유구역청 서비스산업유치과
 (☎ 032-453-7323)

* 출처 : 인천경제자유구역청

2.3 바이오 산업 집적지 현황

2.3.1 바이오클러스터 현황

* 출처 : 우리나라 바이오클러스터의 현황 분석 및 발전 방향 연구, 산업연구원,
  2018.12.

(1) 기관

15개 시도에 바이오벤처지원센터 9개, 지역진흥사업 16개를 포함 총 25개 바이오클러스터 기관을 운영 중임.

(2) 조성 주체별

〈표 65 – 조성 주체별 바이오클러스터〉

주체	바이오클러스터
민간 주도	인천 송도 바이오클러스터, 경기 광교 테크노밸리, 원주 의료기기 클러스터 등
정부 중심	오송 첨단의료복합단지, 대구 첨단의료복합단지, 대덕 연구개발특구 등
지자체 중심	옥천 의료기기 클러스터, 진주 생물산업 클러스터, 제주 테크노파크, 서울 바이오허브(홍릉), 익산 국가식품 클러스터, 춘천 천연물 클러스터 등

2.3.2 주요 바이오클러스터

〈표 66 - 주요 바이오클러스터〉

클러스터	내 용
서울 바이오허브	○ 모델 : 미국의 보스턴 바이오클러스터 ○ 집적 기관 등 : 한국과학기술연구원 등 연구기관, 고려대·경희대 등의 연구 및 병원 인프라, 140여 개의 벤처기업 등 산·학·연·병원 주요 주체를 모두 보유 ○ 수도권 우수 인력 활용 가능 ○ 현재 조성 중
대구경북 첨단의료복합단지	○ 집적 기관 등 : 신약 개발 지원센터, 첨단의료기기개발 지원센터, 실험동물센터, 임상시험신약생산센터, 커뮤니케이션센터, 연구기관 등이 대구의 신서혁신도시 내에 대구경북첨단의료산업진흥재단 중심으로 입지
송도 바이오클러스터	○ 집적 기관 등 : 노바셀테크놀로지, 셀트리온, 삼성바이오로직스 등 글로벌 바이오기업과 송도 테크노파크 등 공공기관, 10여 개 글로벌 대학의 바이오, 식품, 생명공학프로그램이 개교하여 클러스터 형성 중임
대덕 바이오클러스터	○ 집적 기관 등 : 대덕 연구개발특구 내 정부 출연연구기관, 정부투자기관, 연구기관, 기업부설연구소, 대학 등으로 구성된 연구개발 중심형 클러스터로 연구 성과 사업화와 벤처생태계 조성을 주요 사업으로 하는 클러스터임
경기도 바이오클러스터	○ 집적 지역 등 : -향남제약 지방산업단지에 삼성제약, 대웅제약, 안국약품 등 제약 산업 기업이 입주(대학이나 공공기관 등이 위치하지 않음) -광교 테크노밸리와 판교 테크노밸리는 기업뿐만 아니라 차세대 융합기술연구원, 경기과학기술진흥원, 경기신용보증재단 등 기업 지원기관가 관련 인프라 및 서비스 제공 기관들이 입주
원주 의료기기산업 클러스터	○ 집적 지역 등 : 태장농공단지 내 의료기기 창업보육센터, 동화 첨단의료기기 산업단지, 첨단의료기기 테크노타워, 문막산업단지, 혁신도시, 기업도시에 의료기기 기업과 지원기관, 시설들이 입지
춘천 바이오산업 클러스터	○ 집적 지역 등 : 생물산업 벤처기업지원센터, 춘천바이오산업진흥원, 의약품 기업, 건강보조식품 기업, 화장품 기업 등이 입지한 소규모 클러스터
진주	○ 집적 지역 등 : 바이오산업진흥원을 중심으로 의약품, 기능성 화장품, 화장품 및 친환경농자제 등 창업기업과 성장기 기업 지원. 인근에 생물산업 전문 농공단지를 조성하여 바이오센터 21을 졸업한 기업들을 입주시켜 클러스터 성장 중임

클러스터	내 용
제주 바이오클러스터	○집적 지역 등 : 제주하이테크산업진흥원의 기존 인프라를 기반으로 천연물을 활용한 뷰티(화장품)산업, 건강산업, 물산업 등을 육성. 제주 바이오사이언스 파크에는 성장기 바이오기업들이 집적되어 있음
오송 생명과학단지	○각 부처 생명공학 관련 연구지원 시설들을 유치하고 의약품, 화장품, 의료기기, 식음료품 등 생명공학기술 관련 기업들을 특화해 집적시키고 있음

2.4 자동차 산업 현황

〈주요 자동차 공장 및 무역항 현황〉

①기아자동차 소하리 공장
②기아자동차 화성 공장
③기아자동차 광주 공장
④한국지엠 부평 공장
⑤한국지엠 창원 공장
⑥쌍용자동차 평택 공장
⑦타타대우 군산 공장
⑧자일대우버스 울산 공장
⑨동화오토 서산공장
⑩르노삼성자동차 부산 공장
⑪현대자동차 아산 공장
⑫현대자동차 전주 공장
⑬현대자동차 울산 공장
⑭엠에스그룹(컨소시엄) 군산 공장
⑮대창모터스 진천 공장

ⓐ인천항 : 기아 · 지엠 · 중고자동 차 등
ⓑ평택·당진항 : 기아 · 현대 · 쌍용 · 수입자동차 등
ⓒ군산항 : 현대 · 기아 · 지엠 · 환적자동차 등
ⓓ목포항 : 기아 · 환적자동차 등
ⓔ광양항 : 환적자동차 등
ⓕ마산항 : 지엠자동차 등
ⓖ부산항 : 르노삼성자동차 등
ⓗ울산항 : 현대자동차 등

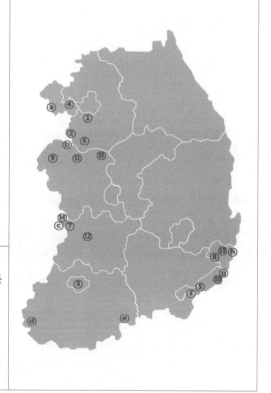

공장 인센티브 제도의 이해

1. 인센티브와 관점

일반적으로 인센티브를 안내할 때 유형별 카테고리 또는 나열식으로 안내를 많이 한다. 예를 들면 금융·기술개발·인력·판로·수출 지원, 조세 감면과 같은 형태이다. 그러나 기업 입장에서는 인센티브를 언제 신청하는지, 어느 시점에 도움이 되는지 파악하기 어려운 점이 있다. 투자 유형에 따라 초기 투자비 관련 인센티브에 관심이 많은 기업도 있고, 개발비 인센티브에 관심이 있는 기업도 있는데 대부분의 공공기관 안내 자료는 그냥 제도 안내 수준인 경우가 많기 때문이다. 또한 인센티브를 마치 큰 혜택을 주는 것처럼 생각을 하기도 한다. 인센티브는 혜택은 맞지만, 인센티브 자체가 부가가치를 만들어 내는 것은 아니다. 사업에 필요한 비용을 감소시켜주는 요인이고, 어려운 경영 환경을 극복할 수 있도록 보조해 주는 하나의 방편이다.

실무상 공장을 경영하는 기업과 면담을 해보면, 기업에서 고민하는 공장 관련 비용 요소는 4단위(초기 투자비, 고정비, 개발·사업화비, 추가 투자비) 정도로 나눌 수 있다. 공장 인센티브는 이 비용들의 감소와 관련이 많다.

〈표 67 – 공장의 비용과 비용 감소 요인〉

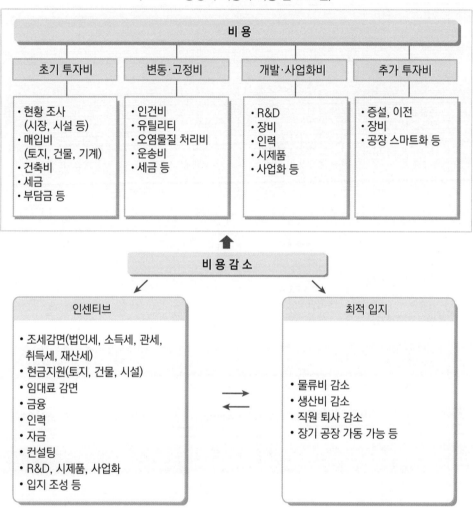

이런 비용요소는 인센티브 또는 최적 입지에 따라 감소폭이 달라진다.

〈표 68 – 각 비용과 인센티브 유형〉

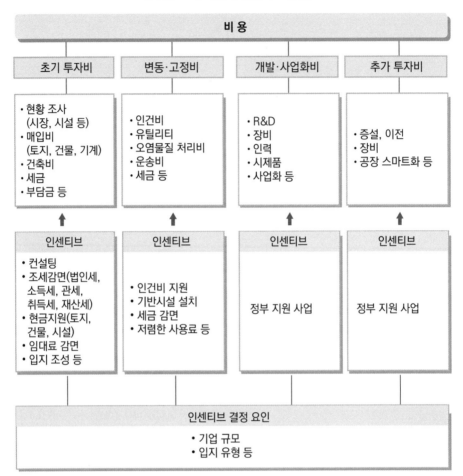

2. 인센티브 제도

2.1 입지에 딸린 인센티브

많은 인센티브가 산업 입지에 딸려 있다. '딸려' 있다는 말이 무슨 의미인가 하면 그 입지에서 제조업을 해야 각종 인센티브를 받을 수 있다는 의미이다. 이 유형의 인센티브는 자금 지원, 조세 감면, 규제 완화 등이 복합적으로 지원된다.

2.1.1 인센티브의 특징

초기 투자비용 절감과 사업 안정화에 효과 있는 인센티브가 있다.

(1) 초기투자비용 절감(입지 매입비 절감)

산업단지 공장용지

입지 매입비를 절감해 주는 인센티브는 산업단지 조성 및 분양, 부지 매입 보조금 지급, 창업 중소기업 각종 부담금 면제 등이 있다. 산업단지의 경우 관리기관에서 통상 안내되는 내용 중 하나는 계획입지(산업단지)는 지가가 비싸다는 것이다. 토지를 조성하고 기반시설을 설치하는 등 비용이 투여되었기 때문이라고 한다. 그러나 실제 분양되는 산업단지를 보면 주변 시세보다 싼 경우도 많다. 이유는 산업단지의 공장용지는 조성원가로 분양하기 때문이다(지원시설용지는 시세). 이 원인으로 분양을 받은 뒤 바로 재판매하는 등 부동산 투기가 활성화되면서 분양 받은 공장용지는 공장등록 후 5년 뒤에만 임의 매각이 가능하도록 법까지 개정 되었다.

이렇듯 산업단지 공장용지가 주변 시세보다 싼 경우도 있어 초기투자비용 절감에 도움이 될 수 있다. 또한 해당 지역에는 공장 설립이 불가능했는데 산업단지가 조성되면서 공장 설립이 가능해진 경우도 있어 산업단지 조성 자체가 인센티브가 될 수 있다. 그리고 산업단지가 없는 곳(개별입지)에서 공장을 건설하면 건폐율과 용적률이 산업단지보다 상대적으로 불리한 곳이 많고, 폐수처리장 등 기반시설을 별도로 설치해야 할 수 있어 비용이 더 들 수 있다.

하지만 개별입지 중에는 임야 등과 같이 매우 저렴한 토지도 있다. 임야는 제곱미터 당 몇 천 원 짜리도 있다. 이런 입지의 경우 모든 비용 부분을 상쇄시킬 수 있기 때문에 산업단지 관리기관에서는 이런 점들로 개별입지가 계획입지보다 저렴하다고 안내하는 것으로 보인다. 다만 계획입지(산업단지)와 개별입지 가격을 단순 비교하는 것은 실무상 적합하지 않은 사례도 있으니 지역별, 사례별 차이가 있다고 안내하는 것이 바람직하지 않을까 생각해 본다.

보조금

부지 매입 보조금(또는 건축물 보조금)은 기초자치단체가 일정 규모 이상을 투자하는 기업을 유치하기 위해 조례로 규정을 정하여 지급한다(지방으로 이전하는 기업에 주는 보조금도 있다). 투자 전 지자체와 사전 협의가 필수기 때문에 시간이 많이 걸리며, 일정 규모 이상의 투자를 한다고 해서 모두 혜택을 받을 수 있는 것은 아니다. 한국은 토지 가격이 높기때문에, 많은 기업들이 투자에 있어 토지 가격을 가장 부담스러운 요소로 꼽기도 한다. 또한 공장 규모가 클수록 토지 비용은 급상승하여 투자 자체를 포기하게 만드는 요인이 되기도 해서 위와 같이 불합리한 상황을 보완하는 제도를 두고 있다. 다만 혜택을 받는 것은 여러 요인으로 쉽지 않으며 요구한다고 지원해주는 성격의 지원금이 아니다.

창업 중소기업 입지 지원

창업 중소기업에는 여러 혜택이 있는데, 입지와 관련해서는 산업단지 외의 지역(개별입지)에 공장 설립 시 각종 부담금을 면제 받을 수 있다. 예를 들면 농지보전부담금, 대체초지조성비 등 공장 부지를 개발할 때 지불되는 비용을 감면해준다. 토지 매입과 공장 건축물 신축 시 이러한 감면 혜택을 받은 소기업들은 비용 절감이 상당하다. 이 외에 여러 혜택이 겹쳐지면 무시할 사항이 못 된다.

임대료 절감

임대는 몇 가지 방식이 있는데 공장용지 임대, 공공기관 건물 임대, 공공기관 소유 지식산업센터 임대가 대표적이다. 또한 국내 기업을 위한 임대지역(건물)이 있고, 외국인 투자 유치를 위한 임대지역이 있다.

국내 기업을 위한 입지는 보통 스타트업 기업, 창업 소기업, 중소기업을 대상으로 하고 있다. 스타트업과 창업 소기업은 보통 건물에 일부 공간을 임대해 주는 방식으로 지원을 한다. 창업보육센터, 테크노파크 보유 건축물, 연구원 등 공공기관 내 일부 공간 임대 등이 이에 해당한다. 공공기관이 보유한 지식산업센터도 저렴하게 임대를 하고 있다. 이런 유형들은 임대료 외에 각종 지원을 받을 수 있다. 다만 여러 인센티브가 있다 보니 임대 기간에 제한이 있기도 한다.

중소기업 대상으로는 과거 국민임대산업단지, 임대전용산업단지를 조성하여 공급한 적이 있다. 토지를 저렴한 가격에 일정기간 임차를 해서 사용한 뒤 분양을 받을 수 있게 한 곳이다. 창업 시 가장 걸림돌이 되는 초기 투자비용 완화를 위해 조성된 대표적인 입지이다.

자유무역지역에도 공장 용지(또는 건물)를 임대해 주는데 표준 공장(아파트형 공장), 항만 배후단지 임대 등이 이에 해당한다.

외국인 투자 기업만을 위한 임대 입지는 외국인투자지역이 대표적이다. 개별형, 단지형이 있는데 개별형은 대규모 투자를 하는 외국인 기업을 대상으로 토지를 임대해 주는 방식(자가 소유인 외투기업도 있다.)이고, 단지형은 중소규모 공장 건설이 용이하도록 산업단지로 조성하여 부지를 저렴하게 임대해주는 방식이다.

토지 취득 관련 지방세 감면

산업단지는 분양 공장용지 매입 시 취득세와 재산세를 감면해 주고 있다(2019년까지 한함). 이 외에도 공장 설립 시 토지 관련 지방세를 감면해주는 산업 입지들이 있다.

신축 및 증축 기업 보조금 지원

비수도권에서 공장을 신, 증설하는 기업에 대해 보조금을 지급하는 인센티브가 있다.(기존 사업장을 폐쇄 또는 축소하는 경우는 제외)

(2) 사업 안정화

소득/법인세 감면

공장 신설 및 증설에는 많은 돈이 든다. 보통 공장 신축 시 대출을 받는 경우가 많다. 또한 사업 초기인 경우 투자한 만큼 곧바로 소득을 올리지 못할 수도 있다. 그래서 중소기업의 경우 투자 초기에 매우 어려워질 수도 있다. 이런 이유로 신규 투자 시 법인세 또는 소득세를 감면해 주는 제도들이 있다. 다만 소득세와 법인세는 중요 세

수입의 원천이어서 기획재정부에서 이 감면 특례를 쉽게 법제화해 주지는 않는다. 산업위기대응특별지역, 연구개발특구 등에서 이 감면이 있으며 수도권에서 비수도권으로 이전하는 기업 중 특정 요건에 맞는 기업 대상으로도 이를 감면해 주고 있다.

(3) 특정 지역으로 산업을 유도하기 위해 주는 인센티브

공장이 여러 지역에 산재해 있으면 지자체는 관리 부담이 가중되고, 환경오염에 대한 대처가 어렵게 된다. 이런 원인으로 국가는 정책적으로 기업을 밀집시키려 노력하고 있다. 산업단지 조성이 대표적으로, 기업들을 산업단지로 유도하기 위해 조세 감면, 융자 등 인센티브를 주고 있다.

농공단지는 지방 산업 육성을 위해 조성되는데 다른 산업단지보다 입지 인센티브가 추가 되어 있는 경우가 있다. 또한 수도권 산업 집중을 방지하고 지역 균형 발전을 위해 수도권 기업이 지방으로 이전할 시 부지 보조금, 건축 보조금 등을 지원하는 인센티브 제도도 있다. 이 외에 도금업과 같이 국내 산업을 위해서는 필요하지만, 산업입지가 잘 지원되지 않는 산업을 위해 단지를 지정(뿌리산업 특화단지)하거나 도금업의 밀집을 위해 건축된 지식산업센터 건설을 허가하는 등 특정 산업을 밀집시키기 위한 제도도 있다.

(4) 특정 정책 목적을 달성하기 위한 인센티브 지역

자유무역지역

자유무역지역은 자유로운 제조, 물류, 유통 및 무역활동 등이 보장되는 지역으로 외국인 투자유치, 무역의 진흥 등을 위해 지정된 지역이다. 이에 따라 이 지역에 입주하면 공장 용지(또는 공장)을 저렴하게 임차하거나, 지방세 감면, 관세특례, 부가세 영세율 적용을 받을 수 있다.

첨단의료복합단지

의료산업 육성 지역.

국제과학비즈니스벨트

세계적 수준의 기초연구환경을 구축하고, 기초 연구와 비즈니스가 융합될 수 있는 기반을 마련하기 위해 조성된 지역.

환경산업연구단지

환경기업이 개발 기술의 사업화 과정에서 겪게 되는 '죽음의 계곡'을 극복할 수 있도록 통합지원하기 위해 조성된 단지

(5) R&D를 촉진하기 위한 인센티브 지역

한국산업단지공단이 하는 클러스터사업의 경우 산업단지에 입주한 기업을 대상으로 R&D 사업 등에 참여할 기회를 주고 있으며, 국가혁신 클러스터 사업의 경우에도 고시에서 명시한 산업단지 등에 기업이 입주해 있으면 R&D 사업 등에 참여할 수 있다.

(6) 규제 완화 인센티브 지역

최근 신설된 규제자유특구(지역산업 육성을 위해 규제샌드박스 등 규제특례와 지자체, 정부 투자계획을 담은 특구계획에 따라 지정된 구역) 제도는 일정 지역을 특구로 지정하여 핵심 규제를 완화하고 재정, 세제를 지원할 수 있게 하고 있다.

2.1.2 입지 인센티브의 단점

(1) 해당 입지에 들어가지 않으면 인센티브를 받을 수 없다.

이 인센티브는 해당 입지에 공장을 설립해야 받을 수 있는데, 각 입지별 인센티브 제도가 다르고 복잡하여 기업이 일일이 이 인센티브를 파악하기 쉽지 않다. 또한 대부분의 입지 인센티브 지역은 분양 현황, 잔여 필지 등을 인터넷에 공개하지 않아 일일이 관리기관에 문의를 해야 한다. 이런 점도 기업이 인센티브를 검토하면서 산업입지를 찾는 것을 어렵게 만들고 있다.

(2) 인센티브가 클수록 요건이 까다롭다.

투자 전에 장기간 협의가 필요할 수 있으며, 지자체와 중앙정부의 예산 여력이 중

요하며 지원 의지에 따라 가부가 결정되기도 한다.

(3) 신청이 없으면 못 받는다.

조세 감면 등은 기업이 신청을 해야 받을 수 있는데, 인센티브 제도가 있는 것을 모르고 신청하지 않아 혜택을 받지 못하기도 한다. 연구개발특구의 경우 조세 연구 보고서를 보면, 많은 기업들이 인센티브 신청을 하지 않아 조세 감면 제도가 실효성이 있는 지에 의문을 내비치기도 한다. 그런데 실무 입장에서 보면 이런 감면 사항이 안내가 제대로 이뤄지고는 있는 지 의문이 든다. 또는 인센티브 신청이 너무 어려운 건 아닌지, 신청 후 후속 행정 대응 사항이 기업 규모에 비해 너무 과중한 것은 아닌지 확인해 볼 필요가 있다.

2.2 기업 규모에 딸린 인센티브

이 인센티브 유형은 특정 기업 규모에 해당하면 지원 받을 수 있다.

2.2.1 스타트업 및 창업 소기업 지원

스타트업 기업은 전방위로 지원하고 있다. 기업마다 취약 분야가 다르기 때문이기도 하거니와 취약 분야에 대한 어려움으로 기업이 망하거나 더 이상 성장하지 못할 수 있기 때문이다. 이런 원인으로 스타트업 기업은 입지(시설, 공간), 멘토링, 컨설팅, 사업화, 정책자금, R&D, 판로와 해외진출, 네트워크 등을 지원해 주고 있다. 관련 내용은 K-startup 홈페이지에서 확인이 가능하다.(K-startup.go.kr)

2.2.2 중소기업 지원

중소기업 또한 전방위로 지원을 하고 있다. 다만 스타트업 기업과 달리 중소기업은 규모가 다양하여 지원 사업의 규모와 형태가 상이하다. 인센티브 제도가 워낙 다양해서 일일이 소개하기가 어려울 정도다. 지원 사업과 관련해서는 '기업마당' 홈페이지(www.bizinfo.go.kr)에서 확인이 가능하며, 기업마당 홈페이지에서 '자료마당' --〉 '중소기업 지원책자'에서 아래 책자 자료를 참고하면 여러 지원 사항을 확인할 수 있다. 이 외에도 다양한 지원 사업 관련 책자를 확인 할 수 있다.

(도서) 2019년도 중소기업 조세지원
(도서) 2019년도 중소벤처기업 지원사업 1권 ~ 5권

다만 '기업마당' 외에도 중소기업 지원 인센티브 안내와 관련된 인터넷 사이트가 더 있다.

ex) 중소기업 공장 설립 자금 : 중소기업이 공장신축 또는 증축을 위해 토지 및 건물 등에 소요되는 제반비용을 일반 금융기관보다 저금리로 지원하는 정부정책자금이 있다. 융자 한도는 300억까지이고 연 2.4~3.8% 정도로 융자를 받을 수 있다(중소기업진흥센터, http://1004help.co.kr).

2.2.3 대기업 지원

대기업에서 대규모 공장을 건설하게 되면 해당 지역에 파급효과가 만만치 않은 경우가 많다. 협력 업체들도 그 지역으로 와서 하나의 산업 클러스터가 형성되기도 하고, 인구 증가가 예상될 경우 정주 여건 개선이 필요할 수 있어 어떤 지역의 경우 도시개발 관점(기업 입지, 상업 입지, 주거 입지, 기반시설 등을 함께 개발)에서 투자 환경을 조성하기도 한다.

대규모 공장은 파급효과가 크다보니 지자체에서는 공장용지를 저렴하게 제공한다거나(보조금 지급, 국공유지 매각) 인력 채용 지원, 협력 업체가 들어올 수 있는 산업단지 조성 등 다양한 방면으로 지원을 하고 있다. 또한 도로, 전기, 용수 등 유틸리티의 사용도 증가하기 때문에 기반시설 정비가 함께 이뤄지기도 하여 기업이 직접적으로 받지는 않지만 간접적으로 지원되는 다양한 사항들이 있다. 그러하다보니 인센티브라고 지칭되지 않는 것들도 있다. 다만 이런 경우가 잦지도 않고 특혜 시비도 있기 때문에 항상 이렇게 지원이 되는 것은 아니다.

특혜 시비에 대해 잠깐 언급하자면, 대기업의 대규모 공장 투자는 정말 리스크가 크다. 2000년대에 일본 디스플레이 기업들이 기술 변화를 감지하지 못하고 PDP와

LCD에 대규모 투자를 했다가 급몰락한 사례를 보면 기업의 대규모 투자에 대한 지원을 단순히 특혜 관점으로만 볼 것은 아니라고 생각한다.

스타트업, 중소기업, 대기업은 각자 산업 세계에서 추구하는 산업이 다르고, 생태계가 다르다. 또한 대기업의 경우 견제를 하는 주체가 타국 기업이 아닌, 타국 그 자체가 되기도 해서 국가적으로 기술 유출, 인력 유출 등의 피해를 받고 있다. 게다가 규모가 커서 운용에 어려움이 이루 말할 수 없이 많다. 그리고 많은 대기업이 투자의 어려움, 높은 지가 등으로 인해 국내 투자를 하지 않고 해외 투자를 하고 있다. 이런 현실이기 때문에 개인적으로는 대기업의 공장 신설에 대해서 지원이 강화되어야 한다고 생각한다. 대기업 특혜 논란으로 국내에 신설될 수 있었던 큰 공장이 해외로 나간 사례가 있다는 것에 대해 정말 많은 고민을 해야 한다고 생각한다.

2.3 특정 요건의 충족에 딸린 인센티브
(업종, 투자액, 고용인원, 기술 등)

특정 산업을 육성하기 위해 업종에 대한 인센티브 제도를 신설하기도 한다. 입지와 관련해서는 특정 업종을 위해 산업단지(또는 다른 특별법에 따른 단지)를 조성하는데, 뿌리산업 특화단지, 첨단의료복합단지, 환경산업연구단지, 자원순환 특화단지 등이 이에 해당한다.

투자액에 따른 인센티브는 외국인투자지역 임대가 대표적인데, 외국인 투자 금액(FDI)이 일정 금액 이상이어야 국공유지를 임대할 수 있다.

일정 수 이상의 인원을 고용하면 제공되는 인센티브도 있다. 예를 들면 입지시설 보조금의 경우 신규고용 인원에 따라 보조금이 차등 지급되도록 하는 지자체도 있고, 경기도의 경우 일자리 창출(인력 채용 등)이 우수한 기업이 되면 23가지 인센티브를 주기도 한다.

특정 기술에 대해 부여하는 인센티브 제도도 있다. 예를 들면 첨단기술기업으로 인정이 되면 법인세와 재산세, 취득세 감면 혜택을 받을 수 있고 연구개발특구 육성 사업 참여시 가산점이 부여되며, 국·공유 재산 특례 지원을 받을 수도 있다.

2.4 대상 제한 없는 인센티브

입지나 기업 규모 등과 관련 없는 인센티브가 있다. 공공기관 보유 장비 임대나 사용 사업(오픈랩 사업), 재직자 직업 훈련(인력 양성) 등을 들 수 있다.

3. 인센티브의 함정과 유의사항

3.1 인센티브의 함정

기업은 투자 시 신청 가능한 인센티브를 찾아본다. 그런데 인센티브는 기업이 신청을 고려할 때부터 당황하게 만들 때가 많다. 신청 시점은 언제인지, 제출 서류는 어떻게 되는지, 어디에 문의를 해야 할지 알기 어려운 경우가 많다. 그나마 요즘은 인센티브에 대한 안내 책자도 많이 발간되고 있고, 정보를 안내하는 웹사이트도 많아 예전보다는 좋아졌지만 여전히 신청조차 어려운 인센티브가 많다.

그리고 인센티브를 받은 이후에 지속적으로 행정 요구 사항이 있는 인센티브들이 있는데, 이런 인센티브는 기업 대표나 근로자의 업무를 가중시켜 경영에 악영향을 미치기도 한다. 행정 요구사항이 많은 인센티브는 기업의 행정 대응 직원이 이 업무를 하다가 퇴사를 하고 싶어질 정도라고 하니 눈에 보이지 않는 악영향이 기업에 발생한다.

인센티브 제도에 이런 함정이 있는 대표적인 원인은 국가 지원 사업은 대부분 정책 지원 후 그 성과에 대해 계량적인 수치를 요구하기 때문이다. '이렇게 지원을 했으니 이런 성과가 나왔고, 그렇기 때문에 지속적으로 지원을 해야 한다'는 것을 보여줘야 국가 세금이 올바로 사용되고 있다고 국민들이 평가하기 때문에 어쩔 수 없는 부분이 있다.

또한 나랏돈이 원래 취지대로 필요한 기업에 지원이 되었는지, 절차는 올바로 집행이 되었는지 등을 확인해야 하는 이유도 있어 기업 입장에서는 여러 서류와 정보를 지속적으로 제공해야하는 원인이 된다. 그렇다보니 지원 후 사후 평가를 하기 위한 장치들이 마련되는데, 기업 입장에서는 행정 대응을 상당히 해야 하는 원인이 된다. 기업은 인센티브를 받을 때 이점을 반드시 유의해야 한다.

다만 국가 기관에서는 이 부분에 대해 정말 심각한 고민을 해야 한다. 인센티브를 주는 많은 기관 직원들은 기업이 혜택을 받으니 행정 처리 등을 기업이 하는 것은 당연한 것 아니냐는 인식이 있다. 그러나 이런 인식이 기업의 경쟁력을 갉아먹고 있다고는 생각하지 못한다. 이런 행정 대응은 대부분 기업의 총무팀이 맡는 경우가 많은데, IMF 이후 총무팀의 인력은 대폭 줄어들었다. 부가가치를 창출하는 부서가 아니기 때문에, 대부분의 기업은 총무팀을 최소화하길 원한다. 중소기업의 경우 총무팀 직원 한명이 감당해야 하는 내부 업무가 상당하기 때문에 국가 지원사업으로 인해 업무 시간이 가중되면 이직의 결정적인 원인이 되기도 한다. 인력 관리는 기업의 핵심 요소이고 성장에 필수요소이기 때문에, 이런 기업의 부담 요인을 국가적으로 줄이기 위해 노력해야 한다고 생각한다.

아무리 좋은 인센티브라도 절차가 복잡하거나 행정 대응 사항이 많으면 정작 필요한 기업은 사업을 하느라 여력이 없어 신청을 못한다. 정작 필요한 기업에겐 혜택이 돌아가지 않는다는 것이다. 이런 사례는 인센티브를 다루는 실무자들은 한두 번은 겪어본 일일 것이다. 인센티브 지원 제도를 설계할 때 기업이 인센티브를 받기 위한 행정절차에 매몰되지 않고, 사업에만 몰두 할 수 있도록 할 필요가 있다.

3.2 대표적 유의사항

3.2.1 신청 시점이 중요

(1) 투자 전이나 투자 후에 신청하는 인센티브

인센티브 신청 시점은 투자 전과 투자 후로 나눌 수 있다. 보조금이나 현금 지원 성격의 투자 유치 인센티브는 투자 전에 신청하여야 하는 경우가 많다. 그런데 이런 인센티브들은 신청 전에 협의부터 해야 하는 경우가 있다. 보통 세금으로 지원을 해 주는 경우가 이에 해당한다.

이런 경우 안내서에 신청서를 제출하면 된다는 인센티브더라도 신청서 제출 전에 보통 사전 협의가 필요하다. 원인은 기업이 인센티브 요건에 맞는 지 검토하는데 시간이 걸리는 부분도 있고, 예산이 있는 지 체크를 해야 하며, 지자체와 중앙정부가 분담 비율이 나눠져 있는 경우 각 기관마다 인센티브 지급 여부를 사전에 조율해야하기 때문이다. 이러한 인센티브로는 투자 유치 보조금, 현금 지원, 외국인투자지역 입주 등이 있다. 투자 후에 신청해야 하는 인센티브는 보통 조세 감면 인센티브이다. 소득이 발생하거나, 부동산·기계 취득 행위가 있거나 할 때 신청한다.

(2) 투자 전, 투자 후 각각 신청해야 하는 인센티브

외국인투자지역에 들어가는 기업은 입주계약 시 임대료 감면 신청을 하는 것이 유리하다(단, 투자하기로 한 FDI가 해외에서 들어와야 가능). 추후 공장 준공 확인 후 납부한 임대료를 반환해주기 때문이다. 이렇듯 투자 전에 사전 신청을 한 후, 투자 후에 특정 요건이 충족이 되면 인정되는 인센티브가 있기에 사전 확인이 필요하다.

(3) 년 초에 신청해야 하는 인센티브

기업을 지원하는 사업 중 많은 사업이 년 초에 신청을 해야 혜택을 받을 수 있다. 이유는 해당 연도에 확정된 예산이 소진되면 더 이상 지원을 못하기 때문이다. 공공기관과 정부의 경우 사업이 2월~3월에 시작하는 경우가 많으므로, 이러한 인센티브는 미리 알아두었다가 년 초에 신청해야 할 수 있다.

(4) 대다수 인센티브는 신청주의 이다.

많은 기업들이 인센티브가 있다는 건 알지만 혜택을 받은 적은 없다고 한다. 조세 감면이 대표적이다. 이유는 신청을 하지 않아서인데, 몰라서 못 하는 경우도 많다. 또한 기업 지원 인센티브의 경우에는 세무사도 모르는 경우가 많아 기업이 직접 챙겨야 할 때가 있다. 개인적으로 전해들은 바는 지방세의 경우 회계사나 세무사가 관심 있어 하는 분야는 아니라고 하니 공장을 주로 다루는 세무·회계사를 만나지 못하면 인센티브에 대해 제대로 된 도움을 받지 못할 수도 있겠구나하는 생각이 든다. 취득세 같이 1회성 세금도 있지만, 재산세나 법인세 감면 같이 5 ~ 15년 간 장기간 감면해 주기도 하므로 인센티브를 받을 수 있다면 꼭 받도록 하자.

3.2.2 혜택을 받은 후 행정 요구 사항이 많은 인센티브

인센티브는 혜택을 받으면 끝이라고 생각하는 기업들이 있다. 그렇다보니 다양한 행정 대응이 필요한 인센티브를 받은 후 이럴 줄 알았으면 신청하지 않았을 것이라고 말하는 기업도 종종 만나게 된다. 인센티브 제도는 계속 변하고, 이름은 바뀌었지만 내용은 동일한 인센티브도 있기 때문에 어떤 인센티브가 이런 인센티브인지 알아보기가 쉽지 않다. 하지만 대략 감을 잡을 수 있는 인센티브들은 있다.

R&D 지원 인센티브는 대부분 행정 요구 사항이 많다. 경과 사항 및 결과물에 대해 보고서 작성을 해야 하고, 기업 대표 발표 등이 기본 요소로 들어간다. 보고서의 경우 인센티브 지원 기관에서 요구하는 사항들이 있기 때문에 이에 맞춰서 작성해야 하는 등 기업의 일반 직원이 이를 부담하기에는 버거운 면들이 있으니 확인이 필요하다.

계속 지원사업인 경우 지속적으로 기관에 정보 제공을 해야 한다. 예를 들면 외국인투자지역의 경우 기본적으로 50년 간 국공유지를 기업이 임차하는데, 정기적으로 관련 정보를 기관에 제공해야 한다. 다만 이 경우 임대 기준에 적합하게 사업을 하고 있는 지 확인하기 위한 정보 수집이어서 그다지 많은 정보를 요구하지는 않는다.

3.2.3 혜택을 받은 후 조건에 미달하면 회수해가는 인센티브

기업이 인센티브만 받고 아무런 행위를 하지 않으면 정책 목적 달성이 이뤄지지 않기 때문에 제도적으로 여러 장치를 마련해 두고 있다. 예를 들면 산업단지에 분양하는 부지나 나대지를 사서 공장 건축을 하면 취득세와 재산세를 감면해 주는데 (2019.12.31.까지) 이는 투자를 하고 계속 그 곳에서 사업을 하는 조건으로 감면을 해 주는 것이다.

그래서 일정 기간 동안 사업을 해야 하는데, 그렇지 않고 공장을 한지 얼마 안 되어 매각하면 감면된 취득세와 재산세가 다시 부과되니 주의해야 한다.

> G「지방세특례제한법」제78조(산업단지 등에 대한 감면)
>
> ⑤ 다음 각 호의 어느 하나에 해당하는 경우 그 해당 부분에 대해서는 제4항에 따라 감면된 취득세 및 재산세를 추징한다.
> 1. 정당한 사유 없이 그 취득일부터 3년이 경과할 때까지 해당 용도로 직접 사용하지 아니하는 경우
> 2. 해당 용도로 직접 사용한 기간이 2년 미만인 상태에서 매각(해당 산업단지관리기관 또는 산업기술단지관리기관이 환매하는 경우는 제외한다) · 증여하거나 다른 용도로 사용하는 경우

또한 외국인투자지역의 경우 투자 시 약정된 FDI(외국에서 직접 투자한 금액)가 있는데, 해당 지역에서 계속 공장을 경영하려면 이 FDI 금액을 유지하고 있어야 한다. 이렇듯 인센티브는 관련 조건을 꼼꼼히 따져보아야 나중에 곤란하지 않을 수 있다.

3.2.4 내국인에게만 주는 인센티브

모든 조세 감면의 경우 법에 의해 외국인 투자 기업도 혜택을 받을 수 있도록 하고 있지만, 법에 명시적으로 내국인만을 대상으로 하는 제도들도 있다. 「조세특례제한법」 제64조제1항제1호를 보면 농공단지지정일 현재 인구 20만 이상인 시지역외의 지역에 소재하는 농공단지에 입주하여 농어촌소득원개발사업을 하는 내국인만 소득세 또는 법인세를 감면해 준다.

조세 이 외에는 외국인 투자 기업에 대해 내국인과 동등 대우에 대한 명시 규정이 없기 때문에 인센티브별로 대상이 되는지 사전 확인이 필요하다. 다만 안타까운 점은 국내 기업도 해외로 빠져나가고 있는 현재에 외국인 기업이 국내에 투자를 한다는 것은 여러 면에서 감사해야 할 일이지만 무작정 경계를 하는 사람이 많다는 점이다.

그러다보니 법에 명시되어 있는 인센티브조차 지원되지 않는다고 안내하는 경우가 있다. 대표적인 것이 조세 감면이다. 「외국인투자촉진법」에 정한 절차에 따라 외국인 투자 기업으로 등록된 기업(이 점이 중요하다. 외국인이 국내에서 사업을 한다

고 하여 모두 이 법상의 외국인 투자가로 인정되지는 않는다.)은 조세 감면에 관한 규정은 국내 기업과 동등하게 적용을 받도록 하고 있다!(받을 수 있다가 아니다.) 그럼에도 불구하고 산업통상자원부가 아닌 타 부처나 지자체의 경우 조세 감면 규정에 대해서도 국내 기업과 달리 적용해야 한다고 오해하는 사례가 있다. 법상 내국인에게만 할 수 있다고 되어 있는 조세 감면 규정이 있는데, 이런 경우가 아닌 이상 동등 대우를 하여야 한다.

⊖ 「외국인투자촉진법」 제3조(외국인투자의 보호 등)

- 외국투자가가 취득한 주식 등으로부터 생기는 과실, 주식 등의 매각 대금, 제2조제1항제4호 나목에 따른 차관계약에 의하여 지급되는 원리금 및 수수료는 송금 당시 외국인투자의 신고 내용 또는 허가내용에 따라 그 대외송금이 보장된다.
- 외국투자가와 외국인투자기업은 법률에 특별한 규정이 있는 경우 외에는 그 영업에 관하여 대한민국국민 또는 대한민국법인과 같은 대우를 받는다.
- 대한민국국민 또는 대한민국법인에 적용되는 조세에 관한 법률 중 감면에 관한 규정은 법률에 특별한 규정이 있는 경우 외에는 외국투자가, 외국인투자기업, 제2조제1항제4호나목에 따른 차관의 대여자에 대하여도 같이 적용된다.

간혹 기업 지원 관련 업무를 일선에서 하는 분들 중에 국내 기업만 잘 되어야 한다고 오해하는 분이 있다. 그러나 실상은 그렇지 않다. 하나의 제품이 만들어 지기까지에는 필요한 기업들이 매우 많고 각 기업마다 경쟁력이 있어야 좋은 제품이 나올 수 있는데 국내 기업이 이 모든 영역을 잘 할 수는 없다.

그렇기에 기술력 좋은 외국인 기업이 국내에 투자를 결정하는 것은 매우 고맙고, 반가운 일이다. 이런 기업이 있어야 제조 단가도 낮춰지고, 해당 부품이 필요했던 타 산업에서도 부품을 사용할 수 있게 된다. 전산업적으로 기여하는 바가 크다. 그렇기 때문에 외국인 투자 기업이 국내 환경에 잘 적응하고, 사업을 육성시킬 수 있도록 도와 줘야 한다.

예를 들면 진공청소기로 유명한 다이슨의 경우 제품 개발 초기 자국인 영국 내에서 인정받지 못해 해외 기업을 통해 해외에 먼저 출시를 하였다. 이 기업은 올해 본사를 싱가포르로 이전하기로 하였는데, 이와 같은 기업들은 외국인 기업이지만 싱가포르에겐 자국 기업과 다를 바 없는 기업으로 볼 수 있다.

이와 같이 외국 기업도 그 기업이 한국에서 잘 성장할 수 있도록 해 준다면 국내 인력을 고용하고, 국내 산업 육성에 기여하는 기업으로 성장할 수 있다. 그래서 외국인 투자 기업을 볼 때 무조건 색안경을 끼고 볼 필요는 없다.

다만 국내 기술을 탈취만 하려는 목적으로 들어오거나 국내 산업 육성을 방해할 목적으로 들어오는 기업도 있다. 정말 악의적으로 국내 기술 탈취만을 한 뒤 국내 기업을 버린다거나 국내 산업을 사장시켜 버리려는 목적을 가진 외국인 기업들도 없다고 할 수 없다. 그래서 모든 외국인 투자를 무작정 반길 일은 아니다. 모든 일은 긍정적이고 밝기만 한 것은 아니니 늘 주의를 해야 한다.

그러나 세계적으로 기술 혁신 속도가 매우 빠르게 진행되고 있어 외국인이 한국 투자를 통해 이런 효과를 얻기란 쉽지 않다. 즉, 공생을 위해 투자하는 기업이 더 많다는 이야기이다.

3.2.5 산업단지 공장용지는 분양·매수할 때, 매각을 미리 고려

중소기업의 경우 협력사의 요청이나, 기업 확장 등으로 이전이 필요해질 수가 있다. 그런데 산업단지 공장용지의 경우 매각 제한에 걸려 있는 경우가 있다.(Part2 3.산업단지 3.4.2 참고) 법상 임의 매각을 못하도록 한 규정에 해당할 경우 매각을 관리기관에 의뢰해야 하기 때문에 시간이 많이 걸리고, 매각 가격을 매수 가격 수준으로 하여야 해서 이전 비용 확보 등에 차질을 빚을 수 있다(실제 이 문제로 중소기업 대표분들이 부득이하게 형사고발을 감수하는 경우도 있다).

그냥 매각해 버리면 되는 것 아니냐고 생각할 수 있지만, 법이 매우 강력하다. 위반하여 매각할 경우 5년 이하 징역 또는 5천만 원 이하 벌금형이다(「산업집적법」 제52조). 이 사례에 해당하면 실무상 기업 대표는 형사고발 조치가 되고 경찰서와 검찰

청을 다녀와야 하며 최소 벌금형에 처한다. 고용 등과 관련해 소송이 걸린 중에 매각으로 고발 조치를 당하면, 어려움이 가중될 수 있다(실제 이런 사례로 고발 취하를 요청받은 경험이 있다). 가벼이 볼 사항이 아니므로, 산업단지 내 공장용지를 매수할 때는 자유로이 매각할 수 있는 시점이 언제인지를 반드시 확인한 후에, 미래 공장 경영 계획을 수립해야 발생 가능한 피해를 줄일 수 있다.

부동산 투기 세력을 막으려 만든 법령인데 실무에서는 정상적으로 기업 경영을 하는 중소기업 대표분들이 대상이 되기도 한다. 보다 합리적으로 개정이 되었으면 하는 바람이 있으며 늘 안타까움이 드는 규제 법령이다.

4. 인센티브 실례

4.1 공장 설립 특례

공장 등록, 설립 절차 등과 관련된 특례는 대부분 소규모 기업을 대상으로 하는데, 규제 완화 인센티브로 볼 수 있다.

〈표 69 – 공장 설립 특례〉

구분	내용
사업계획의 승인	○「중소기업창업 지원법」 제33조 -사업계획의 승인을 공장 설립등의 승인으로 보는 제도

사업계획의 승인에 대한 추가 특례	○「산업집적 활성화 및 공장 설립에 관한 법률」 제13조의3제3항
	  (이하 「산업집적법」)
	  - 사업계획의 승인을 받은 자에 대하여 그 사업계획승인 또는 공장건축허가를 취소하는 경우, 그 토지의 원상회복을 명하지 아니하고 해당 창업자 또는 제3자에게 일정 요건에 따라 그 토지에 대한 공장설립등의 승인을 할 수 있음

구분	내용
실험실 공장 특례	○「벤처기업육성에 관한 특별조치법」 제18조의2 – 소속 기관의 장(제4호의 경우에는 실험실공장을 설치하게 되는 기관의 장을 말한다)의 승인을 받아 실험실공장을 설치할 수 있고, 이 승인은 제조시설설치승인을 받은 것으로 본다. – 시장·군수 또는 구청장은 실험실 공장에 대한 공장등록신청을 받으면 공장등록을 하여야 한다
시험공장 특례	○「연구개발특구의 육성에 관한 특별법」 제37조 – 교육 · 연구 및 사업화 시설구역에 입주하려는 자는 입주승인을 받아야 한다. 입주승인을 받은 자는 「산업집적법」 제13조에 따른 공장설립등의 승인을 받은 것으로 본다.
소기업 공장설립 특례	○「중소기업진흥에 관한 법률」 제62조의10제1항 ○「중소기업진흥에 관한 법률 시행령」 제54조의10 – 소기업 중 공장의 건축면적 또는 이에 준하는 사업장의 면적이 500제곱미터 미만인 기업의 경우 사업자등록증을 공장등록증명서로 보는 제도
사업분리에 의한 창업 시 공장등록 특례	○「중소기업창업 지원법」 제39조의4 – 내국법인이 사업의 일부를 분리하여 사업을 개시하는 중소기업이 일정 요건을 갖춘 경우 사업자등록증을 공장등록증명서로 보는 제도
신기술창업집적지역 공장설립 특례	○「벤처기업육성에 관한 특별조치법」 제17조의4 – 집적지역에 창업자나 벤처기업은 도시형공장을 대학이나 연구기관 장의 승인을 받아 설치 가능. 이 경우 공장설립등의 승인이나 제조시설설치승인을 받은 것으로 봄 –시장·군수·구청장은 공장등록신청을 받으면 등록을 하여야 함
실시계획의 승인	○「산업집적법 시행령」 제19조의3제4항 –「산업입지및개발에관한법률」 제17조~제19조(국가·일반·도시첨단·농공단지)에 따른 실시계획의 승인(산업단지에 입주할 자가 산업단지개발사업을 시행하는 경우만 해당)

4.2 초기 투자비 감소 위한 인센티브

4.2.1 부담금 면제 특례

신규로 공장 건축 시 발생되는 각종 부담금을 면제하거나 감면하는 특례가 있다.

〈표 70 – 부담금 면제 특례〉

구분	내용
창업중소기업	○「중소기업창업 지원법」 제39조의3제2항(부담금의 면제)
창업중소기업 사업계획 승인	○「중소기업창업 지원법」 제39조의3제1항(부담금의 면제)
소기업	○「중소기업진흥에 관한 법률」 제62조의10제2항(소기업의 공장 설립에 관한 특례) ○「중소기업진흥에 관한 법률 시행령」 제54조의11(농지보전부담금 등의 면제대상 공장용지면적 등)

4.2.2 조세 감면 특례

창업중소기업 취득세, 등록면허세 감면

〈표 71 – 창업중소기업 취득세, 등록면허세 감면〉

구분	과밀억제권역 내	과밀억제권역 외
취득세	○감면 없음	○75% 감면
취득세	○(적용 대상) – 창업 중소기업 : 법인:설립등기일, 개인:사업자등록일부터 4년 이내에 창업 당시 업종의 영속을 위해 부동산 취득 시 – 청년창업기업 : 5년 이내 창업 당시 업종의 영속을 위해 부동산 취득 시 – 벤처기업 : 벤처기업으로 최초로 확인받은 날(창업일부터 3년 내)부터 4년간 ○(기간) 2020.12.31.까지 창업한 기업만 대상	
등록면허세	○(대상) – 창업중소기업 : 2020.12.31.까지 창업하는 창업중소기업의 법인설립 등기(창업일로부터 4년 이내에 자본 또는 출자액을 증가하는 경우 포함) – 벤처기업 : 2020.12.31.까지 창업중에 벤처기업으로 확인받은 중소기업이 그 확인일로부터 1년 이내에 하는 법인설립 등기	
고려 사항	○창업으로 보지 않는 경우(「지방세특례제한법」 제58조의3제6항) ○추징(「지방세특례제한법」 제58조의3제7항)	
신청 방법	○감면신청서(「지방세특례제한법 시행규칙」 별지 제1호의4서식)를 관할 지방 자치단체의 장에게 제출(붙임 서류 : 사업자등록증, 법인 등기부등본 및 벤처기업확인서 등)	
관련법령	○「지방세특례제한법」 제58조의3 ○「지방세특례제한법 시행령」 제29조의2	

산업단지, 유치지역, 산업기술단지 내 입주 기업 취득세, 재산세 감면
(재산세는 변동·고정비 관련임)

〈표 72 – 산업단지 등 지역 취득세, 재산세 감면〉

구분		내용
취득세	50% 감면	○(대상) 산업용 건축물등을 신축 또는 증축하여 취득하는 부동산(부속토지 포함) – 2019.12.31.까지 경감 ○(추가 감경) 조례로 25%까지
	25%감면	○(대상) 산업단지등에서 산업용 건축물등을 대수선하여 취득하는 부동산 – 2019.12.31.까지 경감 ○(추가 감경) 조례로 15%까지
재산세		○5년간 35% 경감(수도권 외의 지역은 75% 경감) ○(대상) 산업용 건축물등을 신축 또는 증축하여 취득하는 부동산(부속토지 포함)
감면대상 공장		○(업종) 「지방세법 시행규칙」 별표2에서 규정하는 업종의 공장 ○(면적) 건축물의 연면적이 200㎡ 이상인 것(공장 경계구역 안의 부대시설[수익사업용은 제외] 포함)
취득세·재산세 추징		○정당한 사유 없이 그 취득일로부터 3년이 경과할 때까지 해당 용도로 직접 사용하지 않는 경우 ○해당 용도로 직접 사용한 기간이 2년 미만인 상태에서 매각·증여하거나 다른 용도로 사용
관련법령		○「지방세특례제한법」 제78조

공장의 지방 이전 시 취득세와 재산세 감면(재산세는 변동·고정비 관련임)

〈표 73 – 공장 지방 이전 시 취득세, 재산세 감면〉

구분	과밀억제권역 내	과밀억제권역 외
취득세	○감면 없음	○75% 감면
	○(적용 대상) – 창업 중소기업 : 법인:설립등기일, 개인:사업자등록일부터 4년 이내에 창업 당시 업종의 영속을 위해 부동산 취득 시 – 청년창업기업 : 5년 이내 창업 당시 업종의 영속을 위해 부동산 취득 시 – 벤처기업 : 벤처기업으로 최초로 확인받은 날(창업일부터 3년 내)부터 4년간 ○(기간) 2020.12.31.까지 창업한 기업만 대상	

구분	과밀억제권역 내	과밀억제권역 외
등록면허세	○(대상) – 창업중소기업 : 2020.12.31.까지 창업하는 창업중소기업의 법인설립 등기(창업일로부터 4년 이내에 자본 또는 출자액을 증가하는 경우 포함) – 벤처기업 : 2020.12.31.까지 창업중에 벤처기업으로 확인받은 중소기업이 그 확인일로부터 1년 이내에 하는 법인설립 등기	
고려 사항	○창업으로 보지 않는 경우(「지방세특례제한법」 제58조의3제6항) ○추징(「지방세특례제한법」 제58조의3제7항)	
신청 방법	○감면신청서(「지방세특례제한법 시행규칙」별지 제1호의4서식)를 관할 지방자치단체의 장에게 제출(붙임 서류 : 사업자등록증, 법인 등기부등본 및 벤처기업확인서 등)	
관련법령	○「지방세특례제한법」 제58조의3 ○「지방세특례제한법 시행령」 제29조의2	

4.3 변동·고정비 감소 위한 인센티브

4.3.1 창업중소기업 법인세 또는 소득세 감면(대상 및 기간)

〈표 74 – 창업중소기업 법인세, 소득세 감면〉

구분	과밀억제권역 내	과밀억제권역 외
청년 창업	○50% 감면	○100% 감면
	* '청년'에 해당하는 자 : 「조세특례제한법 시행령」 제5조(창업중소기업 등에 대한 세액감면)	
일반 창업	○(원칙) 감면 없음 ○수입이 4천8백 이하 – 50% 감면	○50% 감면 ○수입이 4천8백 이하 – 100% 감면
기간	○(감면기간) 5년 ○(감면대상) 2021.12.31. 이전에 창업한 기업 – 청년창업기업은 2018.5.29.이후 창업부터 적용. 이전은 일반 창업중소기업 적용(부칙 법률 제15623호)	
신청 방법	○과세표준신고와 함께 세액감면신청서를 납세지 관할세무서장에게 제출	
관련법령	○「조세특례제한법」 제6조	

* 창업 중소기업 중 수도권과밀억제권역 외의 지역에서 창업할 경우 소득세 또는 법인세에 대해 75%(2년), 50%(2년) 감면하는 예외 규정 있음(「조세특례제한법」 제6조제5항)
** 창업으로 보지 않는 사유(「조세특례제한법」 제6조제10항)
*** 수도권과밀억제권역 외에서 창업했지만, 수도권과밀억제권역에서 창업한 기업으로 보는 예외 사유(「조세특례제한법 시행령」 제5조제24항)

4.3.2 창업중소기업 재산세 감면

〈표 75 - 창업중소기업 재산세 감면〉

구분	과밀억제권역 내	과밀억제권역 외
재산세	창업일로부터 3년간 100% 감면, 그 다음부터 2년 간 50% 감면 ○(대상) 창업중소기업, 창업벤처중소기업 ○(요건) - 사업에 직접 사용하는 부동산(일정 요건 있음)	
고려 사항	○창업으로 보지 않는 경우(「지방세특례제한법」 제58조의3제6항) ○추징(「지방세특례제한법」 제58조의3제7항)	
신청 방법	○감면신청서(「지방세특례제한법 시행규칙」 별지 제1호의4서식)를 관할 지방자치단체의 장에게 제출(붙임 서류 : 사업자등록증, 법인 등기부등본 및 벤처기업확인서 등)	
관련법령	○「지방세특례제한법」 제58조의3 ○「지방세특례제한법 시행령」 제29조의2	

4.3.3 위기지역 창업기업 법인세 또는 소득세 감면

〈표 76 - 위기지역 창업기업 법인세, 소득세 감면〉

구분	내용
창업 기업	100% 감면
대상	○고용위기지역 및 지정 기간: - 군산, 울산 동구, 거제시, 통영시, 창원 진해구, 고성군(2020.4.4.까지) - 전남 목포시와 영암군(2020.5.3.까지) ○산업위기(대응특별)지역 및 지정 기간 : 울산 동구, 거제, 통영·고성, 창원 진해구, 영암·목포·해남(2021.5.28.까지) ○위기지역에 2021.12.31.까지 제조업 창업하거나 사업장 신설(기존 사업장 이전은 제외, 위기지역으로 지정 또는 선포된 기간에 창업하거나 사업장을 신설하는 경우로 한정) ○ (감면 기간) 5년
신청 방법	-
관련법령	○「조세특례제한법」 제99조의9

* 2020년 법 개정안 발표(추가 2년 50% 감면)

4.3.4 중소기업 법인세 또는 소득세 감면

〈표 77 – 중소기업 법인세, 소득세 감면〉

구분	수도권	비수도권	추가 감면
소기업	20%	30%	왼쪽 각 비율에 × 110/100
중기업	–	15%	('10년 이상 해당 업종 경영&종합소득 1억 이하'인 경우)
대상			○2020.12.31. 이전에 끝나는 과세연도까지 해당 사업장에서 발생한 소득 ○내국법인의 본점 또는 주사무소가 수도권에 있는 경우 ~ 모든 사업장이 수도권에 있는 것으로 봄
신청 방법			○과세표준신고와 함께 세액감면신청서를 납세지 관할세무서장에 제출
관련법령			○「조세특례제한법」 제7조

4.3.5 농공단지·산업단지 입주기업 등에 대한 법인세또는 소득세 감면

〈표 78 – 농공단지, 산업단지 입주기업 법인세, 소득세 감면〉

구분	내용
소득세와 법인세	○5년 동안 50% 감면 – 세부 내용은 「조세특례제한법」 제64조제2항 참고
대상	○2021.12.31.까지 수도권 과밀억제권역 외의 지역으로서 농공단지지정일 현재 인구 20만 이상인 시지역외의 지역에 소재하는 농공단지에 입주하여 농어촌소득원개발사업을 하는 내국인 ○2021.12.31.까지 지방중소기업 특별지원지역으로서 수도권 과밀억제권역 외의 지역으로서 지방중소기업 특별지원지역의 지정일 현재 인구 20만 이상인 시지역외의 지역에 소재하는 지방중소기업 특별지원지역으로서 나주·김제지평선·장흥바이오식품·북평·나주혁신·강진환경·담양 일반산업단지, 북평 국가산업단지, 정읍 첨단과학산업단지, 대마 전기자동차 산업단지에 입주하여 사업을 하는 중소기업
신청방법	○세액감면신청서를 납세지 관할세무서장에게 제출
관련법령	○「조세특례제한법」 제64조

4.3.6 공장의 지방 이전에 따른 법인세 감면

〈표 79 – 공장 지방 이전에 따른 법인세 감면〉

구분	내용
감면대상	○대도시*에서 공장시설을 갖추고 사업을 하는 내국법인이 대도시에 있는 공장을 대도시 밖으로 이전(수도권 밖에 있는 공장을 수도권으로 이전하는 경우는 제외)하기 위하여 해당 공장의 대지와 건물을 2020.12.31.까지 양도함으로써 발생하는 양도차익에 대해서는 해당 양도차익에서 양도일이 속하는 사업연도의 직전 사업연도 종료일 현제 이월결손금을 뺀 금액의 범위에서 법상 계산한 금액을 해당 사업연도의 소득금액을 계산할 때 익금에 산입하지 않을 수 있음. 이 경우 해당 금액은 양도일이 속하는 사업연도 종료일 이후 5년이 되는 날이 속하는 사업연도부터 5개 산업연도의 기간 동안 균분한 금액 이상을 익금에 산입하여야 함 – 이전 전 업종과 이전 후 업종이 같아야 함 * 대도시 : 수도권 과밀억제권역, 부산광역시(기장군 제외), 대구광역시(달성군 제외), 광주광역시, 대전광역시, 울산광역시의 관할구역. 다만 산업단지는 제외
신청방법	○토지 또는 건물의 양도차익에 관한 명세서 등을 납세지 관할 세무서장에게 제출하여야 함
관련법령	○「조세특례제한법」 제60조 ○「조세특례제한법」에서 '대도시' 정의는 「조세특례제한법 시행령」 제56조제2항에 있음

4.3.7 수도권 과밀억제권역 밖으로 이전하는 중소기업에 대한 법인세 또는 소득세 감면

〈표 80 – 과밀억제권역 밖 이전 중소기업 법인세, 소득세 감면〉

구분	내용
소득세 또는 법인세	○6년간 100%, 추가 3년 50% 감면 ○다음의 지역으로 이전한 기업은 4년간 100%, 추가 2년 50% 감면 – 수도권 성장관리권역, 수도권 자연보전권역, 인천광역시를 제외한 모든 광역시, 구미시, 김해시, 아산시, 원주시, 익산시, 전주시, 제주시, 진주시, 창원시, 천안시, 청주시, 충주시, 포항시, 당진군, 음성군, 진천군, 홍천군(내면은 제외) 및 횡성군의 관할구역

구분	내용
대상	○수도권과밀억제권역에서 2년 이상 계속하여 공장시설을 갖추고 사업을 하는 중소기업(내국인만 해당)이 대통령령으로 정하는 바*에 따라 수도권과밀억제권역 밖으로 공장시설 전부 이전(본점이나 주사무소가 수도권과밀억제권역에 있는 경우에는 해당 본점이나 주사무소도 함께 이전하는 경우만 해당)하여 2020.12.31.까지 사업을 개시한 경우 　*「조세특례제한법 시행령」 제60조제1항 ○이전 전 업종과 이전 후 업종이 동일해야 함
추징	○「조세특례제한법」 제63조제2항
신청방법	○과세표준신고와 함께 세액감면신청서 및 감면세액계산서를 납세지 관할세무서장에게 제출
대상 제외	○합병으로 인해 중소기업에 해당하지 아니하게 된 경우

4.3.8 법인의 공장 및 본사를 수도권 밖으로 이전하는 경우 법인세 감면

〈표 81 - 법인의 공장 및 본사 수도권 밖 이전 시 법인세 감면〉

구분	내용
법인세	○ 6년간 100%, 추가 3년 50% 감면 ○ 다음의 지역으로 이전한 기업은 4년간 100%, 추가 2년 50% 감면 　- 수도권 성장관리권역, 수도권 자연보전권역, 인천광역시를 제외한 모든 광역시, 구미시, 김해시, 아산시, 원주시, 익산시, 전주시, 제주시, 진주시, 창원시, 천안시, 청주시, 충주시, 포항시, 당진군, 음성군, 진천군, 홍천군(내면은 제외) 및 횡성군의 관할구역
대상소득	1. 공장을 이전한 경우에는 그 공장에서 발생하는 소득 2. 본사를 이전한 경우에는 과세연도별로 가목의 금액에 다목의 비율과 라목의 비율을 곱하여 산출한 금액에 상당하는 소득 　가. 해당 과세연도의 과세표준에서 토지·건물 및 부동산을 취득할 수 있는 권리의 양도차익 및 대통령령으로 정하는 소득을 뺀 금액 　나. 해당 과세연도의 수도권 밖으로 이전한 본사(이하 이 조에서 "이전본사"라 한다) 근무인원이 법인전체 근무인원에서 차지하는 비율 　다. 해당 과세연도의 전체 매출액에서 대통령령으로 정하는 위탁가공무역에서 발생하는 매출액을 뺀 금액이 해당 과세연도의 전체 매출액에서 차지하는 비율 3. 공장과 본사를 함께 이전한 경우에는 제1호 및 제2호의 소득을 합하여 산출한 금액에 상당하는 소득. 다만, 해당 과세연도의 소득금액을 한도로 한다.

구분	내용
대상	○수도권과밀억제권역에 3년 이상 계속하여 공장시설을 갖추고 사업을 하거나 3년 이상 계속하여 본점 또는 주사무소를 둔 법인일 것 ○공장시설의 전부 또는 본사를 수도권 밖(공장시설을 광역시로 이전하는 경우에는 산업단지만 해당)으로 대통령령으로 정하는 바*에 따라 2020.12.31.까지 이전하여 사업을 개시하거나, 수도권 밖에 2023.12.31.까지 공장 또는 본사를 신축하여 사업을 개시할 것(수도권 밖에 2023.12.31.까지 보유하고 2020.12.31.이 속하는 과세연도의 과세표준신고를 할 때 이전계획서를 제출하는 경우만 해당) *「조세특례제한법 시행령」 제60조의2제4항
그 외 사항	「조세특례제한법」 제63조의2 참고

※ 참고 : 지방세 감면 신청 기간

〈표 82 - 지방세 감면 신청 기간〉

구분	내용
취득세	감면대상을 취득한 날부터 60일 이내
등록면허세	등록에 대한 등록면허세는 등록을 하기 전까지, 면허에 대한 등록면허세는 면허증서를 발급받거나 송달받기 전까지
주민세	균등분은 과세기준일부터 10일 이내, 재산분은 과세기준일부터 30일 이내, 종업원분은 급여지급일의 다음달 10일 이내
재산세 및 지역자원시설세	과세기준일부터 30일 이내
자동차세	과세기준일부터 10일 이내

○「지방세특례제한법 시행령」 제126조
○감면 신청 서식(「지방세특례제한법 시행령」 별지제1호)

5. 지자체 기업 지원(인센티브) 사례

〈표 83 – 지자체 기업 지원 사례〉

구분	사업명	문의
경제 진흥과	경영안정지원자금	기업지원팀
	특수목적자금	기업지원팀
	창업 및 경쟁력 강화자금	기업지원팀
	백년·유망중소기업 육성사업	기업지원팀
	백년·유망중소기업 육성사업	기업지원팀
	맞춤형 기업애로 현장간담회 운영	기업지원팀
	중소기업 종합 경영컨설팅 운영	경제진흥원
	전자상거래 교육 및 컨설팅 지원	경제진흥원
	맞춤형 입찰정보 제공서비스 운영	○○○○○
	국내 유명 전시·박람회 참가지원	경제진흥원
	중소기업 우수제품 홍보영상물 제작	경제진흥원
	○○도 공예품대전 개최	공예협동조합
	우수공예품 상품화 개발지원	판로지원팀
	중소기업 우수제품 디자인개발	경제진흥원
	중소기업 품질분임조 활성화 지원	한국표준협회 ○○지역센터
	대형유통업체 MD초청 구매상담회	중소기업중앙회
	국내 인증마크 획득 지원	경제진흥원
	나라장터 쇼핑몰 입점 지원	판로지원팀
일자 리과	창업보육센터 특화운영 지원	창업보육센터
	청년창업 프로젝트	경제진흥원
	청년창업 프로젝트 사후관리	경제진흥원
	○○ 엔젤투자매칭펀드 운용	엔젤투자 지원센터
	청장년 일자리 보조금 지원	일자리안정팀
	도 및 시군 일자리지원센터 운영	시군일자리 지원센터
	준·고령자 기업 인턴제 운영	일자리안정팀
	○○도형 일자리 안심공제	일자리육성팀
	○○도형 사회보험료 지원	일자리안정팀
	일자리 우수기업 인증	일자리지원팀
	우수 스타트업 지원사업	○○창조경제 혁신센터
사회적 경제과	사회적기업 육성	사회적기업팀
	마을기업 육성	협동조합팀
	협동조합 맞춤형 컨설팅	○○도사회적 경제지원센터
	기술기반형 사회적경제기업 육성	사회적경제정책팀

구분	사업명	문의
전략 산업과	산학연협력 기술개발사업 지원	○○지방중소벤처기업청
	취업연계 IP지역인재양성산업	○○지식 재산센터
	○○ 스타기업 육성 ('17~'21)	○○바이오 산업진흥원
	○○바이오 수출상담회 개최 지원	○○바이오 산업진흥원
	바이오 해외전문전시회 참가 지원	○○테크노파크
	○○의료기기전시회 개최 지원	○○○○○○ 테크노밸리
	○○ 의료기기 스타트업 지원 ('15~'19)	○○○○○○ 테크노밸리
	첨단의료기기 생산·수출단지 지원 ('14.5~'19.4)	○○○○○○ 테크노밸리
자원 개발과	○○지역 경영활성화 지원사업	산업육성팀
	대체산업용자금 지원사업	○○관리공단 (지역진흥팀)
투자 유치과	산업단지 입주기업 지원제도	기업유치팀
	중소기업 신·증설 지원	기업유치팀
중국 통상과	수출초보기업 컨설팅 지원	경제진흥원
	내수기업 수출첫걸음 지원	경제진흥원
	농식품 수출촉진비 지원	수출마케팅팀
	해외마케팅(무역사절단, 전시회) 참가지원	한국무역협회 ○○지역본부
	해외 전시·박람회 개별참가 지원	한국무역협회 ○○지역본부
	수출보험료 지원	한국무역협회 ○○지역본부
	수출기업 통·번역 지원	한국무역협회 ○○지역본부
	○○ 해외바이어 정보은행	한국무역협회 ○○지역본부
	해외규격인증 및 지식재산권 획득 지원	경제진흥원
	외국어 브로슈어 제작 지원	한국무역협회 ○○지역본부
	해외 지사화사업 지원	경제진흥원
유통 원예과	도지사 품질인증제 지원	유통원예과

공장입지별 Check List

1. 공장 설립 전 준비사항

1.1 공통사항

① 한국표준산업분류상 제조업에 해당되는지 여부와 5자리 분류코드(업종명)

② 설립하고자 하는 공장의 규모 : 공장건축면적 및 공장용지면적, 건축물 높이, 시설

③ 예상 직원 수와 필요 주차장 면적

④ 유틸리티(전기, 상수도, 하수도, 가스, 스팀) 예상 사용량

⑤ 환경관련법에 의한 환경배출시설을 설치하는지 여부

⑥ 개별법상 사업 인·허가 사항 및 제출 서류(공장 설립 등의 승인 신청 시 함께 제출)

⑦ 원료·부품 생산 기업 및 납품 가능·가격 여부

⑧ 인센티브 사항(입지, 금융, 인력, 조세, 컨설팅 등)

⑨ 태양광 등 국가 지원 사업 및 사업타당성

⑩ 비용 산출(공장과 협력사들과의 거리, 물류비, 인건비 등)

1.2 기업 규모별·형태별 사전 고려 사항

① 창업중소기업, 청년창업기업, 벤처기업 여부

② 외국인투자자에 해당되는지 여부(첨단산업, 신기술도입 산업인지 여부와 FDI 규모)

③ 사용 기계의 하중, 호이스트 톤수 등

④ 입지의 고려

〈표 84 – 유형별 주요 입지 고려 사항〉

구분	내용
시제품 중심	창업기업은 창업지원센터 등에 입주
R&D 중심	창업기업은 창업지원센터 등에 입주, 제조기업은 R&D지원 지역으로 입주
사업화	창업기업은 창업지원센터 등에 입주
제조 & R&D	R&D 지원 지역으로 입주(국가혁신클러스터, 연구개발특구, 테크노파크 관리 지역, R&D 지원 산업단지, 연구센터 인접지 등)
일반 제조	제조업소, 지식산업센터, 산업단지, 각종 경제특구, 개별입지 등
수출	자유무역지역, 항만배후단지, 보세공장 등
식품	국가식품클러스터, 식품 전문 산업단지, 제조업소, 개별입지 등
음료	용수 풍부하거나 퀄러티 좋은 곳 등
중화학	중화학 전문 산업단지
섬유	폐수처리장
의료·바이오	인력 채용 용이한 곳, R&D 용이한 곳(인증, 지원 센터 등이 있는 곳)
기계	대부분의 산업단지 입주 가능
자동차, 항공	벨류체인 형성 지역
가구, 건설 등	개별입지
산업용 기계장비 수리업	산업단지 입주 가능(관리기본계획에 업종 열려 있을 시 가능)
재생업·제조업	폐기물로 원료 생산→재생업, 폐기물로 제품 생산→제조업 ☞ 이 제조업의 경우 원료(폐기물 등)의 악취 등이 있을 시 산업단지 입주 거부될 수도 있어 입지 검토에 신중해야 함

1.3 개인 및 법인 회사 설립

① 개인 기업은 세무서에 사업자등록을 함으로써 간단히 기업 설립 가능(사업자등록증 교부)

② 법인은 관할지방법원 등기소에 설립등기를 한 후 관할세무서에 법인설립 신고해야 함

2. 공장별 입지 체크 사항(Check List)

2.1 제조업소 Check List

〈표 85 – 제조업소 체크리스트〉

구분			내용
적합한 기업			○①스타트업, ②소기업, ③공장등록이 필요 없는 제조업, ④도시에서 사업하고 싶은 소규모 제조업, ⑤소음·악취·진동·폐수 배출 없는 소규모 기업(귀금속·장신구 및 관련 제품 제조시설은 전량 위탁처리 시 가능) 등
공장설립(특례)			○소기업 사업자등록증을 공장등록증명서로 보는 특례 ○창업중소기업 사업계획 승인에 따른 공장 설립 특례(공장 전체 사용 시 가능) ○사업분리에 의한 창업 시 사업자등록증을 공장등록증명서로 보는 특례 ○개별입지 제조업소의 공장 설립
제조업	가능한 업종		○전 제조업
	규제 사항		○건축물에 해당 용도로 쓰는 바닥면적의 합계가 500제곱미터 미만이어야 함 ○「대기환경보전법」,「수질 및 수생태계 보전에 관한 법률」 또는 「소음·진동관리법」에 따른 배출시설의 설치 허가 또는 신고의 대상이 아닌 것(귀금속·장신구 및 관련 제품 제조시설은 전량 위탁처리 시 가능)
	참고 사항		○용도지역 이 외에 지구단위계획 등에서 제조업소 사업 제한이 있을 수 있음
공장용지			○별도 제한 없음
건축물			○①제2종 근린생활시설 건축물이거나 이 용도로 용도변경 가능 건축물, ②공장, ③산업단지 밖의 지식산업센터에서 가능 – 창업중소기업이 사업계획 승인으로 공장 등록하려할 시 건물 전체를 제조업소로 사용해야 함
건축 제한			○업종별 제한사항 다름
공장용지·건물 규제		매각	○별도 제한 없음
		분할	○별도 제한 없음
		임대	○별도 제한 없음
기반시설			○제조업소 건물 앞 도로 상황(원료·부품·제품 승하차 용이 여부 확인) ○주차장·화물 승하차 공간 등
유틸리티			○해당 건축물에서 사용할 수 있는 기계의 전력량(제한 지역 있음) ○사용 예상 전력, 상하수도 사용량

구분		내용
인센티브 및 지원 사항	조세와 감면	○창업중소기업 감면 ○벤처기업 감면
	부담금과 감면	○부담금 감면 – 창업 중소기업(「중소기업창업 지원법」 제39조의3제2항) – 소기업(「중소기업진흥에 관한 법률」 제62조의10제2항)
	고가 장비 사용	○테크노파크, 전자정보기술원, 각종 국가 산하 연구원 등에서 보유한 고가 장비·기계 사용 가능(각 기관 홈페이지 참고)
	이외 지원 사항	○①창업교육, ②시설·공간 제공, ③멘토링·컨설팅, ④사업화, ⑤ 정책자금, ⑥R&D, ⑦판로·해외진출, ⑧행사·네트워크, ⑨인력 등 – KStartup과 기업마당 홈페이지 참고
주변 환경		○인접 기업 사업 및 상호 영향 여부 ○인접 주거지 현황 및 상호 영향 여부 ○침수지역 여부 등
업무 처리 기관		○지자체 공장 설립 부서
관련법령		○「국토의계획및이용에관한법률」 제76조 ○「건축법 시행령」 별표1 등

2.2 지식산업센터 Check List

〈표 86 – 지식산업센터 체크리스트〉

구분	내용
적합한 기업	○①스타트업, ②벤처기업, ③중소기업, ④층고 낮은 건축물에서 사업 가능한 제조업, ⑤IT 협업 필요한 제조업, ⑥연구개발 중심인 제조업 등
공장설립(특례)	○(산업단지 내) 입주계약 절차로 진행 ○(자유무역지역) 표준공장이라고 하며 입주계약 절차로 진행 ○(개별입지) 공장 설립등의 승인 절차 ○(개별입지) 제조업소의 경우 소기업 사업자등록증을 공장등록 증명서로 보는 특례 ○(개별입지) 창업중소기업 사업계획 승인에 따른 공장 설립 특례(공장 전체 사용 시 가능) ○(개별입지) 사업 분리에 의한 창업 시 사업자등록증을 공장등록 증명서로 보는 특례 ○개별입지 제조업소의 공장 설립

구분		내용
제조업	가능한 업종	○(산업단지 내) 관리기본계획 ○(개별입지) – 수도권 과밀억제권역과 성장관리권역 : 도시형 공장만 가능한 지식산업센터와 지식기반산업집적지구 안의 지식산업센터만 허용 – 수도권 자연보전권역 : 상수원보호구역 안은 폐수배출시설 없는 공장, 상수원보호구역 외는 폐수 배출량이 1일 30㎥ 이하인 공장 – 공업지역 : 분양 공고 – 산업단지와 공업지역 밖 : 도시형 공장만 가능 * 개별입지는 각 지식산업센터 분양공고 참고
	규제 사항	–
	참고 사항	–
공장용지		–
건축물		○편의시설 여부 : 휴게공간, 공용회의실, 구내식당, 기숙사, 편의점 등 ○엘리베이터(화물용 엘리베이터 톤수와 개수, 일반 엘리베이터 개수) ○승하차 공간과 환경 ○주차 대수 ○최대 설계 하중(층별 다를 수 있음) ○호실별 높이(층고) ○호실별 화물차 진입 가능 여부 ○건물 진출입로 형상 및 환경
	건축 제한	–
공장용지·건물 규제	매각	○(산업단지 내) 공장등록(사업개시) 후 임의 처분 가능(관리기관에 처분신고). 공장 미등록인 경우 관리기관에 처분 의뢰(처분신청)
	분할	
	임대	○(산업단지 내) 전체 임대는 관리기관에 임대사업자로 전환 신청 후 가능, 부분 임대는 관리기관에 임대 신고
기반시설		○도로망(주변 도로망과의 인접성 – 간선, 순환, 고속도로 등) ○주차 대수
유틸리티		○호실별 최대 전력 용량 ○최대 용수 사용량 ○폐수 처리 방식

구분		내용
인센티브(지원사항)		○지자체(기초, 광역) 인센티브 확인(조례 등) ○특별지역 지정 여부 및 이에 따른 인센티브 확인(ex 산업위기지역, 연구개발특구, 산업단지 등) ○기업 규모에 따라 달리 주는 인센티브 사항 확인 ○고용에 따른 인센티브 확인 ○특별 업종에 대한 지원 여부 확인(ex 뿌리산업 지원 입지, 세제 감면 등) ○외국인 투자 인센티브 제도 ○각 인센티브 신청 시점 확인 ○인센티브 중 인센티브 받은 후 행정 대응 여부 및 대응 가능 여부 확인
	조세와 감면	○취득세, 재산세 감면 여부 사전 확인 및 신청 절차 확인(취득세는 지역 및 사업 형태에 따라 2.3%~9.4%까지 차이 남)
	부담금과 감면	○각종 부담금 감면 - 일반 제조업으로 창업 시 부담금 감면 제도(창업 후 3년 간, 「중소기업창업 지원법」 제39조의3)
	고가 장비 사용	-
	이외 지원 사항	인천에 도금 전문 지식산업센터 있음
주변 환경		○ 인접 호실 기업의 사업, 물동량 등 ○ 지식산업센터 주변 차량 흐름(교통체증 여부) ○ 대중교통 편의성(직원 출퇴근)
업무 처리 기관		○(산업단지 내) 관리기관(공단 등) ○(산업단지 밖) 자자체
관련법령		○「산업집적법」 제28조의5(지식산업센터에의 입주) ○「산업집적활법 시행령」 제36조의4(지식산업센터에의 입주) ○「산업집적활법 시행령」 제26조(과밀억제권역) ○「산업집적활법 시행령」 제27조(성장관리권역) ○「산업집적활법 시행령」 제27조의2(자연보전권역)

2.3 공장(개별입지) Check List

〈표 87 – 공장(개별입지) 체크리스트〉

구분		내용
적합한 기업		○ 규모 : 중소 규모 공장, 대규모 공장 필요한 제조업 ○ 주택지로부터 이격이 필요한 제조업, 소음·악취·진동·폐수로 주변에 영향을 주거나 받는 기업, 넓은 부지가 필요한 기업, 원료 산지에 가깝게 있어야 하는 기업, 도심지 인접하게 있어야 하는 기업 등
공장설립(특례)		○ 공장 설립 등의 승인 절차에 따름 ○ 창업중소기업 사업계획 승인에 따른 공장 설립 특례
제조업	가능한 업종	○ 전 제조업(용도지역·직두·구역 등에 의해 다름)
	규제 사항	○ 토지 관련 규제 법령이 중첩 적용되어 입지 검토가 까다로움
	참고 사항	○ 산업단지 내 지식산업센터는 오피스텔 허용
공장용지		○ 현황 　– 공장부지 면적(「공장입지기준 고시」에 따른 최소로 지어야 하는 '공장 건축 면적'(용어 정의는 「공장입지기준 고시」 제3항) 사전 확인) 　– 면적 확인(대장면적과 동일한지 확인) 　– 공장부지 형상 및 경계선이 공부와 일치 여부 　– 지하매장물(문화재, 폐기물, 공공시설 등) 　– 토지 고도, 경사도(복토, 성토, 절토비용) 　– 옹벽(기울어졌는지 등 확인) 　– 진입 도로(사도인지 법상 도로인지 여부) 　– 출입구 위치와 넓이(차량 진입 용이성) 　– 출입차량의 크기와 횟수 　– 법면, 활주로, 철로, 6미터 이상 도로, 접도구역, 저수지, 침전지, 녹지구역, 경사도 30도 이상인 사면용지 등은 '기준공장건축면적 적용 제외(「산업집적법 시행령」 제15조) 　– 지반 확인(매립지의 경우 지반 강화 필요 여부 확인, 선 입주 기업 현황 확인) ○ 권리관계 　– 소유자(건축물 소유자와 함께 확인) 　– 공유자/점유자 현황 ○ 규제사항 　– 토지이용규제사항 　– 도로점용허가/구거점용허가

구분		내용
건축물		○ 공장 건축물 – 건폐율과 용적률(건축물 있는 경우 건축년도/건폐율/용적률) – 공장 건축물 높이 – 공장 건축물 출입구 넓이와 높이 – 호이스트(톤) 필요 여부 – 톤 수 높을 경우 지반이 튼튼해야 함 – 사업별 건축물에 대한 특별 요구사항 – 불법건축물인지 여부(유치권 여부) – 건축물이 사용 목적에 적합한지 여부(기존 건축물 있을 시) ○ 행정처분 여부 ○ 인허가 관련 산지(농지)전용 확인
	건축 제한	○ 지구단위계획 등에 따라 공장 형상, 펜스 설치 여부 등에 제한이 있는 지 확인(일부 지역 펜스 설치 못하게 하는 곳도 이있음)
공장용지·건물 규제	매각	–
	분할	–
	임대	–
기반시설		○ 교통망(도로, 항만, 공항, 철도) 및 대중교통망(근로자 편의) ○ 공장 입구 도로폭(확장 가능 여부) ○ 공장 부지의 입구 넓이 ○ 전기, 상하수도, 도시가스 인입의 용이성 ※ 실사로 확인된 사항만 신뢰하지 말고, 관련 규정, 공부에 진출입로 등이 어느 위치에 어떻게 규정되어 있는 지 확인 필요
유틸리티		○ 최대 사용 가능 전력, 상하수도 ○ 폐수처리장 별도 설치 필요 여부 ○ 위탁폐기물 처리 관련 ○ 도시가스 여부 ○ 연결 위치 파악(동력, 급수, 배수, 폐수)
인센티브 (지원 사항)		○ 지자체(기초, 광역) 인센티브 확인(조례 등) ○ 특별지역 지정 여부 및 이에 따른 인센티브 확인(ex 산업위기지역, 연구개발특구, 산업단지 등) ○ 기업 규모에 따라 달리 주는 인센티브 사항 확인 ○ 고용에 따른 인센티브 확인 ○ 특별 업종에 대한 지원 여부 확인(ex 부리산업 지원 입지, 세제 감면 등) ○ 외국인 투자 인센티브 제도 ○ 각 인센티브 신청 시점 확인 ○ 인센티브 중 인센티브 받은 후 행정 대응 여부 및 대응 가능 여부 확인

구분		내용
	조세와 감면	○공장 설립 부지가 법인세와 소득세, 취득세, 재산세, 등록면허세 감면 대상인지 확인
	부담금과 감면	○각종 부담금 부과 대상 여부(개발부담금, 기반시설부담금 등) – 소기업 부담금 감면 제도 – 창업중소기업 부담금 감면 제도 – 일반 제조업으로 창업 시 부담금 감면 제도
	고가 장비 사용	○고가 장비·기계 이용 가능한 기관 있는 지 여부
	이외 지원 사항	○해당 지역이 R&D 사업 대상 지역인지 여부 ○인증 센터 인근에 있는 지 여부
노동력		○인구 현황, 노동가용연령 인원, 원하는 산업 인력 확보 가능 여부, 근로자 마인드, 평균 임금, 해당 업종(기술) 임금, 숙련도 ○노동력 공급 기관(대학교, 연구소 등)
주변 환경		○인접기업 사업, 상호 영향 가능 여부 ○민원 발생 가능 여부(주변 주거지 현황) ○도시계획 등 정부 및 지자체의 계획(향후 주거지 개발 지역 여부, 도로계획 등) ○재해발생 가능 여부 확인 ○고압선 확인 ○먼지, 악취, 소음, 진동 주변 발생 여부 확인
물류		○인근에 물류센터, 물류단지 존재 여부
업무 처리 기관		○지자체
검토 문서		○토지 및 건물 등기부등본, 건축물대장, 토지대장, 임야대장, 지적도, 임야도, 지형도 등
관련법령		○「국토의계획및이용에관한법률」 ○「건축법 시행령」별표1 ○「산업집적법」제13조, 제14조의3, 제15조 등

2.4 공장(계획입지:산업단지) Check List

〈표 88 – 공장(계획입지:산업단지) 체크리스트〉

구분		내용
적합한 기업	국가	○규모 : 소중대 규모 공장 모두 가능(다만 산업단지에 입지가 있는 경우) ○클러스터가 형성된 지역을 찾는 기업(예로 전자, 기계, 석유화학, 자동차 등) ○소음·악취·진동·폐수가 발생하나 주변에 영향을 미치지 않는 기업(인접 공장 민원 예방 차원) 또는 이러한 기업의 집적지 ○협력업체가 필요한 기업 ○특정 산업 인력 채용이 지속적으로 계속 필요한 기업 등
	일반	○중소규모 산업 집적지 찾는 기업 ○대기업 대규모 공장 인근 집적지를 찾는 기업(지자체의 경우 대규모 공장 유치 시 인접·인근에 일반산업단지 조성하는 경우 있음)
	도시첨단	○규모 : 중소규모 공장 ○도시 내에 공장 경영이 필요한 기업(지정지역 확인 필요) ○소음·악취·진동·폐수 발생이 없거나 적은 공장
	농공	○원료 산지에 가까이 있어야 하는 기업(식품, 임업 등) ○도시 외 지역에서도 사업이 가능한데 협력사가 많이 필요하지 않은 기업 ○지방 지역에서 산업입지를 찾는 기업
	산단 내 지식산업센터	○스타트업, 벤처기업, 중소기업, 층고 낮은 건축물에서 사업 가능한 제조업, IT 협업 필요한 제조업, 연구개발 중심인 제조업 등
공장설립(특례)		입주계약 형식으로 공장 설립등의 승인이 이뤄짐
제조업	가능한 업종	○관리기본계획에 규정
	규제 사항	○관리기본계획에 규정 ○농공단지는 「농공단지의 개발 및 운영에 관한 통합지침」 제36조 참고
	참고 사항	○관리기본계획 참고

구분		내용
공장용지		※ 개별입지 Check List 참고 ○ 추가 확인 사항 – 분양 용지:매각 제한 대상 여부 – 매매 용지: 공장등록 여부, 분할 여부 – 임차 공장:임대인 공장등록 또는 관리공단에 임대사업자 등록 여부(전체 공장 임대차인 경우) * 임차 공장은 관리기관에 따라 제조시설로 등록한 공장 건축물 내 구역이 아니면 공장등록 안 해 주는 경우 있음(창고나 부대시설에 임차기업이 제조업 못하게 막는 곳 있고, 법상 원칙적으로 이것이 맞음)
건축물		※ 개별입지 Check List 참고
	건축 제한	○관리기본계획, 지구단위계획에 공장 형상, 펜스 설치 여부 등에 제한이 있는 지 여부 확인
공장용지·건물 규제	매각	○별도 규제 있음
	분할	○별도 규제 있음
	임대	○별도 규제 있음
기반시설		※ 개별입지 Check List 참고
유틸리티		※ 개별입지 Check List 참고
인센티브(지원사항)		※ 개별입지 Check List 참고
	조세와 감면	○분양 필지와 나대지는 취득세, 재산세 감면(2019.12.31.까지)
	부담금과 감면	–
	고가 장비 사용	※ 개별입지 Check List 참고
	이외 지원 사항	–
노동력		※ 개별입지 Check List 참고
주변 환경		※ 개별입지 Check List 참고 ○도로 갓길 주차 현황(물류 트럭 이동 곤란 등 사전 검토 위함)
물류		※ 개별입지 Check List 참고
업무 처리 기관		○관리기관
관련법령		○「산업집적법」 제38조 등

2.5 외국인투자지역 Check List

〈표 89 – 외국인투자지역 체크리스트〉

구분		내용
적합한 기업	단지형	○「외국인투자촉진법」상 외국인 투자 기업만 가능 ○중소규모 외국인 제조업 기업 ○장기간 토지 임대가 필요한 기업(단기 임대는 부적합)
	부품소재형	○「외국인투자촉진법」상 외국인 투자 기업만 가능 ○부품소재 제조업 기업 우대(단지형 입주 대상 기업도 입주 가능) ※ 단지형 외투지역의 한 형태로 요건, 절차 대부분 단지형과 동일
	개별형	○「외국인투자촉진법」상 외국인 투자 기업만 가능 ○대규모 외국인 투자 기업 ○장기간 토지 임대 필요 기업(단기 임대는 부적합) ○한국 제조업 육성에 필요한 산업
공장설립(특례)		○외국인투자기업으로 등록되어 있어야 함 ○별도 사업계획서(한국산업단지공단 내규) 있음 ○입주계약서를 10년마다 갱신함 ○FDI가 새로 들어와야 함 ○투자 신고 시 '금번투자지역' 기재 중요 ○5년 내 사업계획 미이행(FDI 미투자, 공장 미건축)이면 5년 치 감면임대료 한 번에 납부해야 함
제조업	가능한 업종	○단지형, 부품소재형:외국인투자지역 관리기본계획을 따름 ○개별형은 전제조업
	규제 사항	○산업단지 내일 경우 외국인투자지역 규제, 산업단지 규제 함께 적용됨
	참고 사항	○경기도에 4곳 지정되어 있는 외국인투자기업 전용단지는 일부 절차, 인센티브 등에서 차이가 있음
공장용지		○단지형, 부품소재형, 개별형 모두 해당 - FDI의 유지, 비율, 금번 투자지역 - 5년 내 사업 이행 여부(FDI, 공장건축) - 차관은 장기 차관만 인정 - 10년 단위 재계약 - 임대료 감면 기준 ○부품소재형만 해당 -부품소재 인증되어야 부품소재 임대료 감면 대상됨 ○개별형만 해당 - 입지가 미리 조성되어 있지 않기 때문에 장시간 걸리고, 개별형 지정 절차 까다로움. 광역 지자체 등과 사전 협상 필요

구분			내용
건축물			○산업단지와 개별입지 내용 참고
	건축 제한		-
공장용지·건물 규제	매각		○국·공유지 임대로 공장 건축물은 원칙적으로 철거해야 함. 다만 매각도 허용 가능
	분할		○국·공유지로 분할의 주체가 지자체 등임
	임대		○별도 임대 제한 규정 있음(「외국인투자지역운영지침」)
기반시설			※ 개별입지, 산업단지 Check List 참고
유틸리티			※ 개별입지, 산업단지 Check List 참고
인센티브(지원사항)			○취득세, 재산세, 관세 감면
	조세와 감면		○취득세, 재산세, 관세 감면
	부담금과 감면		-
	고가 장비 사용		-
	이외 지원 사항		○행정 원스톱 서비스
노동력			※ 개별입지, 산업단지 Check List 참고
주변 환경			※ 개별입지, 산업단지 Check List 참고
물류			※ 개별입지, 산업단지 Check List 참고
업무 처리 기관			○한국산업단지공단, 지자체, 부산진해 경제자유구역청, 경기도시공사 등
관련법령			○「외국인투자촉진법」 ○「외국인투자운영지침」 등

2.6 자유무역지역 Check List

〈표 90 - 자유무역지역 체크리스트〉

구분		내용
적합한 기업	산업단지형	○관세 감면이 필요한 기업(수출입이 많은 기업) ○제조에 필요한 원재료가 대부분 해외에서 수입되고, 생산된 제품의 판매가 수출이 많은 기업 ○국내기업, 외투 기업 모두 가능
	배후단지	○수출·수입 관련 물류와 제조 인접한 입지 필요한 기업(배후단지에 제조업 입주 가능)
	공항형	○물류 중심
공장설립(특례)		○「자유무역지역법」에 별도 절차

구분		내용
제조업	가능한 업종	○산업단지형의 경우 관리원 홈페이지에서 안내
	규제 사항	○수출 기업 우대
	참고 사항	○지식산업센터를 '표준공장'으로 지칭함
공장용지		○임대
건축물		○표준공장 임대
건축 제한		–
공장용지·건물 규제	매각	관리기관 문의
	분할	관리기관 문의
	임대	관리기관 문의
기반시설		○산업단지형의 경우 관리원 홈페이지에서 안내
유틸리티		○산업단지형의 경우 관리원 홈페이지에서 안내
인센티브(지원사항)		○산업단지형의 경우 관리원 홈페이지에서 안내
조세와 감면		○산업단지형의 경우 관리원 홈페이지에서 안내
이외 지원 사항		○관리원 기업 지원 사업 있음

2.7 경제자유구역 Check List

경제자유구역 내 산업단지와 외국인투자지역은 위 산업단지와 외국인투자지역 Check List를 참고하되, 경제자유구역만의 별도 절차나 인센티브 확인 필요

PART

II

공장 설립·유지·매각

공장의 정의

1. 공장 정의

법상 공장의 정의는 다양하지만, 개념으로서 '공장'에 대한 정의는 「산업집적 활성화 및 공장 설립에 관한 법률」 제2조(이하 「산업집적법」)에서 정의한 공장이다.

타법에서도 공장을 정의한 조항은 있지만 모두 해당 법령의 목적을 달성하기 위한 것이지 '공장'의 개념 정의가 아니다. 예를 들면 「건축법」상의 공장은 건축물을 의미하고, 「수도권정비계획법」, 「조세특례제한법」, 「지방세특례제한법」, 「공장 및 광업재단 저당법」 등의 공장은 법령 적용 대상이 되는 공장이 어떤 것인지를 정의한 것뿐이다.

다만 「건축법」상의 '공장'과 '제조업소'는 건축물을 의미하지만, 「국토의 계획 및 이용에 관한 법률」 제76조에 의해 용도지역별 가능한 건축물과 용도, 종류, 규모 등의 제한에 「건축법」상의 '공장'과 '제조업소' 개념이 활용되면서 건축물 이상의 개념으로 사용되고 있다. 이 원인으로 「산업집적법」상의 공장 개념 외에 「건축법」상의 공장 등에 관한 개념도 이해가 필요하다.

산업단지(국가·일반·도시첨단·농공단지)는 「산업집적법」상의 공장 개념만 고려하여 입지 검토를 하면 되지만, 산업단지 외 지역의 공장(특히 개별입지)은 「건축법」과 「국토의 계획 및 이용에 관한 법률」 상의 공장 개념을 검토하여야 한다.

산업단지(중 산업시설구역)는 원칙적으로 제조업을 하도록 조성된 지역이어서, 기본적으로 공장을 할 수 있도록 허용된 지역이다. 반면에 개별입지의 경우 공장 이외에도 주택, 상가 등 다양한 건축물이 혼재한다. 이런 원인으로 산업단지는 제조업 중 허용되는 업종만 따져보면 되지만, 산업단지 밖 개별입지는 공장 건축 가능 여부 등부터 검토해야 해 공장 탐색 절차에 차이가 있다.

각 법령의 공장 정의

<표 91 - 각 법령의 공장 정의>

구분	내용
「산업집적법」 제2조제1항	공장이란 건축물 또는 공작물, 물품제조공정을 형성하는 기계 · 장치 등 제조시설과 그 부대시설을 갖추고 「한국표준산업분류」에 따른 제조업을 하기 위한 사업장
「건축법 시행령」 별표1	공장이란 물품의 제조·가공[염색·도장(塗裝)·표백·재봉·건조·인쇄 등을 포함한다] 또는 수리에 계속적으로 이용되는 건축물로서 제1종 근린생활시설, 제2종 근린생활시설, 위험물저장 및 처리시설, 자동차 관련 시설, 자원순환 관련 시설 등으로 따로 분류되지 아니한 것 「국토의 계획 및 이용에 관한 법률」 제76조용도지역에서의 건축물이나 그 밖의 시설의 용도 · 종류 및 규모 등의 제한에 관한 사항은 대통령령으로 정한다.
「건축법 시행령」 별표1	제조업소, 수리점등 물품의 제조·가공·수리 등을 위한 시설로서 같은 건축물에 해당 용도로 쓰는 바닥면적의 합계가 500제곱미터 미만인 것(& 환경 시설 설치 여부)
「수도권정비계획법 시행령」 제3조제2호	인구집중유발시설로서 인정되는 공장이란 「산업집적법」 제2조제1호에 따른 공장으로서 건축물의 연면적(제조시설로 사용되는 기계 또는 장치를 설치하기 위한 건축물 및 사업장의 각 층 바닥면적의 합계를 말한다)이 500제곱미터 이상인 것
「조세특례제한법 시행규칙」 제53조	(증설투자기준 공장의 범위) 「산업집적법」 제2조제1호에 의한 공장을 말하며, 동호에서 "당해 공장의 연면적"이라 함은 공장부지면적 또는 공장부지안에 있는 건축물 각층의 바닥면적을 말한다. 다만, 식당 · 휴게실 · 목욕실 · 세탁장 · 의료실 · 옥외체육시설 및 기숙사 등 종업원의 후생복지증진에 공여되는 시설의 면적과 대피소 · 무기고 · 탄약고 및 교육시설의 면적은 당해 공장의 연면적에 포함하지 아니한다.
「지방세특례제한법 시행규칙」 제6조	(산업단지 등 입주 공장의 범위) 법 제78조제7항 산업용 건축물로서 공장의 범위는 「지방세법 시행규칙」 별표 2에서 규정하는 업종의 공장으로서 생산설비를 갖춘 건축물의 연면적(옥외에 기계장치 또는 저장시설이 있는 경우에는 그 시설물의 수평투영면적을 포함한다)이 200제곱미터 이상인 것

구분	내용
「지방세법 시행규칙」 제7조	수도권과밀억제권역 중과 대상 공장의 범위는 별표 2에 규정된 업종의 공장(「산업집적법」 제28조에 따른 도시형 공장은 제외한다)으로서 생산설비를 갖춘 건축물의 연면적(옥외에 기계장치 또는 저장시설이 있는 경우에는 그 시설의 수평투영면적을 포함한다)이 500제곱미터 이상인 것
「공장 및 광업재단 저당법」 제2조	공장이란 영업을 하기 위하여 물품의 제조·가공, 인쇄, 촬영, 방송 또는 전기나 가스의 공급 목적에 사용하는 장소
「조세특례제한법」54조	제조장 또는 「자동차관리법 시행규칙」 제131조의 규정에 의한 자동차종합정비업 또는 소형자동차정비업의 사업장으로서 제조 또는 사업단위로 독립된 것

2. 법령별 세부 내용

2.1 「산업집적법」상의 공장

2.1.1 공장의 정의

공장이란 건축물 또는 공작물, 물품제조공정을 형성하는 기계·장치 등 제조시설과 그 부대시설(이하 "제조시설 등"이라 한다)을 갖추고 대통령령으로 정하는 제조업을 하기 위한 사업장으로서 대통령령으로 정하는 것(「산업집적법」 제2조제1호).

2.1.2 대통령령으로 정하는 제조업이란?

「통계법」 제22조에 따라 통계청장이 고시하는 표준산업분류에 따른 제조업으로 한다.(「산업집적법 시행령」 제2조제1항)

2.1.3 공장의 범위는?(「산업집적법 시행령」 제2조제2항)

법령을 보면 이 법상의 '공장'은 공간 개념인 것을 알 수 있다. 한 공간 안에 제조업을 하기 위해 필요한 요소 모두를 '공장'으로 보기 때문이다. 제조시설, 시험생산시설, 부대시설, 창고, 공장부지, 등 공장용지 내에 제조업을 하기 위해 필요한 시설 중 법에 명시된 시설 모두를 하나의 단일한 공장으로 본다.

공장 내에 기숙사 등 필요 시설 실치가 가능한데, 간혹 폐기물처리시설이나 기숙사 등과 같은 시설을, 공장을 하지 않으면서 따로 운영할 수 있는지 문의를 하는 경우가 있다. 그러나 공장이라고 하려면 기본적으로 '제조업'을 해야 한다. 제조업을 하기 위한 부대시설의 경우 공장용지에 단독으로 설치할 수 없다.

위와 같은 이유로 '정비공장'은 「산업집적법」상 공장이 아니다. 정비공장은 수리를 하는 곳이지 제조업을 하는 곳이 아니기 때문이다. 그래서 정비공장은 산업단지 내에 산업시설구역(원칙적으로 공장만 들어올 수 있도록 한 구역)에서는 할 수 없다.

공장의 범위(「산업집적법 시행령」 제2조제2항)

- 제조업을 하기 위하여 필요한 제조시설(물품의 가공 · 조립 · 수리시설을 포함한다. 이하 같다) 및 시험생산시설
- 제조업을 하는 경우 그 제조시설의 관리 · 지원, 종업원의 복지후생을 위하여 해당 공장부지 안에 설치하는 부대시설로서 산업통상자원부령으로 정하는 것
- 제조업을 하는 경우 관계 법령에 따라 설치가 의무화된 시설
- 제1호부터 제3호까지의 시설이 설치된 공장부지

○부대시설의 범위(「산업집적법 시행규칙」 제2조)
- 사무실 · 창고 · 경비실 · 전망대 · 주차장 · 화장실 및 자전거보관시설
- 수조 · 저유조 · 사일로 및 저장조 등 저장용 옥외구축물(지하 저장용시설을 포함한다)
- 송유관, 옥외주유시설, 급 · 배수시설, 변전실, 기계실 및 펌프실
- 다음 각 목의 시설
  가. 「폐기물관리법」 제2조제8호에 따른 폐기물처리시설(같은 법 제18조제5항에 따라 둘 이상의 사업장에서 공동으로 설치 · 운영하는 것을 포함한다)
  나. 「수질 및 수생태계 보전에 관한 법률」 제2조제12호에 따른 수질오염방지시설(같은 법 제35조제4항에 따라 둘 이상의 사업장에서 공동으로 설치 · 운영하는 것을 포함한다)
  다. 「대기환경보전법」 제2조제12호에 따른 대기오염방지시설(같은 법 제29조제1항에 따라 둘 이상의 사업장에서 공동으로 설치 · 운영하는 것을 포함한다)
  라. 「소음 · 진동 관리법」 제2조제4호에 따른 소음 · 진동방지시설(같은 법 제12조제1항에 따라 둘 이상의 사업장에서 공동으로 설치 · 운영하는 것을 포함한다)
- 시험연구시설 및 에너지이용효율 증대를 위한 시설
- 공동산업안전시설 및 보건관리시설

- 보육시설 및 기숙사(둘 이상의 입주기업체가 공동으로 이용하는 보육시설 및 기숙사를 포함한다)
- 식당 · 휴게실 · 목욕실 · 세탁장 · 의료실 및 옥외체육시설 등 종업원의 복지후생증진에 필요한 시설
- 다음 각 목의 시설
  가. 제품전시장(해당 공장의 생산제품 또는 해당 공장의 생산제품을 부품으로 하는 반제품 또는 완제품을 전시하는 시설로 한정한다)
  나. 제품판매장(해당 공장의 생산제품을 판매하는 시설로 한정한다)
  다. 원자재 및 완제품 등을 싣고 내리기 위한 호이스트
- 영 제59조제4항에 따라 중앙행정기관의 장이 관리권한을 위탁받은 국가산업단지의 경우 해당 중앙행정기관의 장이 제조시설의 관리 · 지원, 종업원의 복지후생을 위하여 산업통상자원부장관 등 관계 중앙행정기관의 장과 협의하여 인정하는 시설
- 그 밖에 해당 제조시설의 관리 · 지원, 종업원의 복지후생을 위하여 필요하다고 산업통상자원부 장관이 인정하는 시설

2.1.4 부지 대비 최소로 건축해야 하는 공장 면적(기준공장면적률)

공장 용지를 넓게 확보한 후에 공장 건축물을 너무 작게 짓지 못하도록 제한하고 있다. 그래서 공장용지 대비 최소한으로 지어야 하는 공장 건축 면적이 있다. 기준은 '공장부지면적 × 기준공장면적률'로 하는데, 공장부지면적은 공장이 설치된 부지의 수평투영면적을 의미하고, 기준공장면적률은 「공장입지 기준고시」에 나오는 업종별 비율을 의미한다. 이 기준은 공장을 임차한 경우 적용하지 않는다. 지식산업센터 내 호실에서 제조업을 하는 경우에도 이 기준을 적용하지 않지만, 관리기관에서 보기에 제조업으로 위장할 목적으로 호실 내 극히 일부에만 제조설비를 갖출 경우 보완 요청 을 받을 수 있다.

2.1.5 공장 등록의 강제

일정 규모 이상(500㎡ 이상)의 공장은 공장등록을 강제하고 있다. 등록을 하지 않 고 제조업을 하는 자는 형사처벌 대상이 되거나 과태료 대상이 된다.

2.2 「건축법」상의 공장

「건축법」에서는 건축물에 대해 규정을 하고 있는데, 2가지 유형으로 나누고 있다. 하나는 '공장' 건축물이고, 다른 하나는 '제조업소로 사용되는 제2종 근린생활시설' 건축물이다. 「국토의 계획 및 이용에 관한 법률」에서는 용도지역이 21개가 있는데, 각 지역별로 「건축법」상의 공장과 제조업소로 사용되는 제2종 근린생활시설 설치 가능 여부가 다르다. 「건축법」상의 공장은 「산업집적법」상의 공장과 차이나는 점이 몇 가지 있다.

첫째는 개념의 차이로 「건축법」상의 공장은 건축물을 의미한다.

둘째는 면적에 의한 차이이다. 「산업집적법」상의 공장은 면적과 상관없이 제조업을 하면 공장이다. 그러나 「건축법」에서는 건축물에 제조 용도로 쓰는 바닥면적의 합계가 500제곱미터 미만인 경우 '제조업소'로 지칭하며, 제2종 근린생활시설 용도의 건축물에서 사업을 할 수 있도록 허용한다(제조업소는 공장 건축물에서도 사업 가능). 제조업소도 「산업집적법」상 공장에 해당한다. 따라서 공장등록도 가능하다. 다만 주의할 점은 창업 사업계획 승인의 방법으로 공장등록을 하려는 때에 제조업소는 건물 전체가 공장으로 사용되어야 한다(「창업사업계획의 승인에 관한 통합업무처리지침」 제2조).

셋째는 공장의 신축, 증축과 공장의 신설, 증설은 다른 개념이다. 공장의 신축, 증축은 「건축법」상의 용어인데, 공장 건축물을 새로 짓거나 늘리는 것을 의미한다.

〈표 92 – 공장의 신축, 증축, 용도변경〉

구분	내용 (「건축법」)
신축	새로 건축물을 대지에 건축하는 것
증축	기존의 건물에 부가하는 형태로 건축 공사를 하여, 전체의 바닥 면적이 증가하는 것
용도 변경	「건축법」에 의해 구분 적용된 건축물의 용도를 타 용도로 변경하는 행위

그러나 공장의 신설, 증설은 「산업집적법」에 규정된 용어로 다른 개념이다.

〈표 93 – 공장의 신설, 증설, 이전, 업종 변경〉

구분	내용 (「산업집적법」)
신설	건축물을 신축(공작물을 축조하는 것을 포함한다)하거나 기존 건축물의 용도를 공장용도로 변경하여 제조시설등을 설치하는 것
증설	등록된 공장의 공장건축면적 또는 공장부지면적을 넓히는 것 공장건축면적은 공장부지내의 모든 건축물 각층의 바닥면적 합계와 건축물의 외부에 설치된 기계·장치 기타 공작물의 수평투영면적을 합산한 면적 * 용어 정의 출처 : 「공장입지 기준고시」
이전	공장을 다른 곳으로 옮기는 것
업종 변경	등록된 공장의 업종을 다른 업종(「산업집적법」 제8조에 따른 공장입지의 기준에 따른 업종을 말한다. 이하 같다)으로 변경하거나 해당 공장에 다른 업종을 추가하는 것 (「산업집적법 시행령」 제18조의2)

「건축법」상 공장 정의

물품의 제조·가공[염색·도장(塗裝)·표백·재봉·건조·인쇄 등을 포함한다] 또는 수리에 계속적으로 이용되는 건축물로서 제1종 근린생활시설, 제2종 근린생활시설, 위험물저장 및 처리시설, 자동차 관련 시설, 자원순환 관련 시설 등으로 따로 분류되지 아니한 것(「건축법 시행령」 별표1).

「건축법」상 공장과 정비공장의 차이

「건축법」에서 공장과 정비공장은 다른 시설이다. 공장은 그 자체가 단일한 용도인 시설이고, 정비공장은 '자동차 관련 시설'의 하나로써 구분되어 있다.

제조업소의 정의

제2종 근린생활시설의 하나로서 물품의 제조·가공·수리 등을 위한 시설로서 같은 건축물에 해당 용도로 쓰는 바닥면적의 합계가 500제곱미터 미만이고, 다음 요건 중 어느 하나에 해당하는 것.

1) 「대기환경보전법」, 「수질 및 수생태계 보전에 관한 법률」 또는 「소음·진동관리법」에 따른 배출시설의 설치 허가 또는 신고의 대상이 아닌 것
2) 「대기환경보전법」, 「수질 및 수생태계 보전에 관한 법률」 또는 「소음·진동관리법」에 따른 배출시설의 설치 허가 또는 신고의 대상 시설이나 귀금속·장신구 및 관련 제품 제조시설로서 발생되는 폐수를 전량 위탁처리하는 것

공장의 유형

실무상 모두 다 같은 공장이라고 생각하지만 법상 별도로 규정이 되어 있거나, 특정한 기준 아래 달리 기준을 정해 부르는 공장 유형을 모아보았다. 절차, 인센티브, 적용 지역 등에 차이가 있다.

1. 공장

산업단지 내 공장과 산업단지 밖의 공장으로 구분된다. 개념에 차이는 없으나 절차, 인센티브 등에 차이가 있다('Part Ⅱ, Chapter 4 제조업 입지의 유형 및 절차'에서 '3. 산업단지'와 '7.산업단지·특별지역 이 외의 지역(개별입지)' 참고).

2. 실험실 공장

2.1 도입 취지

교수 또는 연구원의 벤처기업 창업을 촉진하려는 제도로 도입되었다.

2.2 실험실 공장 정의

대학이나 연구기관이 보유하고 있는 연구시설 안에 도시형 공장(「산업집적법」 제28조)에 해당하는 업종의 생산시설을 갖춘 사업장(「벤처기업육성에 관한 특별조치법」 제2조제5항).

2.3 실험실 공장을 할 수 있는 자

1. 「고등교육법」에 따른 대학의 교원 및 학생
2. 국공립연구기관이나 정부출연연구기관의 연구원
3. 과학이나 산업기술 분야의 연구기관으로서 대통령령으로 정하는 기관의 연구원
4. 벤처기업의 창업자

2.4 실험실 공장 특례

시장·군수 또는 구청장은 실험실 공장에 대한 공장등록신청을 받으면 공장등록을 하여야 한다(「벤처기업육성에 관한 특별조치법」 제18조의2제7항).

2.5 제한사항

법령 확인 요망(「벤처기업육성에 관한 특별조치법」 제18조의2제5항 및 제6항)

2.6 실험실 공장 설립 절차

ⓖ「벤처기업육성에 관한 특별조치법」

제18조의2(실험실공장에 대한 특례) 소속 기관의 장(제4호의 경우에는 실험실공장을 설치하게 되는 기관의 장을 말한다)의 승인을 받아 실험실공장을 설치할 수 있다. 승인받은 사항을 변경하는 경우에도 또한 같다.

실험실공장은 생산시설용으로 쓰이는 바닥면적의 합계가 3천 제곱미터를 초과할 수 없다. 다만, 「국토의 계획 및 이용에 관한 법률」 제76조제1항에 따른 용도지역별 건축물 등의 건축 기준을 갖춘 경우에는 그러하지 아니하다.(제5항)

실험실공장의 총면적(실험실공장이 둘 이상인 경우에는 그 면적을 합한 것을 말한다)은 해당 대학이나 연구기관의 건축물 연면적의 2분의 1을 초과할 수 없다. 다만, 「국토의 계획 및 이용에 관한 법률」 제76조제1항에 따른 용도지역별 건축물 등의 건축 기준을 갖춘 경우에는 그러하지 아니하다.(제6항)

제1항에 따라 실험실공장의 승인(변경승인을 포함하며, 이하 이 항에서 같다)을 받으면 「산업집적법」 제13조에 따른 공장설립등의 승인 또는 같은 법 제14조의3에 따른 제조시설설치승인을 받은 것으로 본다.(제4항)

제1항 각 호의 어느 하나에 해당하는 자의 소속 기관의 장은 제1항에 따른 승인 · 변경승인의 신청을 받은 날부터 7일 이내에 승인 여부를 신청인에게 통지하여야 한다.(제2항)

시장 · 군수 또는 구청장(자치구의 구청장을 말한다. 이하 같다)은 실험실공장에 대한 공장등록 신청을 받으면 「산업집적법」 제16조에 따른 공장의 등록을 하여야 한다.(제7항)

대학이나 연구기관의 장은 제1항에 따른 실험실공장을 설치한 자가 퇴직(졸업)하더라도 퇴직(졸업)일부터 2년을 초과하지 아니하는 범위에서 실험실공장을 사용하게 할 수 있다.(제8항)

제2항에 따른 소속 기관의 장이 같은 항에서 정한 기간 내에 승인 여부 또는 민원 처리 관련 법령에 따른 처리기간의 연장을 신청인에게 통지하지 아니하면 그 기간이 끝난 날의 다음 날에 승인을 한 것으로 본다.(제9항)

2.7 참고 자료

정부24 홈페이지에서 '실험실 공장 설치 승인'을 검색하면 관련 내용을 확인할 수 있다.

3. 시험공장(연구개발특구)

3.1 시험공장 정의

연구개발특구 입주기관이 연구개발 성과를 사업화하기 위하여 설치한 시험제품 생산시설로서 다음 각 목의 어느 하나에 해당하는 시설(「연구개발특구의 육성에 관한 특별법 시행령」 제2조).

> 1. 「산업집적법」 제28조에 따라 도시형공장으로 지정된 시설
> 2. 「벤처기업육성에 관한 특별조치법」 제2조제5항에 따른 실험실공장

3.2 허용 범위

- 연구시설을 시험공장으로 변경하려는 입주기관은 연구시설 총 연면적의 2분의 1을 초과할 수 없음.
- 임차에 의한 입주기관은 임차시설에 시험공장을 설치하여 운영할 경우 임차시설의 시험공장의 면적은 임차 연면적의 2분의 1을 초과할 수 없으며, 임대기관의 시험공장 총 허용면적에 포함됨.

3.3 시험공장 특례

교육 · 연구 및 사업화 시설구역에 입주하려는 자는 입주승인을 받아야 한다. 입주 승인을 받은 자는 「산업집적법」 제13조에 따른 공장설립등의 승인을 받은 것으로 본다(「연구개발특구의 육성에 관한 특별법」 제37조).

3.4 절차 및 제출 서류

절차

제출 서류

공장등록신청서, 제조업 사업계획서, 건축물 대장 또는 평면도.

참고 자료

'대덕연구개발특구 입주관리 안내'(연구개발특구진흥재단), 웹에서 검색하면 PDF 다운로드 가능.

4. 현지근린공장

현지근린공장은 「산업집적법 시행령」 별표 1 및 「산업집적법 시행규칙」 제13
조에 규정이 되어 있다.

① 「산업집적법 시행규칙」 별표1의2 - 농·수·축·임산물 가공 업종,
② 「산업집적법 시행규칙」 별표2 ~ 자원재활용 업종,
③ 「산업집적법 시행규칙」 별표3 ~ 생활소비재 관련 업종,
④ 「자원의 절약과 재활용촉진에 관한 법률」 제2조제7호의 재활용산업
⑤ 「기술개발촉진법」 제7조에 따른 특정연구개발사업의 성과 및 국가인증을 획득
   한 신기술의 사업화를 촉진하기 위한 공장 --〉 폐지됨
⑥ 해당 지역에서 생산되는 원자재를 주원료로 하고 그 지역 안에서 특화육성이
   필요하다고 인정하여 시·도지사가 추천한 공장

에 해당하는 공장이 현지근린공장이다.

5. 보세공장(관세법)

5.1 도입 취지

수출입통관의 효율을 도모하고 중계무역과 가공무역 등 수출진흥에 기여하는 것
을 목적으로 한다.

5.2 정의

「관세법」에 의해 인정되는 특허보세구역 중 하나이며, 일반개인(기업)이 신청에
의해 세관장이 심사 후 특허해 주는 보세구역이다(「관세법」 제154조) 보세공장에서
는 세금을 납부하지 않은 상태에서 외국물품을 원료 또는 재료로 하거나 외국물품과
내국물품을 원료 또는 재료로 하여 제조·가공하거나 그 밖에 이와 비슷한 작업을 할
수 있는 곳을 의미한다. 다만 세관장의 허가를 받지 아니하고는 내국물품만을 원료로

하거나 재료로 하여 제조 · 가공하거나 그 밖에 이와 비슷한 작업을 할 수는 없다(「관세법」 제185조).

보세공장 외에 종합보세구역이라는 제도가 있는데 보세창고 · 보세공장 · 보세전시장 · 보세건설장 또는 보세판매장의 기능 중 둘 이상의 기능을 수행할 수 있다(「관세법」 제197조). 종합보세구역은 관세청장이 지정하거나, 일반기업이 종합보세구역에 입주하여 세관장에게 종합보세사업장 설치·운영신고를 한 경우에 사업이 가능하다.

5.3 업종 제한

보세공장 중 수입하는 물품을 제조 · 가공하는 것을 목적으로 하는 보세공장의 업종은 제한할 수 있다.

> ⊝ **보세공장업종의 제한(「관세법 시행규칙」 제69조)**
> • 「관세법」 제73조의 규정에 의하여 국내외 가격차에 상당하는 율로 양허한 농 · 임 · 축산물을 원재료로 하는 물품을 제조 · 가공하는 업종
> • 국민보건 또는 환경보전에 지장을 초래하거나 풍속을 해하는 물품을 제조 · 가공하는 업종으로 세관장이 인정하는 업종

5.4 보세공장 특허절차

전국 주요거점에 소재한 본부(직할)세관장(서울/인천/광주/부산/대구/평택세관장)이 개최한 특허심사위원회의 심사결과에 따라 특허여부 및 특허기간이 결정된다(특허 갱신 시에도 동일). 특허심사위원회의 결정은 현장조사 결과보고서를 토대로 이루어지고 있으며, 현장 조사시에는 면적, 시설, 장비 등에 대한 조사가 이뤄진다.

5.5 관련법령
• 「관세법」
• 「특허보세구역 운영에 관한 고시」

• 「보세공장 운영에 관한 고시」

5.6 관련 기관

한국관세물류협회(http://www.kcla.kr) : 보세구역에 관한 종합 정보를 구할 수 있음.

6. 도시형 공장

6.1 용어 정의

첨단산업의 공장, 공해발생정도가 낮은 공장 및 도시민생활과 밀접한 관계가 있는 공장.

6.2 근거 법령

「산업집적법」 제28조, 동법 시행령 제34조 및 별표4.

6.3 대상 업종

전 제조업 중 아래 오염물질배출시설 설치와 관련되지 않은 제조업

「산업집적법 시행령」 제34조(도시형공장의 구분 및 범위) 법 제28조에 따른 도시형공장은 다음 각 호의 어느 하나에 해당하는 공장(이하 "도시형공장"이라 한다)으로 한다.
1. 다음 각 목의 어느 하나에 해당하는 공장 외의 공장
  가. 「대기환경보전법」 제2조제9호에 따른 특정대기유해물질을 배출하는 대기오염물질배출시설을 설치하는 공장
  나. 「대기환경보전법」 제2조제11호에 따른 대기오염물질배출시설을 설치하는 공장으로서 같은 법 시행령 별표 10의 1종사업장부터 3종사업장까지에 해당하는 공장. 다만, 연료를 직접 사용하지 아니하는 공장은 제외한다.
  다. 「물환경보전법」 제2조제8호에 따른 특정수질유해물질을 배출하는 폐수배출시설을 설치

하는 공장. 다만, 「물환경보전법 시행령」 제33조제2호에 따라 폐수를 전량 위탁처리하는
공장은 제외한다.
라. 「물환경보전법」 제2조제10호에 따른 폐수배출시설을 설치하는 공장으로서 같은 법 시행
령 별표 13의 1종사업장부터 4종사업장까지에 해당하는 공장
2. 별표 4에 해당하는 업종을 경영하는 공장으로서 제1호에 따른 공장에 해당하지 아니하는 공
장(「환경영향평가법」 제22조에 따른 환경영향평가대상사업의 범위에 해당하는 공장만 해당
한다)

〈표 94 – 도시형 공장 해당 업종[별표 4]〉

분류번호	업종명
26110	전자집적회로 제조업
26120	다이오드, 트랜지스터 및 유사 반도체소자 제조업
26211	액정 평판 디스플레이 제조업
26294	전자카드 제조업
26296	전자접속카드 제조업
26322	컴퓨터 모니터 제조업
26323	컴퓨터 프린터 제조업
26329	기타 주변기기 제조업
26410	유선통신장비 제조업
26421	방송장비 제조업
26422	이동전화기 제조업
26429	기타 무선 통신장비 제조업
26511	텔레비전 제조업
26519	비디오 및 기타 영상기기 제조업
26521	라디오, 녹음 및 재생기기 제조업
26529	기타 음향기기 제조업
27329	기타공학기기 제조업
31310	항공기, 우주선 및 보조장치 제조업

7. 제조업소

7.1 정의

물품의 제조·가공·수리 등을 위한 시설로서 같은 건축물에 해당 용도로 쓰는 바닥 면적의 합계가 500제곱미터 미만이고, 다음 요건 중 어느 하나에 해당하는 것.

○ 「대기환경보전법」, 「수질 및 수생태계 보전에 관한 법률」 또는 「소음·진동관리법」에 따른 배출시설의 설치 허가 또는 신고의 대상이 아닌 것

○ 「대기환경보전법」, 「수질 및 수생태계 보전에 관한 법률」 또는 「소음·진동관리법」에 따른 배출시설의 설치 허가 또는 신고의 대상 시설이나 귀금속·장신구 및 관련 제품 제조시설로서 발생되는 폐수를 전량 위탁처리하는 것

7.2 가능 업종

전 제조업 중 위 '7.1 정의'의 요건에 해당하는 제조업.

7.3 제조업소가 가능한 건축물

제2종 근린생활시설, 산업단지 밖 지식산업센터.

7.4 법령의 적용 및 동 시설의 설치 허가 기준

「건축법」 및 「국토의계획및이용에관한법률」 등이 적용되고, 공장의 등록은 「산집업집적법」이 적용됨.

제조업소 가능 지역

(「공장입지기준 고시」 및 「국토의 계획 및 이용에 관한 법률 시행령」 별표2 ~ 별표22)

〈표 95 - 용도지역별 제조업소 가능 지역〉

용도지역		세 분	제조업소 가능 여부
도시지역	주거지역	제1종전용	×
		제2종전용	×
		제1종일반	△(조례에 있을 시)
		제2종일반	△(조례에 있을 시)
		제3종일반	△(조례에 있을 시)
		제3종일반	△(조례에 있을 시)
		준주거	○
	상업지역	중심상업	○
		일반상업	○
		근린상업	○
		유통상업	△(조례에 있을 시)
	공업지역	전용공업	○(산업단지 지정 시 ×)
		일반공업	○(산업단지 지정 시 ×)
		준공업	○(산업단지 지정 시 ×)
	녹지지역	보전녹지	×
		생산녹지	△(조례에 있을 시)
		자연녹지	○
관리지역		계획관리	○
		생산관리	△(조례에 있을 시)
		보전관리	×
농림지역			×
자연환경보전지역			×

기타 제조업소 가능한 곳(「공장입지기준 고시」)

〈표 96 - 기타 제조업소 가능지역〉

지구·구역	제조업소 가능 여부
수산자원보호구역	○
자연취락지구	△(조례에 있을 시)
보전산지	△ (임산물 생산시설, 유기질비료 생산시설, 농축수산물 가공시설)

7.5 제조업소 요건

산업단지 외 지역(개별입지)에서 대기 환경, 수질 등의 요건에 적합할 경우 제조업(공장 등록 없어도 가능)이 가능하다. 다섯 가지 정도 요건이 충족되어야 한다.

첫째는 물품의 제조·가공·수리 등을 위한 시설로서 같은 건축물에 해당 용도로 쓰는 바닥면적의 합계가 500㎡ 미만이어야 한다. 산업단지와 같이 제조업 업종 제한은 없다.

둘째는 대기환경, 수질 및 생태계, 소음·진동 관련 배출시설의 설치 허가·신고 대상이 아니어야 한다. 귀금속·장신구 및 관련 제품 제조시설인 경우 발생 폐수를 전량 위탁하면 제조업소가 가능하다.

셋째는 용도지역·지구·구역이 적합해야 한다. 「공장입지기준 고시」를 보면 제조업소가 가능한 지역이 명시되어 있는데 아래와 같다. 이 지역 내에서만 가능하다.

넷째는 건축물의 용도가 2종 근린생활시설(또는 지식산업센터[가능하지 않은 곳도 있음])이어야 한다. 용도가 다르다면 용도변경을 하여야 한다.

다섯째는 전력이 충분하지 않은 지역 등은 일정 전력 이하의 기계만 사용하도록 제한할 수 있어 사전 확인이 필요하다.

7.6 제조업소의 공장 등록

7.6.1 공장등록 신청 전 확인 사항

- 당해 사업의 한국표준산업분류에 의한 제조업 분류번호 및 업종명
- 환경관련법에 의한 환경배출시설 설치 여부
- 공장의 규모(건축면적, 용지면적, 제조시설면적, 부대시설면적, 기준공장면적 등)확인
- 개별법상의 공장입지 가능여부(용도지역별 입지가능여부 및 건축물대장 용도가 제2종근린생활시설(제조업소) 또는 공장 여부 확인)

7.6.2 구비서류

- 공장등록(변경)신청서(「산업집적법 시행규칙」 별지 제9호서식)

- 공장등록 및 업종추가, 면적변경의 경우 사업계획서(「산업집적법 시행규칙」 별지 제2호의2서식)
- 사업자등록증 사본 1부.(행정정보공동이용 미동의 업체일 경우)
- 법인등기부 등본 사본 1부.(행정정보공동이용 미동의 업체일 경우)
- 공장 임대받은 경우 임대차계약서 사본 1부(임차기간이 지난 경우 미 인정)
- 등록변경신청의 경우
  - 변경사항을 증명하는 서류
  - 양수 또는 임차사실을 증명하는 서류(등록된 공장을 양수 또는 임차하는 경우)

7.6.3 민원처리절차(지역별로 일부 상이할 수 있음)

①신청서작성 → ②접수 → ③현장실사 → ④관련부서검토(건축법, 환경법) → ⑤ 공장등록(변경)수리 및 증명서 교부(p. 296 '표 142 - 공장 등록 절차 : 제조업소' 참고).

7.7 근거 법령

7.7.1 「건축법 시행령」 별표1

7.7.2 「국토의 계획 및 이용에 관한 법률」

- 법 제36조 : 용도지역의 지정
- 시행령 제30조 : 용도지역의 세분
- 법 제76조 : 용도지역 및 용도지구에서의 건축물의 건축 제한 등
- 시행령 제71조 : 용도지역 안에서의 건축 제한

공장과 제조업(업종 및 업종 판단 등)

1. 한국표준산업분류 중 제조업

> **안 내**
>
> 이 내용은 통계청에서 발간한 '한국표준산업분류 실무 적용을 위한 분류설명서', '한국표준산업분류 제10차 개정 분류 해설서'에서 제조업과 관련된 부분을 발췌함(통계청 웹사이트에서 자료 받기 가능)
> 각 제조업 업종별 해설은 내용이 많아 수록하지 못함. '한국표준산업분류 제10차 개정 분류 해설서 (통계청 홈페이지에서 다운로드 가능)' 또는 통계청 웹사이트의 '한국표준산업분류'에서 확인

공장 설립 시 등록되는 제조업 업종 코드는 한국표준산업분류의 세세분류(5자리 숫자 업종 분류코드)이다.

※ 참고 : 한국표준산업분류 체계 예시

〈표 97 - 한국표준산업분류 체계〉

구분	제조업 업종 코드	업종명
대분류(Section)	C	제조업
중분류(Divisions)	C21	의료용 물질 및 의약품 제조업
소분류(Group)	C211	기초 의약 물질 및 생물학적 제제 제조업
세분류(Classes)	C2110	기초 의약 물질 및 생물학적 제제 제조업
세세분류(SUB-Classes)	C21102	생물학적 제제 제조업 (공장 등록 시의 업종 분류 코드)

산업단지 관리기본계획은 보통 '중분류'를 사용하는데 중분류 업종이 허용 업종으로 명시된 경우, 그 하위의 세세분류 업종은 모두 입주가 가능하다.

제조업 중에는 업종의 세세분류를 명확하게 판단하기 어려운 경우가 있다. 이런 원인으로 통계청에서는 해설서를 배포하고 있다. 또한 통계청에 업종 판단 질의를 하면 답변을 준다. 다만 제품 생산 공정, 사용 원재료, 최종 생산품 및 판매는 누구(기업, 일반 소비자)에게 하는 지 정도는 기술해서 보내야 업종 판단이 어느 정도 정확히 회신되어 오며, 통계청은 업종에 대한 최종 판단 책임은 공장 용지를 관리하는 기관에 있다고 안내하므로, 관리기관에 문의하는 것이 가장 좋은 방안이다(통계청 홈페이지에서 민원신청이 가능함. 통계청콜센터 02-2012-9114 / 국번없이 110).

기업이 하는 제조업의 업종을 찾다보면 바로 찾아지는 경우도 있지만, 그렇지 않은 경우도 있다. 또한 어떤 업종은 일부가 한국표준산업분류상 다른 업종으로 분류되어 있는 경우도 있다. 컨설팅, 공장 부동산 중개 등을 하는 사업자의 경우 아래 내용을 숙지할 필요가 있다. 아래 내용은 통계청의 한국표준산업분류 해설서 중 제조업 부분을 발췌한 내용이다.

※ 참고

공장등록에 사용되는 한국표준산업분류(통계청)와 사업자등록을 할 때 사용되는 업종분류(국세청)는 다르다. 국세청에서 만든 업종분류는 한국표준산업분류상의 업종 개념을 원칙으로 하지만, 국세행정 목적에 맞게 분류체계를 달리하고 있다. 공장등록에 사용되는 한국표준산업분류는 세세분류(5자리 숫자 코드 체계)이나, 국세청은 업종분류에 대해 별도 분류 기술서를 가지고 있으며, 코드는 6자리 숫자체계이다.
따라서 기업이 사업자등록을 할 때와 공장등록을 할 때 기준이 잘못 안내되지 않도록 주의하여야 한다.
등록한 업종 분류에 따라 세금이 달라지므로, 기업은 자신이 하는 제조업이 어떤 업종에 해당하는 지 정확히 알 필요가 있다.

1.1 한국표준산업분류 개요

1.1.1 작성 목적

한국표준산업분류는 산업관련 통계자료의 정확성, 비교성을 확보하기 위하여 1963년 3월부터 작성되었고, 국내의 산업구조 및 기술변화를 반영하기 위하여 주기적으로 개정되어 옴(현재 10차 개정).

1.1.2 산업의 정의 및 분류 개요

(1) 산업의 정의

산업

유사한 성질을 갖는 산업 활동에 주로 종사하는 생산단위의 집합.

산업 활동

각 생산단위가 노동, 자본, 원료 등 자원을 투입하여, 재화 또는 서비스를 생산 또는 제공하는 일련의 활동과정.

산업 활동의 범위

영리적, 비영리적 활동이 모두 포함되나, 가정 내의 가사 활동은 제외.

(2) 분류목적

통계작성 목적

통계 자료의 수집, 제표, 분석 등을 위해서 활동카테고리를 제공하기 위한 것으로 통계법에서는 산업통계 자료의 정확성, 비교성을 위하여 모든 통계작성기관이 이를 의무적으로 사용하도록 규정.

일반행정 목적

통계목적 이외에도 일반 행정 및 산업정책관련 법령에서 적용대상 산업영역을 한정하는 기준으로 준용.

1.1.3 산업의 결정

(1) 생산단위의 활동 형태

생산단위의 산업 활동은 일반적으로 주된 산업 활동1), 부차적 산업 활동2) 및 보조적 활동3)이 결합되어 복합적으로 이루어짐.

> 1) 주된 산업 활동 : 산업 활동이 복합 형태로 이루어질 경우 생산된 재화 또는 제공된 서비스 중에서 부가가치(액)가 가장 큰 활동
> 2) 부차적 산업 활동은 주된 산업 활동 이외의 재화생산 및 서비스제공활동(일반적으로 분류 대상이 아님)
> 3) 보조 활동* : 모 생산단위에서 사용되는 비 내구재 또는 서비스를 제공하는 활동(일반적으로 분류 대상이 아님)
>   * 생산 활동을 지원해 주기 위하여 존재하며 회계, 창고, 운송, 구매, 판매촉진, 수리서비스업 등이 포함(대부분 사업체의 공통적인 활동)

(2) 산업결정방법

생산단위의 산업 활동은 그 생산단위가 수행하는 주된 산업 활동(판매 또는 제공되는 재화 및 서비스)의 종류에 따라 결정.

> • 주된 산업 활동은 산출물(재화 또는 서비스)에 대한 부가가치(액)의 크기에 따라 결정되어야 하나, 부가가치(액)의 측정이 어려운 경우에는 산출액에 의하여 결정
> • 부가가치 : 임금 및 급여+복리후생비(급여성)+감가상각비+제세공과금+납부부가가치세+영업이익

위의 원칙에 따라 결정하는 것이 적합하지 않을 경우 그 해당 활동의 종업원 수 및 노동시간, 임금 및 급여액 또는 설비의 정도에 의하여 결정.

계절에 따라 정기적으로 산업을 달리하는 사업체의 경우엔 조사시점에서 경영하는 사업과 관계없이 조사대상 기간 중 산출액이 많았던 활동에 의하여 분류.

휴업 중 또는 자산을 청산중인 사업체의 산업은 영업 중 또는 청산을 시작하기 전의 산업 활동에 의하여 결정하며, 설립중인 사업체는 개시하는 산업 활동에 따라

결정.

단일사업체의 보조단위는 그 사업체의 일개 부서로 포함하며, 여러 사업체를 관리하는 중앙보조단위(본부)는 별도의 사업체로 분류.

1.1.4 산업분류의 적용 원칙

- 생산단위는 산출물뿐만 아니라 투입물과 생산 공정 등을 함께 고려하여 그들의 활동을 가장 정확하게 설명한 항목에 분류
- 산업 활동이 결합되어 있는 경우에는 그 활동단위의 주된 활동에 따라 분류
- 자기가 직접 실질적인 생산 활동은 하지 않고, 다른 계약업자에 의뢰하여 재화 또는 서비스를 자기 계정으로 생산케 하고, 이를 자기명의로, 자기 책임 하에서 판매하는 단위는 이들 재화나 서비스 자체를 직접 생산하는 단위와 동일한 산업으로 분류(제조업의 경우에는 그 제품의 고안에 중요한 역할을 하고 자기 계정으로 재료를 제공하여야 함)

- A사업체가 B사업체에게 송아지와 사료를 공급하고 B사업체는 수수료 또는 계약에 따라 정해진 기간 동안 사육하여 육우로 키운 후 A사업체에 다시 납품하면, A사업체는 이를 자기명의로 자기 책임 하에 시장에 판매할 경우 : A, B 사업체는 모두 "축산업"으로 분류

각종 기계장비 및 용품의 개량활동, 개조활동 및 재제조 등 재생활동은 그 기계장비 및 용품의 제조업과 동일 산업으로 분류하나 이들의 경상적인 유지수리를 전문으로 수행하는 독립된 사업체의 산업 활동은 "95 : 개인 및 소비용품 수리업"으로 분류

- 수수료 또는 계약에 의하여 운송사업장 내에서 철도차량, 선박 및 항공기의 경상적인 점검, 보수 및 유지관리활동은 "52 : 창고 및 운송관련 서비스업"으로 분류
- 고객의 특정 사업장내에서 건물 및 산업시설의 경상적인 유지관리를 대행하는 경우엔 "741 : 사업시설 유지·관리 서비스업"으로 분류

동일단위에서 제조한 재화의 소매활동은 별개 활동으로 파악되지 않고 제조활동으로 분류되나, 자기가 생산한 재화와 구입한 재화를 함께 판매한다면 그 주된 활동에 따라 분류

1.2 산업분류 해설과 분류 시 유의사항

1.2.1 제조업

(1) 제조업의 정의

제조업이란 원재료(물질 또는 구성요소)에 물리적, 화학적 작용을 가하여 투입된 원재료를 성질이 다른 새로운 제품으로 전환시키는 산업 활동.

그 상품의 본질적 성질을 변화시키지 않는 처리활동은 제조활동으로 보지 않음.

▷ 예시 : 상품을 선별·정리·분할·포장·재포장하는 경우 등

제조활동은 공장이나 가내에서 동력 기계 및 수공으로 이루어질 수 있으며, 생산된 제품은 도매나 소매형태로 판매될 수도 있음.

(2) 원재료 및 생산품의 유통

제조업체에서 사용되는 원재료에는 농·임·수산물, 광물뿐만 아니라 다른 제조업체에서 생산되는 제품(중간제품 또는 반제품)이 포함.

▷ 예시 : 제련한 동은 동선 제조용 원재료가 되며, 동선은 전기용품 제조용의 원재료

이러한 원재료는 생산자로부터 직접 구입하거나 시장을 통하여 획득할 수 있으며, 동일 기업 내에 있는 한 사업체에서 다른 사업체로 생산품을 이전함으로써 확보.

제조업체의 생산은 일반 소비자의 주문에 의하여 이루어질 수도 있으나 통상적으로 도·소매시장, 공장간 이동, 산업 사용자의 주문에 의하여 이루어짐.

(3) 분류 시 유의사항

• 구입한 기계부품의 조립은 제조업으로 분류

> ▷ 예시 : 교량, 물탱크, 저장 및 창고설비, 철도 및 고가도로, 승강기 및 에스컬레이터, 배관, 소
> 화용 살수장치, 중앙난방기, 통풍 및 공기조절기, 조명 및 전기배선 등과 같은 건물조직 및 구
> 조물의 규격제품이나 구성부분품을 건설현장에서 조립 설치하는 산업 활동은 "F : 건설업"의
> 적합한 항목에 각각 분류

• 사업체에 산업용 기계 및 장비의 조립 및 설치를 전문적으로 수행하는 산업 활동
은 해당 기계 및 장비를 제조하는 산업과 같은 항목에 분류

• 제조업 또는 도 · 소매업 사업체가 기계 및 장비를 판매하는 과정에서 부수적으
로 해당 기계 및 장비를 조립 또는 설치하는 경우는 그 사업체의 주된 활동에 따
라 제조업 또는 도 · 소매업에 분류. 다만, 주된 부가가치가 유지 및 수리 부문에
서 발생하는 경우는 "34 : 산업용 기계 및 장비 수리업" 또는 "95 : 개인 및 소비
용품 수리업"으로 분류

• 각종 상품의 본질적 개조활동, 개량활동 및 재제조 등 재생활동은 제조업으로 분류

• 기계 및 장비의 전용 구성부분품, 부속품, 부착물 및 부품을 주로 조립하여 제조
하는 사업체는 원칙적으로 그 구성부분품, 부속품, 부품이 사용될 기계 및 장비
의 제조업과 동일한 항목에 분류

> ▷ 예시 : 그러나 이들의 구성부분품 및 부속품이 금속의 주조·단조·압형 및 분말야금 방법이나
> 고무, 플라스틱의 사출 및 압축성형 등에 의하여 제조되는 경우는 그 재료 및 가공·성형방법
> 에 따라 각각 분류

• 엔진, 피스톤, 전기모터, 전기조립품, 밸브, 기어, 롤러베어링 등과 같은 기계장
비의 일반(범용성) 구성부분품 및 부품을 제조할 경우에는 그 제품들이 결합되어
사용되는 기계나 장비에 관계없이 이들 구성부분품 및 부품의 종류에 따라 해당

산업영역에 분류

- 인쇄 및 인쇄 관련 서비스업은 제조업으로 분류

- 제조 공장 설비를 갖추고 수수료 또는 계약에 의하여 타인 또는 타사업체에서 주문받은 특정제품을 제조하여 납품하는 경우는 "1340 섬유제품 염색, 정리 및 마무리 가공업", "181 인쇄 및 인쇄관련 산업", "2592 금속열처리, 도금 및 기타 금속 가공업"을 제외하고는 그 제조되는 제품의 종류에 따라 제조업의 적합한 산업 항목에 각각 분류

- 기계장비의 재생, 개조 및 개량활동은 그 제품의 제조업으로 분류

- 즉시 소비할 수 있는 음식을 직접 조리하여 음식점, 소매업자 및 기타 사업체에 공급 ⇒ 제조업

> ▷ 예시 : 접객시설 없이 개별 행사(연회)시에 그 장소에 출장하여 소비할 음식을 직접 조리하여 제공하는 경우
> - 접객시설(○), 즉시 소비 가능한 음식 조리하여 제공 ⇒ 음식점
> - 접객시설(○), 즉시 소비 가능한 음식을 구입 제공 ⇒ 음식점
> - 접객시설(×), 고객이 주문한 음식을 직접 조리제공(배달) ⇒ 음식점
> - 접객시설(×), 연회장소에 출장하여 음식 조리제공 ⇒ 음식점
> - 접객시설(×), 즉시 소비할 수 있는 음식을 구입 판매 ⇒ 도.소매업

- 직접 제조한 빵 및 소스류를 가맹점에 공급하는 것이 주된 산업 활동인 경우 "107: 기타식품 제조업"

- 구입한 농·임·수산물을 가공하여 특정 제품을 제조하는 경우에는 제조업으로 분류

- 구입한 재료로 수액을 증류, 농축하거나 숯을 굽는 활동은 제조업으로 분류

- 천연 생수 및 광천수를 생산·포장하는 산업 활동 "112 비알코올 음료 및 얼음 제조업"

- 재생된 원료로 특정의 제품을 제조하는 경우에는 제조업의 적정 항목으로 분류

- 수집, 운반한 폐기물을 재활용하는 경우에는 해당 제품 제조업 또는 원료재생업으로 구분

- 개인 또는 가정 소비를 위하여 일반 대중을 대상으로 특정 제품(양복, 커튼 등)을 제조하여 소매하는 사업체의 경우에는 제조업(10 ~ 34)으로 분류

- 제조 사업체가 전자상거래 방식으로 제조한 제품을 판매하는 경우에는 해당 제품 제조업으로 분류

- 철도, 선박 및 비행기의 개량, 재생 및 개조활동은 "31 : 기타 운송장비 제조업"에 분류

- 수수료에 의하여 위탁된 농·수산물 및 가공 식품을 냉동 처리하는 경우에는 대상 품목에 따라 "10 : 식료품 제조업"의 적합한 항목에 각각 분류

- 특정 개인 및 소비용품을 직접 제조하는 사업체가 해당 용품의 수리·유지를 병행할 경우에는 그 용품 제조업으로 분류

- 자기가 직접 기획한 제품을 직접 제조하지는 않지만, 자기 계정으로 구입한 원재료를 다른 제조사업자에게 제공하여 제품을 자기명의로 제조하도록 하고, 이를 인수하여 자기 책임 하에 직접 판매하는 사업체는 제조업으로 분류

- 자기가 특정 제품을 직접 제조하지 않고, 다른 제조업체에 의뢰하여 그 제품을 제조케 하여, 이를 인수 · 판매하는 경우 제조업으로 분류되는 4 가지 조건

① 생산할 제품을 직접 기획(고안 및 디자인, 견본제작 등)
② 자기계정으로 구입한 원재료를 계약사업체에 제공
③ 그 제품을 자기명의로 제조케 하고,
④ 이를 인수하여 자기책임 하에 직접 시장에 판매

(4) 분류 사례

(1) 금속 압형 제품 제조업(금속가공산업 및 각종 제품의 부품산업관련) 1차 금속판제품을 구입하여 프레스로 압형가공한 후 자동차용 금속부품만을 전문적으로 생산하여 자동차 제조회사에 납품하는 경우 자동차용 기타 신품 부품 제조업(3039)으로 분류될 수 있는지 ?

① 금속 압형 방법으로 자동차용 부품을 생산하는 경우 부품의 용도만으로 분류하지 않고 가공공정을 고려하여 분류

② 금속판제품을 프레스로 압형 가공한 후 추가 가공 없이 자동차 제조회사에 납품하는 것이 주된 산업 활동인 경우 "25913: 자동차용 금속 압형제품 제조업"

③ 금속판제품을 프레스로 압형가공한 후 다른 부품 및 부분품 등과 결합하여 브레이크 조직, 클러치, 기어, 완충기, 운전대 등과 같은 차체를 제조하거나 엔진용 부분품을 제조하는 것이 주된 산업 활동인 경우 "303: 자동차 신품 부품 제조업"

(2) 폐플라스틱 및 폐비닐을 매입하여 분쇄 - 세척 - 용융 - 펠릿 생산

① 구입한 합성수지 등 각종 플라스틱 소재 물질에 유리섬유, 탄소섬유, 금속 분말 등의 강화제 및 각종 첨가제 등을 배합, 혼합, 착색 등으로 가공하여 물리적 특성을 변화시킨 혼성 플라스틱 소재 물질을 생산하거나 재생용 플라스틱 제품 등을 용해하여 액상, 분말, 입상 및 기타 상태의 재생 플라스틱 소재 물질(수지 등)을 생산하는 산업 활동인 경우 "20203 혼성 및 재생 플라스틱 소재 물질 제조업

② 지정 외 폐기물, 스크랩, 기타 폐품 등에서 비금속류를 분류, 분리하여 파쇄, 분쇄하거나 화학적으로 처리하여 재생용의 비금속 원료 물질로 전환하는 산업 활동인 경우 "38322 : 비금속류 원료 재생업"

③ 매립, 소각 등 여러 가지 수단에 의하여 유해성 또는 무해성 폐기물을 처분하는 것이 주된 산업 활동인 경우 "382 폐기물 처리업"

(3) 축산분뇨를 이용한 유기질비료 생산 활동(축분, 뇨, 석탄재, 패각분, 왕겨 등을 혼합 발효시켜 유기질비료를 생산 하는 경우)

① 천연 동·식물성 물질을 화학적으로 처리하여 유기질 비료를 제조하거나 유·무기질 비료의 배합물, 화분용 배합토, 구아노 화학처리, 비료용 광물슬래그 가공품, 상토 등 토질 개량용 토사석 조제품을 제조하는 산업 활동을 말한다. 미량 요소 성분을 함유한 광물을 화학처리하거나 성분을 조정·배합하여 특별히 비료용으로 제조한 경우 및 부산물, 분뇨, 음식물류 폐기물, 토양 미생물 제제, 토양 활성제 등을 이용하여 제조한 비료도 포함하는 산업 활동인 경우 "20313: 유기질 비료 및 상토 제조업

② 가축사육장에서 배출되는 액체성 또는 고체성 오염물질의 수집운반, 처리 및 처분 등의 활동이 주된 산업 활동인 경우 "37022: 축산분뇨 처리업"

(4) 협력업체(제철소 협력업체로서 전체공정 중 일부공정을 조업 지원하는 경우 산업분류)

① 자기관리 아래 있는 노동자를 계약에 의하여 타인 또는 타사업체에 단기간(1년 미만) 공급하는 산업 활동을 말한다. 이 노동자들은 인력 공급업체의 직원이지만 고객 사업체의 지시 및 감독을 받아 업무를 수행하는 경우 "75121: 임시 및 일용 인력 공급업"

② 공장 내에서 독립적으로 운영되는 협력업체의 경우 주된 산업 활동에 따라 "C 제조업", "H 운수업", "N 사업시설관리 및 사업지원 서비스업" 등으로 분류

(5) 폐유를 가져다가 다시 가열하고 슬러지 등을 제거하여 공장의 연료로 판매하는 산업분류는?

① 석유성분 함유량이 70% 미만인 경우 : 20499 그 외 기타 분류 안 된 화학제품 제조업.

② 석유성분이 70% 이상인 경우 : 19229 기타 석유정제물 재처리업

(5) 제조업으로 인정되지 않는 활동(괄호 안의 업종에 해당)

(1) 산지에서 생산물을 시장에 출하하기 위하여 통상적으로 수행되는 농·임·수산물의 선별, 세척, 정리활동은 제조활동으로 분류하지 않음

(2) 방사선 처리방법에 의한 식품 보존처리 활동(73909)

(3) 육지 동물 고기를 함유하는 수프 및 육류, 어류, 갑각류, 연체동물의 엑스와 즙의 생산 활동(1079)

(4) 도축된 고기를 일관된 공정에 의하여 분할·포장(1012)하는 경우는 제조업이나, 구입한 도축 고기를 단순히 분할하여 포장육 판매(46 또는 47)하는 경우는 제조업이 아님

(5) 즉석식 빵을 생산하여 최종 소비자에게 판매(56191)

(6) 수수료 또는 계약에 의한 병포장 및 라벨부착 활동(75994)

(7) 판매활동에 연관하여 알코올성 음료를 병에 포장 및 라벨을 부착하는 활동은 도매업(46) 및 소매업(47)에 분류

(8) 수수료 또는 계약에 의거 음료를 단순히 포장하는 활동(75994)

(9) 조면(목화에서 씨를 제거하고 섬유만 남게 하는 것) 및 섬유용 식물 수침 처리활동(011), 축산활동에 결합 또는 부수되는 섬유물질 처리 활동(012)

(10) 각종 직물 또는 직물 제품의 세탁, 드라이클리닝, 다림질 및 관련 처리활동(9691)

(11) 영화 상영용 필름 복제 생산(59120)

(12) 수수료 또는 계약에 의하여 각종 자료의 전산 입력 및 자료 처리 서비스(63111)

(13) 수수료 또는 계약에 의한 레코드 원판 녹음활동(5920)

(14) 석탄 가스, 수성 가스, 발생로 가스 및 기타 연료용 제조 가스 생산 활동(35200)

(15) 광산에서 메탄·에탄·부탄·프로판가스를 추출하는 경우에는 052에 분류되나, 석유정제 과정에서 생산될 경우는 192에 분류·산업용 가스 제조업 ×

(16) 연료용 가스의 생산(천연 가스, 석유 가스, 석탄 가스 등)은 그 생산방법에 따라 052, 352, 19에 각각 분류

(17) 농축산물 폐기물 처리장 운영(38) – 비료 제조업 ×

(18) 고객 주문에 의한 도료 혼합 소매(47519) – 일반용 도료 및 관련제품 제조업 ×

(19) 수수료 또는 계약에 의한 조제품 충전 및 포장활동(75994) – 세제, 화장품 및 광택제 제조업 ×

(20) 개인 진단 및 처방에 의하여 조제하는 한의원(86203) – 한의약품 제조업 ×

(21) 폐고무·폐플라스틱 제품을 처리하여 만든 이차원료(제조 원료로 직접 사용하기 위해서는 추가 가공이 필요한 원료) 생산(383) – 고무 및 플라스틱제품 제조업 ×

(22) 재생 고무제품 제조용 이차원료 생산(383) – 기타 고무제품 제조업 ×

(23) 고무농장에서의 고무 생산(01140) – 기타 고무제품 제조업 ×

(24) 재생 플라스틱 제품 제조용 가공 이차원료 생산(383) – 플라스틱 제품 제조업 ×

(25) 석재 절단 및 토사석 분쇄 처리활동이 토사석 채취 활동과 결합되어 수행되는 경우(071) – 비금속 광물제품 제조업 ×

(26) 채석활동에 결합된 석재 가공활동(07) – 석제품 제조업 ×

(27) 건축 폐기물 처리활동(382) – 비금속광물 분쇄물 생산업(23993) ×

(28) 철광석 정광처리(0610) – 1차 철강 제조업 ×

(29) 철강재를 고객이 원하는 형태로 절단하는 경우(46 또는 47) – 그 외 기타 1차 철강 제조업(24199) ×

(30) 치과 의사, 안과 의사에 의한 치열 교정 및 안경 맞춤 활동은 86의 적합한 항목에 분류·의료용 기기 제조업(271) ×

(31) 산업용 기계 및 장비 수리업(34) 제외

  ① 특정 산업용 기계·장비 및 용품을 직접 제조하는 사업체가 그 기계장비 및 용품의 수리·유지를 병행할 경우에는 그 기계·장비 제조업으로 분류

  ② 특정 산업용 기계·장비 및 용품을 판매하는 사업체가 그 제품 수리·유지를 병행할 경우에는 그 기계장비 도·소매업으로 분류

③ 자기 계정으로 구입한 중고 산업용 기계·장비 및 용품을 수리하여 재판매하는 경우는 해당 중고품의 도·소매업으로 분류하며, 각종 기계·장비 및 용품의 재제조·개량 활동은 그 기계장비의 제조활동으로 분류

④ 공장에서 수행하는 항공기 및 철도 차량 수리, 조선소에서 수행하는 선박 수리는 해당 장비를 제조하는 산업 활동으로 분류

⑤ 철도 역사, 항구, 비행장에서 철도 차량, 선박, 항공기 운행과 관련하여 경상적으로 수행하는 유지·보수 활동은 각각의 운송지원 서비스에 분류한다.

(32) 전기·전자 및 정밀 기기 수리업(34020) 제외 – 냉장고, 세탁기 등 가전제품 수리(95310)

1.2.2 폐기물 수집, 운반, 처리 및 원료 재생업

(1) 분류 시 유의사항

재생된 원료로 특정의 제품을 제조하는 경우에는 제조업의 적정항목으로 분류

〈Recovery와 Recycle 단계에서의 분류판단〉

현행 국제표준산업분류와 한국표준산업분류는 폐기물의 순환(cycle)과정을 자원 회수(recovery)와 리사이클(recycle) 단계로 구분한 후 주된 산업 활동에 따라 원료재생업 또는 제조업 등으로 각각 분류함

○ Recovery step (E. 하수폐기물 처리, 원료재생 및 환경복원업)
• (정의) 수집된 폐자원을 각종 기술적 처리(선별, 분쇄, 압축, 용해 등)를 통해 2차 원료(원재료로 투입되기 위해선 추가가공이 필요)로 전환하는 단계
• (예시) 수집된 폐자원에서 금속을 선별한 후 압축 또는 분쇄하여 납품

○ Recycle step (C. 제조업)
• (정의) 수집된 폐자원 및 2차 원료를 다양한 제조공정을 통하여 1차 원료(추가가공 없이 바로 제조공정에 투입할 수 있는 상태)로 생산하는 단계
• (예시) 수집된 폐자원에서 제련 등 제조공정을 통하여 금속원료제품을 생산

• 폐지, 고철 등 재생용 재료를 수집만 하는 경우는 도매업(46)으로 분류

2. 각 법령의 업종 List

안 내

- 각 법령별로 흩어져 있는 업종 리스트들을 모아 개별로 찾는 번거로움을 줄이는데 목적이 있음
- 업종 리스트가 너무 긴 경우에는 책에 싣지 못함

'도시형 공장'을 물으면 '공장'의 한 유형으로 생각하는 사람들이 의외로 많다. 그러나 '도시형 공장'은 '공장'의 한 유형으로 볼 수 있지만, 실무에서 중요한 것은 어떤 유형이 여기에 해당하는 지를 파악하는 것이다. 이 사항은 법에 정해져 있고 업종 리스트가 별도로 있다. 이와 유사한 유형을 모아보았다.

2.1 지식산업센터 입주 업종

2.1.1 용어 의미

지식산업센터에서 영위할 수 있는 사업을 업종으로 제한함.

2.1.2 근거 법령

「산업집적법」 제28조의5, 동법 시행령 제36조의4.

2.1.3 참고 사항

산업단지 안에 있는 지식산업센터의 경우 '관리기본계획'에 업종 제한이 별도로 되어 있는 경우가 있음.

2.1.4 대상 업종

지식산업센터(아파트형 공장)는 지어진 연도에 따라 제조업을 제외한 다른 업종의 경우 입주 가능 업종이 다를 수 있으므로 개별 확인 필요하다.

제조업의 경우에도 수도권·비수도권이 다르며, 산업단지·공업지역과 그 외 지역

이 다르다.

○ 제조업 :「산업집적법」제28조의5 제1항, 동법 시행령 제36조의4 제5항

한국표준산업분류상의 제조업(산업단지 또는 공업지역이 아닌 지역에 위치한 경우에는 도시형공장
(제34조제2호에 따른 도시형 공장은 제외한다)의 시설에 한정하여 이를 설치할 수 있음)

○ 지식기반산업 :「산업집적법 시행령」제6조 제2항
○ 정보통신산업 :「산업집적법 시행령」제6조 제3항
○ 그 밖에 대통령령으로 정하는 산업 :「산업집적법 시행령」제36조의4

특정 산업의 집단화와 지역경제의 발전을 위하여 다음 각 목의 구분에 따라 지식산업센터에의 입주가
필요하다고 인정하는 사업
가. 산업단지 안의 지식산업센터의 경우:「산업집적법」제2조제18호에 따른 산업에 해당하는
   사업으로서 관리기관이 인정하는 사업
나. 산업단지 밖의 지식산업센터의 경우: 시장 · 군수 또는 구청장이 인정하는 사업

○ 벤처기업(「벤처기업육성에 관한 특별조치법」제2조제1항)

2.2 첨단 업종

많은 법령 문구에 나오는 '첨단 업종'이 아래 내용임.

2.2.1 용어 정의

기술 집약도가 높고 기술혁신속도가 빠른 업종으로서 법령으로 정하는 업종.

2.2.2 근거 법령

「산업집적법 시행규칙」제15조 및 별표5.

2.2.3 대상 업종

표 98 – 첨단업종[별표 5]

<표 98 - 첨단업종[별표 5]>

분류번호	업종명	적용 범위
20119	석탄화학계 화합물 및 기타 기초 유기 화학 물질 제조업	○ 나노(100nm이하) 유기화합물

20132	염료, 조제 무기안료, 유연제 및 기타 착색제 제조업	○ 친환경 및 고기능성 특수도료
		  – 대전방지 도료, 자기치유도료
		  – 자외선(UV) 경화도료(4mm이하, 80시간 이상, 3.0Mpa 이상의 부착성)
		  – 방열성 분체도료
		○ 고기능성 및 신기능 염료
		  – 고 염착률의 반응성 염료
		○ 고기능성 안료
		  – 전자재료용 안료(편광도 98% 이상, 내광성 30,000hr 이상)
		  – 형광 안료(내광성 3급 이상, 내열성 180℃ 이상)

20202	합성수지 및 기타 플라스틱 물질 제조업	○ 고분자 신소재(특수 기능성, 전기특성, 의료용) – 슈퍼고분자 복합(composite) 소재

20421	계면활성제 제조업	○ 계면활성제 중 다음의 것만 해당한다.
		  – 고분자형 계면활성제
		  – 양이온 계면활성제
		  – 친환경 계면활성제(바이오유래, 유용미생물활용, 인체친화적, 생분해성)

20493	접착제 및 젤라틴 제조업	○ 전기·전자용 기능성 접착제로서 다음의 것만 해당한다.
		  – 전도성 접착제
		  – 광섬유용 접착제
		  – 반도체·디스플레이용 접착제
		  – 고내열 금속용 접착제
		○ 의료용 접착제로서 다음의 것만 해당한다.
		  – 연조직(피부 등)용 접착제
		  – 경조직(치아·뼈 등)용 접착제

20495	바이오 연료 및 혼합물 제조업	○ 해양 바이오디젤 및 혼합유

20499	그 외 기타 분류 안된 화학제품 제조업	○ 반도체 및 디스플레이 소재로서 다음의 것만 해당한다.
		  – 포토레지스트 노볼락(Photoresist Novolak) 수지, 매트릭스(Matrix) 수지
		  – 반도체 및 디스플레이용 리소그래피(lithography)용 수지
		  – 반도체·디스플레이·발광다이오드(LED)용 무기 전구체

20501	합성섬유 제조업	○ 아라미드(aramid)섬유, PBO 섬유 ○ 메디컬 섬유소재(조직재생용 섬유소재, 유착방지 및 차폐용 섬유소재, 정형외과용 섬유소재)

분류번호	업종명	적용 범위
21102	생물학적 제제 제조업	○ 바이오의약품으로서 다음의 것만 해당한다. 　- 치료용 항체 및 사이토카인제제 　- 호르몬제 　- 혈액제제 　- 신개념백신(항암백신, DNA백신, RNA백신 등) 　- 세포기반치료제 　- 유전자 의약품
21210	완제 의약품 제조업	○ 저분자 화합물 의약품으로서 다음의 것만 해당한다. 　- 종양계 치료제(항암제) 　- 순환기계 질환(고혈압, 고지혈증, 혈전) 치료제 　- 감염계 질환 치료제(항생제, 항바이러스제, 항진균제) 　- 신경계 질환(치매, 뇌졸중, 간질, 우울증, 정신분열증, 파킨슨병) 치료제 　- 내분비계 질환(골다공증, 당뇨, 비만) 치료제 　- 면역계 질환(면역기능 조절, 천식, 알레르기, 염증 · 관절염) 치료제 　- 호르몬제
21300	의료용품 및 기타 의약 관련제품 제조업	○ 바이오칩(바이오센서 포함) ○ 약물전달시스템 응용제품
22292	플라스틱 적층, 도포 및 기타 표면처리 제품 제조업	○ 투명전도성 필름 ○ 플라스틱 적층(다층)필름
23121	1차 유리제품, 유리섬유 및 광학용 유리 제조업	○ 나노세공 다공질유리
23122	디스플레이 장치용 유리 제조업	○ 차세대 평판디스플레이용 유리(플렉시블 유리만 해당한다)
23211	정형내화요업제품 제조업	○ SiC 내화물(반도체공정용 부재) ○ 초고온용 지르콘내화물
23222	위생용 및 산업용 도자기 제조업	○ 산업용 첨단 세라믹스(반도체용, 생체용, 원자로용 세라믹부품만 해당한다)
23995	탄소섬유 제조업	○ 고강도 고탄성 탄소섬유, 고기능 탄소섬유 제품(T1000 이상만 해당한다)
24221	동 압연, 압출 및 연신제품 제조업	○ 1300MPa급 고강도 고탄성 동합금 압연(壓延), 인발(引發)제품 　- 차세대 이동통신단말기 단자 및 고내열성 접속기(connector) 소재

분류번호	업종명	적용 범위
24290	기타 1차 비철금속 제조업	○ 비철금속분말(분말가공 및 성형은 제외한다) 　- 3D프린팅용 금속분말 ○ 금속 가공 잔여물(metal scrap)을 이용한 고품질 잉곳(ingot)(희소금속을 포함한다)
25911	분말 야금제품 제조업	○ 철계, 비철계 분말야금제품(충진율 95% 이상인 것만 해당한다)
25934	톱 및 호환성 공구 제조업	○ 초경합금공구, 다이아몬드공구, 물리증착 또는 화학증착공구, 서멧공구, 입방질화붕소공구, 고속도강공구
26111	메모리용 전자집적회로 제조업	○ 메모리 반도체(D램, 플래시 등 차세대 휘발성 및 비휘발성 메모리)
26112	비메모리용 및 기타 전자집적회로 제조업	○ 시스템 반도체(인공지능반도체, 마이크로 컴포넌트, 아날로그 및 혼성 집적회로, SiC 파워반도체, 고전압 RF IC 등)
26121	발광 다이오드 제조업	○ 발광다이오드(LED) 제조업으로서 다음의 것만 해당한다. 　- 마이크로 발광다이오드, 미니 발광다이오드, 양자점 발광다이오드
26129	기타 반도체소자 제조업	○ 포토다이오드(PD), 반도체 레이저 다이오드(LD), IC패키지, 태양전지 ○ 스마트카드용 IC칩(통합보안관련) ○ 고해상도 고체촬상소자(CCD 등)
26212	유기발광 표시장치 제조업	○ 유기발광다이오드(OLED)[플렉시블 유기발광다이오드, 능동형 유기발광다이오드(AMOLED) 등]
26219	기타 표시장치 제조업	○ 투명 디스플레이 ○ 디지털 홀로그램 ○ 플렉시블 전자종이(e-Paper) ○ 디스플레이부품[포토마스크, 고해상도 섀도마스크(shadow mask), 편광판, 컬러필터(color filter), 위상보상필름, 투명전극]
26222	경성 인쇄회로기판 제조업	○ 고밀도 다층기판(HDI), SLP(Substrate Like PCB)만 해당한다.
26223	연성 및 기타 인쇄회로기판 제조업	○ 연성 인쇄회로기판(flexible PCB), 경연성복합 인쇄회로기판
26295	전자감지장치 제조업	○ 센서(초소형 센서만 해당한다) 　- 주행상황인지 센서, 항행용 레이더센서, 인공지능 센서(AI sensor), 레이더 센서, 항법센서 등
26410	유선 통신장비 제조업	○ 광섬유 전송시스템 ○ 광통신 장비 및 부품(5G 이동통신용만 해당한다) 　- 광통신 부품(5G용), 광통신 중계기(5G용), 네트워크장비(5G용, IoT용), 네트워크스위칭(10G/1G) 등

분류번호	업종명	적용 범위
26421	방송장비 제조업	○ 방송장비 제조업으로서 다음 것만 해당한다. – 초고화질(8K UHD 이상) 방송장비[방송송신기, 방송통합 다중화기, 시그널링 시스템, 촬영장비, 8K 초고화질(UHD) 방송용 멀티포맷 변환기(converter)·코드변환기(transcoder) 등]
26429	기타 무선 통신장비 제조업	○ 5G용 무선통신 부품 및 장비로서 다음의 것만 해당한다. – 5G 고집적 안테나, 5G용 모뎀, 5G 기지국·엑세스망장비, 5G소형셀 등
26519	비디오 및 기타 영상기기 제조업	○ 가상현실(Virtual Reality)기기 및 증강현실(Augmented Reality)기기(4K 이상의 고해상도, 120도 이상 시야각, 고속 고감도 센서를 탑재한 것만 해당한다) ○ 오감(시각, 청각 등을 포함한 초실감형) 제공기기[착용형기기 (wearable device)를 포함한다]
27111	방사선 장치 제조업	○ 영상진단기기 및 단층촬영 장치(방사성동위원소, 자력선, 엑스선 또는 초음파를 이용한 것만 해당한다) ○ 수술 및 치료용기기(방사성동위원소, 자력선, 엑스선, 레이저, 초음파 또는 마이크로 웨이브를 이용한 것만 해당한다)
27112	전기식 진단 및 요법 기기 제조업	○ 생체계측기기(심전계·뇌파계·근전계·안진계 또는 심음계만 해당한다) ○ 의료용기기(자동 생화학 분석기기 및 전자현미경만 해당한다) ○ 원격조정 환자 종합감시 장치 ○ 의료검사진단기기
27192	정형외과용 및 신체보정용 기기 제조업	○ 정형외과용 및 신체보정용 기기 – 인공수정체, 인공관절, 인공심박기 등 인공신체 – 보청기
27199	그 외 기타 의료용 기기 제조업	○ 의료용 레이저기기 ○ 의약품 자동주입기(주사기는 제외한다) ○ 휴대용 정신건강관리 시스템 ○ 현장형 생체지표(biomarker) 진단장비 ○ 지능형 개인 건강관리 기기
27211	레이더, 항행용 무선기기 및 측량기구 제조업	○ 레이더 및 항행용 무선기기 – 지능형 전자 항행용 통신단말장치, 지능형 선박·항공기용 항행시스템, 자율차용 레이더/라이다, 초정밀 위성위치확인 시스템(GPS), 항공기용 고성능 항법장치[인공지능(AI) 기반], 소출력 레이더 등

분류번호	업종명	적용 범위
27212	전자기 측정, 시험 및 분석기구 제조업	○ 전자파·광신호파를 응용하거나 마이크로프로세서를 내장한 것으로서 다음의 것만 해당한다. – 파형현시기 – 전자분석기기 – 유전체 및 자성체 측정기기 – 전송특성 측정기기 – 데이터회선 측정기기 – 전파 및 공중선 측정기기 – 음향특성 측정기기 – 광측정기기 – 측정보조기기(증폭기·검파기 및 신호발생기만 해당한다) – 전자식 물리 및 화학량측정·분석기기
27213	물질 검사, 측정 및 분석기구 제조업	○ 성능시험기 또는 성능측정기 – 반도체·디스플레이소재검사 장비 – 에너지소재(태양전지 등) 특성 측정·검사 장비 – 환경측정·분석기기 – 바이오·의료소재 검사 장비
27215	기기용 자동측정 및 제어장치 제조업	○ 산업용제어기기, 자동제어시스템(PLS·DCS·철도차량 자동제어장치를 포함한다)
27216	산업처리공정 제어장비 제조업	○ 제조설비의 자동공정 제어기기 또는 공정제어시스템 및 부분품으로서 다음의 것만 해당한다. – PLC, DCS 등을 이용한 공정제어시스템 – 로봇컨트롤러 및 컴퓨터통합시스템 관련 단위기기 – 화학물질 합성자동제어시스템, 화학반응 합성장치 – 지능형 제어기[센서내장 M2M/IoT기술 적용(자동감시·진단·제어)]
27219	기타 측정, 시험, 항해, 제어 및 정밀기기 제조업	○ 산업, 군사, 의료 및 농업 등의 화상, 영상, 기상 및 위성 등 각종 계측데이터를 획득하여 이를 가공, 분석 및 해석 등을 하기 위한 계측기 및 계측시스템으로서 다음의 것만 해당한다. – 대역폭 60GHz 이상 스펙트럼분석기 – 대역폭 3GHz 이상 디지털오실로스코프 – 대역폭 60GHz 이상 주파수카운터 – 대역폭 60GHz 이상 신호발생기
27301	광학렌즈 및 광학요소 제조업	○ 광부품(광섬유, 편광판)
27302	사진기, 영사기 및 관련 장비 제조업	○ 영상광학기기(DSP내장 고정밀 촬영기)

분류번호	업종명	적용 범위
27309	기타 광학기기 제조업	○ 상관측기기로서 다음의 것만 해당한다. – 고분해능 현미경 ○ 광학기기용 렌즈 또는 프리즘 ○ 레이저 발진장치
28111	전동기 및 발전기 제조업	○ 고효율 · 고정밀 모터(전동기)로서 다음의 것만 해당한다. – 서보모터 및 스테핑모터(분해능 10,000ppr 이상만 해당한다), 고정밀 리니어모터 – 고효율 유도 전동기(IE4급 이상만 해당한다) ○ 발전기(MCFC-압력차 발전기) ○ 2000 ~ 7000Kv급 저전압/고전압용 발전기
28112	변압기 제조업	○ 송배전기로서 다음의 것만 해당한다. – 초임계 발전용 변압기 – 80㎸/250㎸ 전압형 MMC 직류 송전시스템장비 – 250㎸ 전압형 멀티터미널 직류 송 · 배전시스템 – MVDC급 직류 배전시스템 – AC/DC 하이브리드 배전기
28114	에너지 저장장치 제조업	○ 에너지저장장치(ESS) 시스템으로서 다음의 것만 해당한다. – 전력관리시스템(PMS)으로서 SW 및 서버 HW, 데이터 검색 · 저장 · 분석 및 통신연계 기능이 포함된 것 – 전력변환장치(PCS)로서 배터리(DC) 측은 1,500V, 2,000A, 45kA 이상의 출력이 유지되고, 계통(AC)측은 95% 이상 효율을 갖춘 것 – 배터리관리시스템(BMS)으로서 충방전 전류극 제어 및 비정상적 작동시의 안정장치 기능을 갖춘 것
28119	기타 전기 변환장치 제조업	○ 전기 변환장치로서 다음의 것만 해당한다. – 리액터(대용량의 태양광 · 전기차용) – 스위칭 신호방식의 전력변환장치[태양광, 풍력, 에너지저장장치(ESS) 등 신재생에너지용 전동 · 발전기의 구동을 위한 컨버터 및 인버터] – 멀티터미널 고압직류 송 · 배전장치 – 멀티레벨 무효전력보상장치(STATCOM)
28121	전기회로 개폐, 보호장치 제조업	○ 전기회로 개폐, 보호 장치중에서 다음의 것만 해당한다. – 초고압 차단기(GIS) – 친환경(고체절연 등) 개폐장치 – 하이브리드형 DC 차단 및 개폐기 – 고속 대용량 직류 차단기 – 태양광, 해상풍력 등 신재생에너지용 전력변환기 · 차단기 · 개폐기

분류번호	업종명	적용 범위
28123	배전반 및 전기 자동제어반 제조업	○ PLC(프로그램 내장 컨트롤러), HMI, 센서 등 중앙감시제어장치(SCADA)의 구성 장치
28202	축전지 제조업	○ 전기차·에너지저장장치(ESS)·전자기기용 이차전지로서 다음의 것만 해당한다. – 리튬이온 이차전지, 리튬이온폴리머전지, 리튬폴리머 전지, 니켈수소 전지, 고성능·고용량 슈퍼 축전지(capacitor 전지), 연료전지, 모듈화 전지[전기차·에너지저장장치(ESS)용], 흐름전지, 고온형 나트륨계 전지, 리튬황전지, 레독스 플로 전지 및 이러한 제품의 핵심 부품
28422	일반용 전기 조명장치 제조업	○ 태양전지 가로등[발광다이오드(LED)를 활용한 사물인터넷용만 해당한다]
28903	교통 신호장치 제조업	○ 스마트시티용 지능형 교통통제용 전기장치만 해당한다. – 스마트시티용 지능형 교통시스템(ITS), 첨단교통관리 시스템(ATMS), 첨단차량도로시스템(AVHS)장치 등
28909	그 외 기타 전기장비 제조업	○ 자동화용 초정밀 전기용접 설비 및 절단기로서 다음의 것만 해당한다. – 용접기 및 절단기(레이저, 플라즈마, 초음파, 고주파, 인버터방식만 해당한다) – 고속전철용 궤도용접 설비 – 이종금속용 경납땜(brazing) 용접기
29120	유압기기 제조업	○ 유공압 액추에이터(로봇, 구동부품용 모터, 실린더만 해당한다) ○ 전기식 액추에이터(로봇구동 부품만 해당한다)
29131	액체 펌프 제조업	○ 다이어프램방식 초정밀 정량 액체 펌프(피스톤, 페리스탈틱 방식은 제외한다)로서 다음의 것만 해당한다. – 내화학성 확보, 최소유량 0.02 mL/min, 정밀도 3%이내
29133	탭, 밸브 및 유사장치 제조업	○ 고압기밀 전자식 레귤레이터 ○ 유압밸브 유량특성 및 정밀도에 따른 서보밸브(Servo Valve)
29141	구름베어링 제조업	○ 볼·롤러 베어링(KS 4급 이상) 및 그 핵심부품[리테이너, 케이지(cage), 강구(steel ball), 롤러(roller)]
29172	공기 조화장치 제조업	○ 초청정 클린룸(clean room)으로서 한국산업표준에 따른 청정도 1등급만 해당한다. ○ 시스템에어컨(고효율EHP) 및 핵심부품(압축기, 모터, 열교환기)으로서 한국산업표준에 따른 난방 COP 3.5 이상, 냉난방 EERa 6.6 이상인 것만 해당한다. ○ 고효율 지열 열펌프시스템 및 핵심부품(압축기, 모터, 열교환기)으로서 「신에너지 및 재생에너지 개발·이용·보급 촉진법」 제13조의 신재생에너지설비 인증심사 기준에 따른 냉방 EER 4.1 이상, 난방 COP 3.3 이상인 것만 해당한다.

분류번호	업종명	적용 범위
29199	그 외 기타 일반목적용 기계 제조업	○ 첨단용접 설비(표면 장착부품 납땜 및 절단기기만 해당한다) 　- 레이저·플라즈마·고주파·인버터방식용접기 　- 하이브리드용접기 ○ 표면개질 측정 및 처리 시스템
29222	디지털 적층 성형기계 제조업	○ 3D프린팅 장비로 다음의 것만 해당한다 　- 금속소재, 세라믹, 바이오소재, 건축소재(콘크리트만 해당한다) 　　용 3D프린팅 장비 　- 초고속 3D프린팅 장비
29223	금속 절삭기계 제조업	○ 초미세 · 초정밀 와이어 방전가공설비(wire electrical discharge machining)로서 선폭 50um 이하인 것만 해당한다.
29229	기타 가공 공작기계 제조업	○ 난삭(難削) 티타늄 합금 및 인코넬 합금 소성 가공 기계 ○ 탄소섬유 복합재(CFRP) 중에서 우주항공 및 자동차용 첨단 소재의 성형 기계
29269	기타 섬유, 의복 및 가죽 가공 기계 제조업	○ 초경량, 고탄성, 고강도 탄소섬유 제조 장비 ○ 탄소섬유 복합재의 가공장비 및 검사 장비
29271	반도체 제조용 기계 제조업	○ 반도체장비 및 장비용 핵심부품(반도체 설계 · 조립 · 패키지, 포토마스크 제조용, 웨이퍼 제조 및 가공용만 해당한다)
29272	디스플레이 제조용 기계 제조업	○ 디스플레이용[초고해상도(8K 이상) 디스플레이, 능동형 유기발광다이오드(AMOLED), 플렉시블 및 착용형 디스플레이만 해당한다] 장비 및 장비용 핵심부품 　- 노광기(露光器) 설비, 레이저(Laser) 재결정화 및 리프트 오프(Lift off) 설비, 증착(蒸着) 설비, 식각(蝕刻) 설비, 세정 설비, 인라인(In-line) 공정 진단 설비 등
29280	산업용 로봇 제조업	○ 제조업용 로봇으로서 다음의 것만 해당한다. 　- 이적재용, 공작물 착탈용, 용접용, 조립 및 분해용, 가공용 및 표면처리, 바이오 공정용, 시험 · 검사용, 기타 제조업용 로봇 　- 협동로봇, 고청정 환경 대응 반도체 생산로봇, 차세대 태양전지 · 연료전지 제조로봇 등 첨단 제조업용 로봇 포함
29292	고무, 화학섬유 및 플라스틱 성형기 제조업	○ 초미세품용 사출 성형기 　- 나노 및 마이크로 표면용·제품용 등 ○ 자동차 경량화 및 항공기 소재에 활용이 가능한 복합재료 성형기 　- 수지충전공정(Resin Transfer Molding) 성형기, 필라멘트 와인딩(filament winding) 성형기 등
29294	주형 및 금형 제조업	○ 프레스용 금형 ○ 다이캐스팅 금형 ○ 플라스틱성형용 금형 ○ 금형용 부품

분류번호	업종명	적용 범위
29299	그 외 기타 특수목적용 기계 제조업	○ 개인서비스용 로봇으로서 다음의 것만 해당한다. 　– 가사서비스용(단순 청소로봇 제외한다), 건강관리용, 　　여가지원용, 연구용 　– 소셜서비스로봇(단순 스피커형 제외한다) ○ 전문서비스용 로봇으로서 다음의 것만 해당한다. 　– 빌딩서비스용, 사회안전 및 극한작업용, 의료 · 재활로봇, 　　사회인프라용, 군사용, 농림어업용, 물류로봇 ○ 지능형 로봇부품으로서 다음의 것만 해당한다. 　– 로봇용 구동부품, 로봇용 감지(sensing)부품, 로봇용 　　제어부품
30110	자동차용 엔진 제조업	○ 하이브리드용 엔진 ○ 경량화 소재 엔진
30121	승용차 및 기타 여객용 자동차 제조업	○ 전기차 ○ 수소연료전지차 ○ 하이브리드차(플러그인 하이브리드만 해당한다)
30122	화물자동차 및 특수 목적용 자동차 제조업	○ 전기차 ○ 수소연료전지차 ○ 하이브리드차(플러그인 하이브리드만 해당한다)
30310	자동차 엔진용 신품 부품 제조업	○ 자동차 엔진용 부품으로서 다음의 것만 해당한다. 　– 통합 전자제어장치(ECU) 　– 배기가스저감 및 자기진단 장치 　– 과급시스템 　– 하이브리드차용 관련 전동부품
30331	자동차용 신품 동력전달장치 제조업	○ 동력전달장치로서 다음의 것만 해당한다. 　– 고단 변속기(8단 이상) 　– 듀얼 클러치 트랜스미션(DCT) 　– 2단 감속기(전기동력 자동차용만 해당한다)
30332	자동차용 신품 전기장치 제조업	○ 전기자동차용 급속충전장치 ○ 연료전지 및 연료변환 시스템 ○ 주행환경 인식 센서(RADAR, LIDAR, 카메라 기반 센서, 측위 센서, 초음파 센서, IR 센서 등) ○ 능동안전시스템[스탠드 얼론(Stand Alone) 및 V2X 통신에 기반한 방식의 것만 해당한다]
30391	자동차용 신품 조향 장치, 현가장치 제조업	○ 조향장치 및 현가장치로서 다음의 것만 해당한다. 　– 자동긴급조향(AES) 시스템(주변상황 감지정확도 90% 　　이상의 것만 해당한다) 　– 스마트 엑추에이터 모듈 　– 전동식현가장치, 에어서스펜션, 　– 전동식 스프링차제제어 　– 감응형 댐퍼, 회생발전 댐퍼

분류번호	업종명	적용 범위
30392	자동차용 신품 제동장치 제조업	ㅇ 제동장치로서 다음의 것만 해당한다. – 전기기계식 브레이크 시스템(EMB) – 차량안정성 제어장치(ESP) – 회생제동 브레이크 시스템(AHB)
30399	그 외 자동차용 신품 부품 제조업	ㅇ 공기부과시스템 ㅇ 통합 열관리 장치 ㅇ 수소저장장치 ㅇ 스택(stack) 및 관련부품 ㅇ 차량용 시각, 청각, 촉각식 인터페이스 장치
31311	유인 항공기, 항공 우주선 및 보조장치 제조업	ㅇ 유인 항공기, 우주선 및 보조장치(부품은 제외한다)
31312	무인 항공기 및 무인 비행장치 제조업	ㅇ 고기능 무인항공기 ㅇ 무인항공기 운용교통 관제시스템
31322	항공기용 부품 제조업	ㅇ 항공기용 부품(엔진을 포함한다)

2.3 소재·부품 대상 업종

2.3.1 용어 정의

'소재·부품'이라 함은 상품의 제조에 사용되는 원재료 또는 중간생산물 중 <u>대통령령으로 정한 것.</u>

ㅇ 대통령령으로 정한 것 : 다음 어느 하나에 해당하는 소재 · 부품
- 최종생산물의 고부가가치화에 기여가 큰 것
- 첨단기술 또는 핵심고도기술을 수반하는 소재 · 부품으로서 기술파급효과 또는 부가가치창출효과가 큰 것
- 산업의 기반이 되거나 산업간 연관효과가 큰 것

2.3.2 근거 법령

「소재·부품전문기업 등의 육성에 관한 특별조치법 시행령」제2조 및 별표 1, 동법 시행규칙 제2조 및 별표 1.

2.3.3 소재부품 전문기업 신청 방법

소재부품 종합정보망(mctnet.org)에서 신청.

2.3.4 대상 업종

「소재·부품전문기업 등의 육성에 관한 특별조치법 시행규칙」 제2조 및 별표 1.

〈표 99 – 소재·부품의 범위[별표 1]〉

분야 (한국표준산업분류번호)	적용범위(소재 · 부품)	한국표준 산업분류번호
섬유제품 제조업 (의복제외)(13)	섬유방적사(천연원료는 제외하고, 기타 방적사는 무기질 섬유사 및 텍스처사 등 가공사로 한정한다)	1310
	섬유직물(특수직물 및 기타직물은 무기질 섬유직물로 한정한다)	1321
	염색 · 가공된 섬유사 및 섬유직물(호부, 기타 섬유염색 및 정리 가공품은 제외한다)	1340
	부직포 및 펠트	13992
	산업용 특수사 및 코드직물	13993
	기계용 및 기타 공업용 섬유제품(위생용은 제외한다)	13999
펄프, 종이 및 종이제품 제조업(17)	공업용 기타 종이 및 판지	17129
화합물질 및 화학제품 제조업(의약품 제외) (20)	석유화학계 기초 화합물(유도체로 한정한다)	20111
	기타 기초 유기화합물(석탄화합물은 제외하고, 유도체 및 화합물로 한정한다)	20119
	기타 기초 무기화합물(핵연료 가공업은 제외하고, 유도체 및 화합물로 한정한다)	20129
	무기안료, 염료, 유연제 및 기타 착색제	2013
	합성고무	20301
	합성수지 및 기타 플라스틱물질	20302
	농약 원제 및 중간체	20412
	공업용 도료 및 관련 제품	20421
	공업용 인쇄잉크	20423
	계면활성제	20431
	공업용 사진 화학제품 및 감광재료	20491
	접착제 및 젤라틴	20493
	공업용 방향유 및 관련 제품, 공업용 기타 분류 안 된 화학제품	20499
	화학섬유	2050

분야 (한국표준산업분류번호)	적용범위(소재·부품)	한국표준 산업분류번호
의료용 물질 및 의약품 제조업(21)	기초 의약물질 및 생물학적 제재	211
고무제품 및 플라스틱제품 제조업 (22)	타이어 및 튜브	22111
	공업용 비경화 고무제품	22191
	공업용 기타 고무제품	22199
	엔지니어링 플라스틱 선, 봉, 관 및 호스	22211
	엔지니어링 플라스틱 필름, 시트 및 판	22212
	극세사 합성피혁	22213
	기계장비 조립용 엔지니어링 플라스틱제품	22240
	그 외 기타 플라스틱제품 제조업(자석 및 자석제품으로 한정한다)	22299
비금속 광물제품 제조업(23)	공업용 박판유리(두께 1.5mm 이하로 한정한다)	23110
	공업용 유리섬유 및 광학용 유리	23121
	판유리 가공품	23122
	기타 공업용 유리제품	23129
	공업용 도자기(파인 세라믹을 포함한다)	23213
	구조용 정형 내화제품(전주내화물로 한정한다)	23221
	기능성 석회(플라스터는 제외하고, 형상 및 물성 제어된 제품으로 한정한다)	23312
	연마휠	23992
	초미립 비금속광물(평균입경 1.0μm 이하로 한정한다)	23993
	공업용 내화 단열재	23994
	탄소섬유 및 복합소재 비금속광물(아스팔트 성형제품은 제외한다)	23999
제1차 금속 제조업 (24)	합금철	24113
	열간 압연 및 압출 제품(일반철근, 보통강 형강은 제외한다)	24121
	냉간 압연 및 압출 제품(보통강 냉연강판은 제외한다)	24122
	철강선(보통강철선, 아연도철선, 철조망, 철망은 제외한다)	24123
	주조한 관 연결류	24131
	강관(전기용접 보통강관은 제외한다)	24132
	표면처리 강재(아연도금 강판은 제외한다)	24191
	절단가공 및 그 외 기타 철강제품	24199
	비철금속 제련, 정련 및 합금제품(우라늄은 제외한다)	2421
	비철금속 압연, 압출 및 연신제품	2422
	철강 주조제품(희주철은 제외한다)	2431
	비철금속 주조제품	2432

분야 (한국표준산업분류번호)	적용범위(소재 · 부품)	한국표준 산업분류번호
금속가공제품 제조업 (기계 및 가구 제외) (25)	중앙난방 보일러 부품 및 방열기	25121
	설치용 금속탱크 및 저장용기	25122
	핵반응기 부품 및 증기발생기 부품	25130
	무기 부품	25200
	금속단조, 압형 및 분말야금 제품(가정용 압형제품 및 병마개는 제외한다)	2591
	금속 열처리, 도금 및 기타 처리제품(금속인쇄업은 제외한다)	2592
	톱 및 호환성공구	
	금속파스너 및 나사제품	25934
	금속스프링	25941
	금속제 아크 용접 전극, 선박의 추진기와 블레이드 및 닻,	25942
	금속제의 플레시블 튜브, 철강 및 금속의 기타제품, 금속제의 영구자석제품	25999
전자부품, 컴퓨터, 영상, 음향 및 통신장비 제조업(26)	반도체	261
	기타 전자부품	262
	기억장치, 컴퓨터 모니터, 컴퓨터 프린터, 기타 주변기기(컴퓨터 본체와 분리되는 CRT모니터, 프린터의 완제품은 제외한다)	2632
	통신기기 및 방송기기 부품	264
	방송수신기 및 기타 영상, 음향기기 부품(안테나와 마이크로폰을 포함한다)	265
의료, 정밀, 광학기기 및 시계 제조업(27)	의료용 기기 부품(의료용 가구는 제외한다)	271
	측정, 시험, 항해 및 기타 정밀기기(도안 및 제도기구는 제외한다)	272
	광섬유 및 광학요소	27321
	사진기, 영사기 및 관련 장비 부품	27322
	기타 광학기기 부품	27329
	시계 부품	27402
전기장비 제조업(28)	전동기, 발전기 및 전기변환장치 및 전기공급, 전기제어장치 (발전기세트는 제외한다)	281
	일차전지(리튬전지로 한정한다)	28201
	축전지	28202
	광섬유 케이블	28301
	절연 금속선 및 케이블	28302
	전구 및 램프 부품	28410
	조명장치 부품(광고용은 제외한다)	2842
	주방용 전기기기 부품	28511
	가정용 전기난방기기 부품	28512
	기타 가정용 전기기기 부품(전기 이 · 미용기구 부품은 제외한다)	28519

분야 (한국표준산업분류번호)	적용범위(소재 · 부품)	한국표준 산업분류번호
	가정용 비전기식 조리 및 난방기구 부품	28520
	전기경보 및 신호장치 부품	28901
	전기용 탄소제품 및 절연체	28902
	교통신호장치 부품	28903
	그 외 기타 분류 안 된 전기장비 부품	28909
기타 기계 및 장비 제조업 (29)	내연기관 및 터빈	2911
	유압기기(펌프 및 압축기로 한정한다)	2912
	펌프 및 압축기	2913
	탭, 밸브 및 유사장치	29133
	베어링, 기어 및 동력전달장치(유압식을 포함한다)	2914
	산업용 오븐 및 노 부품	29150
	산업용 트럭 및 물품취급장비 부품	2916
	산업용 냉장 및 냉동장비 부품	29171
	공기조화장치 부품(자동차용은 완제품을 포함한다)	29172
	산업용 송풍기 및 배기장치 부품	29173
	기체 여과기	29174
	액체 여과기	29175
	증류기, 열교환기 및 가스발생기	29176
	사무용 기기(복사기 부품으로 한정한다)	29180
	기타 일반 목적용 기계 부품	2919
	가공공작기계 부품 및 기타 특수목적용 기계 부품(주형 및 금형은 완제품을 포함한다)	292
자동차 및 트레일러 제조업(30)	자동차용 엔진	30110
	자동차 부품	303
기타 운송장비 제조업(31)	선박 구성부분품	31114
	철도차량부품 및 관련 장치물 부품	31202
	항공기용 엔진 및 부품	313
	항공기 및 우주선의 보조장치 부품	31310
	전투용 차량 부품	31910
	모터사이클 부품	31920
	자전거 및 장애인용 차량 부품	31991
가구 제조업(32)	운송장비용 의자	32011

[비고]

1. 부품은 부분품을 포함한다.

2. 동일한 한국표준산업분류에 속하는 것 중에서 독립적으로 사용되는 완제품이 있는 경우에는 이를
   소재 · 부품의 적용범위에서 제외한다.

3. 상품 제조에 사용되는 원재료 또는 중간생산물로 사용됨과 동시에 완제품으로 사용되는 경우에도 이를
   부품으로 본다.

2.4 농·수·축·임산물 가공 업종(p. 321, 표 161 참고)

2.5 자원재활용업종(p. 322, 표 162 참고)

2.6 생활소비재 관련 업종(p. 323, 표 163 참고)

2.7 건축자재 업종(p. 324, 표 164 참고)

2.8 「지방세법」상 공장의 종류

2.8.1 근거 법령 : 「지방세법 시행규칙」 별표2

ⓖ 업종 리스트가 길어 공장 종류에서 제외하는 업종만 안내함

29. 다음 각 목의 어느 하나에 해당하는 것은 제1호부터 제28호까지의 공장의 종류에서 제외한다. 다만, 가목부터 마목까지 및 아목은 법 제13조제1항 및 제2항과 이 규칙 제7조에 따라 취득세를 중과세할 경우에는 「국토의 계획 및 이용에 관한 법률」 등 관계 법령에 따라 공장의 설치가 금지 또는 제한되지 아니한 지역에 한정하여 공장의 종류에서 제외하고, 법 제111조, 영 제110조 및 이 규칙 제55조에 따라 재산세를 중과세하는 경우, 법 제146조·영 제138조 및 이 규칙 제75조에 따라 지역자원시설세를 중과세하는 경우 및 「지방세특례제한법」 제78조에 따라 취득세 등을 감면하는 경우에는 공장의 종류에서 제외하지 아니한다.

   가. 가스를 생산하여 도관에 의하여 공급하는 것을 목적으로 하는 가스업

   나. 음용수나 공업용수를 도관에 의하여 공급하는 것을 목적으로 하는 상수도업

   다. 차량 등의 정비 및 수리를 목적으로 하는 정비·수리업

   라. 연탄의 제조·공급을 목적으로 하는 연탄제조업

   마. 얼음제조업

   바. 인쇄업. 다만, 「신문 등의 진흥에 관한 법률」에 따라 등록된 신문 및 「뉴스통신진흥에 관한 법률」에 따라 등록된 뉴스통신사업에 한정한다.

   사. 도관에 의하여 증기 또는 온수로 난방열을 공급하는 지역난방사업

   아. 전기업(변전소 및 송·배전소를 포함한다)

제조업 입지 유형 및 절차

Chapter 4

우리나라의 공장 설립 방법은 크게 2가지 유형으로 나뉘어져 있다. 산업단지(국가·일반·도시첨단·농공) 내와 산업단지 밖 공장 설립이다. 법령도 이 두 가지 유형으로 체계화되어 있는데 공장 설립과 관련된 기본법인 「산업집적법」을 보면, '제5장 산업단지 관리'에 산업단지 내 공장 설립 관련 절차 및 규제가, '제3장 공장의 설립'에 산업단지 밖 공장설립 시 관련 절차 및 규제가 명문화되어 있다.

이 외에 공장 설립 규정이 있는 타법의 특별 지역들은 위 두 유형 중 한 법령을 적용하되, 절차적인 부분과 규제에 있어 각 특별지역에 맞게 특별법에 별도 규정을 하는 경우가 많다. 이런 특별지역에서 공장 설립 관련 법령의 적용은 특별지역이 산업단지로 조성이 되거나 의제(산업단지로 보는 것을 의미)된 경우에는 '특별지역과 관련된 특별법 규정 검토 → 「산업집적법」상 산업단지 공장설립 관련 규정 검토'로 하고, 특별지역이 산업단지가 아닌 경우에는 '특별지역과 관련된 특별법 규정 검토 → 「산업집적법」상 산업단지 밖 공장설립 관련 규정 검토'를 한다.

입지 유형에 따라 공장 설립 절차, 인·허가 검토 사항 등에 차이가 있으니 공장을 설립하려는 곳이 어떤 지역인지 먼저 확인하여야 한다.

공장등록 절차는 기본적으로 박스 안의 내용과 같다. 다만 외국인투자지역, 창업보육센터 등 특별지역(건물)은 절차가 다르다. 또한 산업단지도 지역 여건에 따라 절차가 조금씩 다르기도 한다. 이 책에서 안내되는 절차는 기본적인 절차 흐름이다.

○ 제조업소(공장건축면적 500㎡ 미만으로 제2종 근린생활시설, 공장 건축물 사용)
 - (절차) 공장등록신청 접수 → 공무원 현장 확인(생산품, 기계설비 등 사업계획서 내용 확인)
 - 공장등록 (환경허가 대상 시설이 있는 경우 공장등록 신청 전에 허가를 받아야 함)
○ 개별입지에 공장 설립등의 승인 신청 절차(공장건축면적 500㎡ 이상으로 새로 공장을 건축
  하는 경우)
 - (절차) 공장신설승인신청 접수 → 관련부서 협의 → 공장신설승인 → 공장건축허가 → 공장
   건축물 준공 → 기계설비 설치 → 환경허가(대상시설이 있는 경우) → 공장설립완료신고 서
   제출 ▷ 공무원 현장 확인(생산품, 기계설비 등 사업계획서 내용 확인) → 공장 등록
○ 개별입지에 제조시설 설치 승인 절차(공장건축면적 500㎡ 이상으로 기존 공장을 사용하는
  경우)
 - (절차) 공장 제조시설 설치 승인 신청 접수 → 관련부서 협의 → 공장 제조시설 설치승인 →
   기계 설비 설치 ▷ 환경허가(대상 시설이 있는 경우) ▷ 공장 설립 완료신고 제출 ▷ 공무원
   현장 확인(생산품, 기계설비 등 사업계획서 내용 확인) ▷ 공장 등록
○ 개별입지에 창업 사업계획 승인 절차(창업 중소기업이 공장 신축 시 용도지역의 변경을 수반
  하는 경우)
 - (절차) 사업계획 승인 신청 접수 → 관련부서 협의 → 사업계획 승인 → 공장건축 → 완료신
   고 → 공장등록
○ 산업단지 입주 절차
 - (절차) 입주계약 신청 → 공장 건축 → 완료신고 → 공장등록

산업단지와 그 밖의 지역을 계획입지, 개별입지로 지칭하기도 한다. 이때의 계획입지는 '산업을 육성하기 위해 계획적으로 조성한 지역'을 의미하는데 산업단지(국가·일반·도시첨단·농공)만을 의미한다. 개별입지는 '산업을 육성하기 위해 계획적으로 조성한 지역 이외의 모든 지역(전 국토)'을 의미한다(이하 '산업의 계획입지와 개별입지').

※ 참고

개별입지와 계획입지 용어를 쓸 때 주의해야 할 점이 있다. 일반적인 '개별입지와 계획입지' 정의가 위와 다르기 때문이다. 일반적인 의미로 계획입지는 '공공이 조성한 토지를 분양·임대 받아 공장·주택 등의 시설을 설치하는 곳'을 의미하여 산업단지만을 의미하지 않는다. 계획적으로 조성된 곳 모두를 의미한다. 그리고 개별입지는 '계획적으로 조성한 지역 이외의 모든 토지(계획적으로 조성되지 않은 지역에 민간이 직접 부지를 매입·개발하여 시설을 설치하는 것)'를 의미한다.

실무상 이 원인으로 용어 사용에 차이가 나는 경우가 있다.

도시를 계획적으로 조성하여 분양한 경우 계획입지에 해당하지만, '산업의 계획입지'인 산업단지는 아니기 때문에 이곳에 공장을 설립하게 되면 문서 등에 '개별입지에 공장을 설립하였다'고 표현되기도 한다. 인터넷이나 각종 공문서를 볼 때 이 용어를 혼용하여 사용하므로 주의가 필요하다.

산업의 개별입지와 계획입지의 장단점은 아래와 같다.

〈표 100 - 개별입지와 계획입지의 장단점〉

구분	개별입지	계획입지
장점	○ 원하는 장소에 입지선정 가능 ○ 원하는 크기의 입지 선정 가능 ○ 저렴한 토지확보 가능	○ 공장설립절차 간소화 및 설립 기간 단축 ○ 기반시설 공유 및 제조업 집적에 따른 경제효과
단점	○ 입지 탐색 및 개발절차 복잡 ○ 토지 용도변경의 어려움 ○ 유틸리티 확보 곤란 ○ 주민과 마찰 가능성 상대적으로 높음 ○ 폐수처리장 건설 등 추가 비용 발생	○ 조성된 곳에서만 사업 가능 ○ 입지 부족(전국 산업단지 분양율 94.7%) ○ 특정 제조업은 사업 가능 산업단지 찾기 어려움(대다수 산업단지에 입주 허용 업종이 아니기 때문임) ○ 원하는 넓이·형상의 공장용지 찾기 곤란(특히 소기업을 위한 소규모 입지 제공은 많지 않음) ○ 인접 기업과 마찰 가능성 있음

개별입지와 계획입지 공장의 차이는 아래와 같다.

〈표 101 – 개별입지와 계획입지의 공장 차이〉

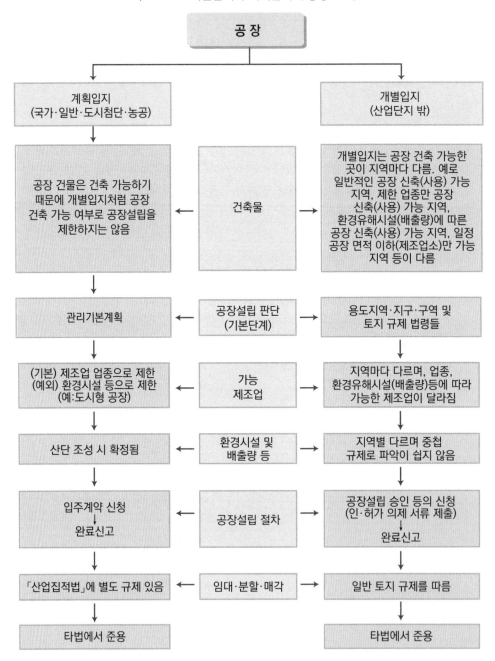

1. 스타트업·소기업 육성 지역(건물)

스타트업 및 소기업 육성 지역은 Kstartup(창업넷)에 전반적으로 잘 안내가 되어 있다(Kstartup(창업넷)의 '시설·공간'에서 안내). 아래 내용은 참고용으로 몇 개를 안내하는 정도이니 Ktartup 홈페이지를 참고하기 바란다. 아래 소개 지역(건물) 중에는 제품 제조 환경에는 적합하지 않은 곳도 있다. 다만 제조업 창업 준비, 연구개발 등에 있어서는 많은 도움을 받을 수 있으므로, 본인의 사업에 적합한 곳을 찾아보길 권한다.

1.1 창업보육센터

1.1.1 조성목적 및 유형

창업초기기업(또는 예비창업자)을 일정 기간 입주시켜 창업에 필요한 종합적인 지원한다. 기술개발에 필요한 범용기기 및 사업장 제공, 자금지원, 기술 및 경영지도 등 다양한 지원을 받을 수 있다.

1.1.2 인센티브 및 입주기준(입주절차)

(1) 인센티브

기술, 경영, 행정, 자금 부문으로 나눠서 각 단계별(창업→기술개발→상품화→사업화)로 지원.

(2) 입주대상

예비창업자와 입주 신청일 현재 중소기업을 창업하여 사업을 개시한 날로부터 3년이 경과 되지 않은 기업[「창업보육센터 운영요령」 제26조제1항].

① 창업보육센터 입주 기간은 최초입주일로부터 6개월 이상 3년 이내만 가능
② 생명공학, 나노공학 등 장기보육이 필요한 첨단기술업종을 영위하는 입주자 또는 생산형 입주자는 입주자가 창업한 때로부터 7년을 초과 하지 않은 범위 내에서 최대 2년간 입주기간을 연장하여 보육할 수 있음
③ 당해 보육실 면적의 20% 이내에서 보육센터별 심사위원회를 거쳐 입주자가 창업한 때로부터 10년을 초과하지 않는 범위 내에서 최대 3년간 추가로 입주기간을 연장하여 보육할 수 있으며, 이 경우 입주자는 당해 기관 또는 다른 기관의 보육센터 졸업기업을 포함함

1.1.3 유형별 별도 규제사항

입주절차

〈표 102 – 창업보육센터 입주 절차〉

입 지	내 용
입주기업 모집 계획 수립	일정, 지원자격, 선발방법, 입주조건 등
입주기업 모집 공고	정기, 수시 공고
입주신청서 접수	사업계획서 및 구비서류 등 제시
서류심사	지원자격, 제출구비서류 확인
발표심사 일정 통보	발표심사 및 발표자료 제출 일정
발표심사	입주신청에 따른 창업사업내용 심사
입주기업 선정	입주자 심사 확정 및 내부기안 작성 후 결과통보
입주계약 체결	계약내용 확인 후 계약서 작성
입주	입주일 확정

1.1.4 관리기관

대학(국립, 공립, 사립), 연구기관, 정부/지자체, 공공기관, 재단/협회, 민간기관에서 관리 중임. 이 중 대학이 가장 많음.

1.1.5 관련 법령 및 체계도

- 「중소기업창업 지원법」
- 「창업보육센터 운영요령」

1.1.6 홈페이지

창업보육센터 네트워크시스템(www.bi.go.kr)

1.1.7 지정 현황

현재 전국에 261개가 지정되어 있음. 전국 창업보육센터 위치, 연락처, 입주기업 등의 확인을 원할 시 '창업보육센터 네트워크시스템(www.bi.go.kr)'에 접속하여 '정보마당 → 센터검색'으로 들어가면 확인 가능.

1.2 1인 창조기업 지원센터

1.2.1 조성목적 및 유형

1인 창조기업에 사무공간을 제공하고 세무·법률 등에 대한 전문가 자문, 교육 등 경영지원, 지원센터 창출 및 사업화를 지원한다.

1.2.2 인센티브 및 입주기준

(1) 인센티브(지원내용)
- 사무공간 : 사무(작업)공간 및 회의실, 상담실, 휴게실 등 지원센터 공간 지원
- 경영지원 : 세무·회계·법률·마케팅·창업 등 전문가 상담, 교육, 정보제공 등 경영지원(무료)

- 사업화 지원 : 1인 창조기업과 외부기관(기업)간 프로젝트 연계 및 수행 기회 제공, 지식서비스 거래 및 사업화 지원
- 시설이용 : 팩스, 프린터, PC 등 사무용 집기 이용 지원

(2) 입주기준

1인 창조기업

- 1인 창조기업이란 창의성과 전문성을 갖춘 1인이 상시근로자 없이 사업을 영위하는 자(단, 부동산업 등 대통령령으로 정하는 업종을 영위하는 자는 제외)
- 공동창업자, 공동대표, 공동사업자 등 공동으로 사업을 영위하는 자가 5인 미만인 경우 인정
- 1인 창조기업이 규모 확대의 이유로 1인 창조기업에 해당 되지 아니하게 된 경우에도 3년간은 1인 창조기업으로 인정

업종

제조업의 경우 담배제조업(12), 코크스, 연탄 및 석유정제품 제조업(19), 1차 금속 제조업(24) 이 외에는 모두 가능.

1.2.3 유형별 별도 규제사항

입주절차

Kstartup 홈페이지에 회원가입 후 입주 신청 가능하며 절차는 Kstartup 홈페이지에서 확인 가능.

1.2.4 관리기관

- 각 1인 창조기업 지원센터

1.2.5 관련 법령 및 체계도

- 「1인 창조기업 육성에 관한 법률」
- 「1인 창조기업 지원사업 운영 등에 관한 고시」

- 「1인 창조기업 비즈니스센터 운영지침」

1.2.6 홈페이지

Kstartup(창업넷) www.k-startup.go.kr

1.2.7 지정 현황

Kstartup(창업넷)에 전국 1인 창조기업 지원센터 리스트, 연락처 등을 확인할 수 있음.

1.3 그 외 지역

1.3.1 중장년 기술창업센터

중장년(40세 이) (예비) 창업자가 경력·네트워크·전문성을 활용하여 성공적인 창업을 할 수 있도록 지원한다.

- 지원대상 : 중장년(40세 이상) (예비)창업자
- 위 치 : 전국 27개(Kstartup 홈페이지 참고)
- 연 락 처 : Kstartup 홈페이지 참고

1.3.2 출판지식창업보육센터

출판 관련 창업 기업 또는 예비창업자를 대상으로 사업화 공간을 제공하고 안정적인 경영 및 성장을 지원함으로써 출판 일자리 창출 및 출판산업 분야의 확산에 기여하기 위해 출판지식창업보육센터를 설립·운영한다.

- 지원대상 : 입주자격: 출판 관련 예비창업자 및 창업 3년 미만인 출판 창업 초기 기업
- 위 치 : 서울시 마포구 월드컵북로400 문화콘텐츠센터(서울산업진흥원 건물)

1.3.3 창조경제혁신센터

전국 17개 창조경제혁신센터 구축·운영을 통해 지역 인재의 창의적 아이디어 사업화 및 창업 등을 지원한다.

- 지원대상 : 예비창업자, 창업 후 3년 미만 기업
- 위　치 : Kstartup 홈페이지 참고
- 연 락 처 : www.k-startup.go.kr

1.3.4 판교밸리 창업존

新산업 분야 유망 (예비)창업기업을 발굴하여 입주공간 제공 및 보육, 글로벌 진출 등 성장 집중 지원한다.

- 지원대상 : 예비창업자 및 창업 7년 미만 기업
- 위　치 : 경기도 성남시 수정구 대왕판교로 815 판교제2테크노밸리 기업지원허브
- 연 락 처 : Kstartup 홈페이지(www.k-startup.go.kr) 참고

1.3.5 구미전자정보기술원

전자정보기술원 내에서 제조업 공장을 할 수 있다(아파트형 공장 형태). 기술원의 시험·분석 장비를 이용할 수 있고, 저렴한 임대료, 다목적홀, 세미나실, 운동장 등을 사용 가능하다.

- 입주대상 : 과도한 소음, 진동, 폐수 등 공해유발 기업체 등이 아니면 제조업 가능
- 지원사항 : 각종 인증, 특허 획득 및 기술 이전 관련 지원, 중소기업 지원사업 정보제공, 기술 자문 지원, 애로기술, 신기술·신제품 연구개발 연계 지원
- 위　치 : 경북 구미시 산동면 첨단기업1로 17 구미전자정보기술원
- 연 락 처 : 대표전화 T. 054-479-2002 / 장비지원 T. 054-479-2176
- 홈페이지 : http://www.geri.re.kr

1.3.6 테크노파크

지역 산·학·연·관이 네트워크를 구축하고, 지식기반 강소기술기업을 발굴 및 육성하는 지역산업 육성 거점기관이다. 각 테크노파크는 해당 지역 여러 곳에 기업이 입주할 수 있는 건물을 보유하고 있고, 특정 산업을 집적시키기 위한 건물을 별도로 보유한 테크노파크가 있다. 테크노파크는 다양한 사업을 펼치고 있고, 스타트업 기업부터 중소기업까지 입주할 수 있는 공간을 제공하고 있어 입주 시 다양한 혜택을 볼 수 있다.

- 입주대상 : 전국 19개 테크노파크 각 홈페이지에서 입주절차 안내
- 연 락 처 : 각 테크노파크 홈페이지
- 홈페이지 :
  - 한국테크노파크진흥회(http://www.technopark.kr) : 전체 테크노파크 통합 안내
  - 지역산업종합정보시스템(http://www.rips.or.kr) : 서울, 인천, 경기를 제외한 테크노파크를 통합 안내하고 있음. 각 테크노파크의 보유 장비, 지원프로그램 등을 통합적으로 볼 수 있는 장점이 있음

각 테크노파크 홈페이지

〈표 103 – 테크노파크 홈페이지〉

테크노파크	홈페이지
서울	http://seoultp.or.kr
인천	www.itp.or.kr
경기	www.gtp.or.kr
경기대진	http://gdtp.or.kr
강원	http://gwtp.or.kr
충북	www.cbtp.or.kr
충남	http://ctp.or.kr
세종	http://sjtp.or.kr
대전	www.djtp.or.kr
경북	http://gbtp.or.kr
대구	http://ttp.org

테크노파크	홈페이지
포항	www.ptp.or.kr
경남	www.gntp.or.k
울산	www.utp.or.kr
부산	www.btp.or.kr
전북	www.jbtp.or.kr/
광주	http://www.gjtp.or.kr
전남	www.jntp.or.k
제주	http://jejutp.or.kr

2. 소규모 공장(대도시 내, 산업단지 내외, 빌딩 형태 등)

2.1 지식산업센터

2.1.1 조성목적 및 유형

(1) 조성목적

지식산업센터는 아파트형 공장의 다음 유형이다. 아파트형 공장은 제조업만 입주가 가능하였는데, 산업이 융복합되면서 정보통신, 지식산업 등이 제조업과 함께 집적되어야 할 필요성이 대두되면서 도입되었다.

기존의 아파트형 공장은 법으로 지식산업센터로 지칭하도록 명칭 변경되었으나, 실무상 제조업 중심의 지식산업센터를 홍보하기 위해 여전히 아파트형 공장이라는 용어를 사용하기도 한다.

지식산업센터는 도시형 제조업 집적시설로 공장 규모가 작고, 환경오염과 관련이 적은 제조업 업종이 사업을 하기에 적합하다. 그러나 요즘은 도금업과 같은 영세 산업을 밀집시키기 위해 지식산업센터를 짓기도 한다.

(2) 유형

제조업 중심·비제조업 중심

지식산업센터는 제조업 육성을 위해 도입한 건축물 유형이다. 그래서 하중이나 공간 구조가 여타 건축물과 상이한 점이 있다. 예를 들면 제조업의 특성상 고중량의 기계를 많이 사용하기 때문에 제조업을 위해 건축된 지식산업센터는 하중이 높다. 또한 공장을 하다보면 제조 공간을 넓혀야 하는 경우가 있는데 이를 위해 호실별 격벽을 쉽게 제거할 수 있도록 건축되어 있다. 또한 물류차량이 각 호실 앞까지 도달하여 원재료나 생산품을 바로 싣고 내릴 수 있도록 되어 있는 지식산업센터도 있다.

그런데 이런 지식산업센터는 제조업을 위해 지어진 경우이고, 요즘은 오피스 환경에 적합하게 건축되는 지식산업센터가 있다. 이런 지식산업센터는 하중이 높지 않고, 물류차량이 각 호실 앞까지 도달하는 구조도 아니다. 다만 공동 회의실, 휴게실 등 편의시설이 잘 갖춰져 있으며, 최근에 지어진 지식산업센터는 발코니 제공으로 공간 활용성이 증대된 곳도 있다. 따라서 지식산업센터를 구할 때는 어떤 유형에 해당하는지 먼저 확인하여야 한다.

산업단지 내·산업단지 밖

동일한 지식산업센터도 어디에 위치하느냐에 따라 규제사항이 달라진다. 산업단지 내에 있는 지식산업센터의 경우 산업단지 밖에 있는 것과 달리 임대에 있어 별도의 제한 사항이 있다. 또한 매각 시에도 공장등록이 되어 있지 않으면 처분신청 절차를 거쳐 매각을 해야 한다. 임대와 매각은 소기업 입장에서는 자산 운용 관점에서 매우 중요하므로 미리 이 부분에 대해 확인을 하여야 한다. 산업단지 밖 지식산업센터는 매매와 임대 방식이 일반 부동산과 동일하다.

공공·민간

공공기관에서 제공하는 지식산업센터는 분양과 임대 두 가지 방식이 있다. 임대의 경우 임대료가 저렴한 장점이 있다. 또한 일부 기관에서는 제조업에 적합하게 지식산업센터를 건축하여 입주기업의 만족도를 최대한으로 끌어내기도 한다. 예를 들면 마산자유무역지역에 '표준 공장'이라 불리는 지식산업센터가 있는데, 층고도 높고 하중도 높아 입주 기업들의 만족도가 매우 높다. 민간의 지식산업센터는 대부분 분양을 한다.

2.1.2 인센티브

2020년 12월 31일까지, 창업 후 4년 내 중소기업(창업중소기업 요건에 맞는 경우)일 경우 취득 시 감면 받을 수 있다. 재산세도 감면된다(「지방세특례제한법」 제58조의3).

2.1.3 유형별 규제사항

(1) 입주절차

산업단지 내 지식산업센터에서 제조업을 할 경우 관리기관에 '입주계약 → 제조시설 설치 → 완료신고'를 하여 공장등록을 반드시 해야 한다. 산업단지 밖의 지식산업센터의 경우 개별입지 공장등록 절차로 진행하면 된다. 다만 '제조업소'의 형태로도 제조업이 가능하기 때문에 반드시 공장등록을 해야 하는 것은 아니다. 지식산업센터 중 과거에 '아파트형 공장'으로 불렸던 건축물들은 차이가 있을 수 있으므로 사전에 확인 필요하다.

(2) 입주 가능 제조업 업종

산업단지 안

산업단지 안은 관리기본계획에 의한다.

산업단지 밖(공업지역)

분양 공고 등을 확인하여야 한다.

그 외 지역

수도권은 「수도권정비계획법」의 3대 권역에 따라 입주 업종이 달라지고(「산업집적법 시행령」 제26 ~ 제27조의2), 수도권 이외의 지역은 산업단지나 공업지역이 아닌 경우 도시형공장(「산업집적법 시행령」제34조제2호에 따른 도시형공장은 제외) 업종만 가능하다.

(3) 조세중과

수도권 과밀억제권역은 취득세가 3배 중과된다. 다만 과밀억제권역 내라도 산업단지, 유치지역, 공업지역 내의 지식산업센터는 중과되지 않는다.

2.1.4 관리기관

산업단지 내는 관리기관이고, 산업단지 밖은 시·군·구와 같은 지자체이다.

2.1.5 관련 법령 및 체계도

• 「산업집적법」
• 「관리기본계획」(산업단지 내 지식산업센터만 해당)

2.1.6 지정 현황

전국에 총 1,097개가 지정되어 있고, 767개가 등록되어 기업이 입주했거나 하고 있다(이 외는 건축 중).

〈표 104 - 지역별 지식산업센터 개수, 2019.10.기준〉

지역	강원	경기	경남	경북	전남	전북	충남	충북
개수	11	462	32	9	19	11	4	15

지역	광주	대구	대전	부산	서울	세종	울산	인천	제주
개수	16	32	12	44	349	1	6	67	7

3. 산업단지

3.1 산업단지 유형

법상 산업단지의 유형은 4가지뿐이다.

〈표 105 – 산업단지 유형〉

구분	내용
국가산업단지	국가기간산업, 첨단과학기술산업 등을 육성하거나 개발 촉진이 필요한 낙후지역이나 둘 이상의 특별시 · 광역시 · 특별자치시 또는 도에 걸쳐 있는 지역을 산업단지로 개발하기 위하여 제6조에 따라 지정된 산업단지
일반산업단지	산업의 적정한 지방 분산을 촉진하고 지역경제의 활성화를 위하여 제7조에 따라 지정된 산업단지
도시첨단산업단지	지식산업 · 문화산업 · 정보통신산업, 그 밖에 첨단산업의 육성과 개발 촉진을 위하여 「국토의 계획 및 이용에 관한 법률」에 따른 도시지역에 제7조의2에 따라 지정된 산업단지
농공단지	대통령령으로 정하는 농어촌지역에 농어민의 소득 증대를 위한 산업을 유치 · 육성하기 위하여 제8조에 따라 지정된 산업단지

국가산업단지는 총 44개가 지정되어 있는데, 4개 산업단지 유형에서 고용 49.3%, 생산 54.0%, 수출 51.3%을 차지한다[3].

〈표 106 – 산업단지 지정면적〉

단지유형	단지수 (개)	지정면적 (천㎡)	관리면적 (천㎡)
국 가	44	787,030	597,910
일 반	664	546,265	539,786
도시첨단	27	7,340	7,333
농 공	471	76,753	76,279
총 합	1,206	1,417,388	1,221,308

* 출처 : 한국산업단지공단 2019년 1분기 현황통계

---

3   2019.1분기 기준, 한국산업단지공단

〈표 107 – 산업단지 입주기업체, 가동업체, 고용〉

단지유형	입주업체 (개)	가동업체 (개)	고용 (명)
국 가	54,543	49,708	1,097,104
일 반	39,266	35,863	968,375
도시첨단	628	391	10,100
농 공	7,413	6,598	148,182
총 합	101,850	92,560	2,223,761

* 출처 : 한국산업단지공단 2019년 1분기 현황통계

일반산업단지와 농공단지는 개수는 많으나 대부분 중소규모로 조성하기 때문에 국가산업단지와 비교하여 지정 면적이 넓지 않다. 보통 업종도 몇몇 업종만 입주가 가능한 산업단지가 많으며, 농공단지의 경우 몇 개 기업만 있는 경우도 많다. 농공단지는 조성을 먼저 하고, 분양하기도 하지만, 몇몇 기업이 함께 공장을 신축하길 원하는데 마땅한 공장용지가 없는 경우 농공단지로 지정을 하여 기업을 입주시키기도 한다.

한국산업단지공단에서는 매년 산업단지 현황지도(전국 및 지역별)를 무료 배포하고 있다. 홈페이지에서 다운로드 가능하다.

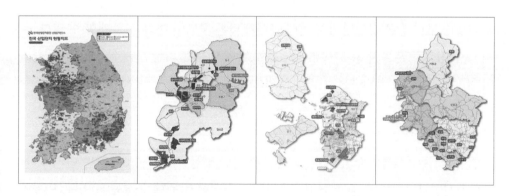

3.2 산업단지 명칭에 대한 오해

'○○단지'라는 용어는 정말 많이 사용되는 용어 중 하나이다. 산업단지, 의료복합단지, 한방단지, 중고자동차매매단지 등 다양하게 사용되고 있다. 이러하다 보니 실

무상 문제가 발생하기도 한다. 산업단지라고 부르지 않는 곳들도 산업단지 규제를 받기도 하고, 산업단지라고 부르는데 산업단지와 다른 규제·절차를 따라야 하기도 한다. 별다른 문제가 아닌 것 같지만 공장을 새로 짓거나 이전을 준비하는 기업 입장에서는 정보 수집에 애로를 발생시키고, 입지를 확보했다고 생각했는데 규제가 달라서 여러 어려움을 겪기도 하기 때문에 이 부분에 대한 이해가 필요하다.

법상 우리나라에서 인정되는 산업단지는 4가지 유형뿐이다.(「산업입지 및 개발에 관한 법률」 제2조제8호) 국가산업단지, 일반산업단지, 도시첨단산업단지, 농공단지이다. 농공단지를 제외하고는 명칭만으로 산업단지임을 바로 알 수 있다. 그렇다면 산업단지로 지칭을 하는데 산업단지와 다른 규제·절차가 있는 곳은 어떤 이유에서일까?

3.2.1 타법령으로 산업단지 내에 또 다른 용도를 추가 지정

예를 들면 단지형 외국인투자지역은 산업단지에 지정한다. 산업단지 안에 또 다른 특별지역이 만들어 지는 것이다. 구미국가 제4산업단지를 가보면 이 단지 안에 개별형 외국인투자지역, 단지형 외국인투자지역, 부품·소재형 외국인투자지역이 별도로 지정되어 있다. 또한 국토교통부에 의해 '국민임대산업단지'도 지정되어 있다.

이렇다 보니 같은 산업단지 내인데 규제가 다른 구역이 여러 곳 존재할 수 있다. 실제 이런 점으로 혼동이 생기는데, 산업단지 안에 미분양 외국인투자지역에 국내기업이 공장을 지을 수 있느냐는 문의가 들어오는 경우이다.

3.2.2 물류단지와 같은 곳을 산업단지로 오해하는 경우

물류단지는 「물류시설의 개발 및 운영에 관한 법률」에 의해 조성되는 단지로, 물류단지시설과 지원시설을 집단적으로 설치 · 육성하기 위해 조성된 곳이다. 이곳에서도 공장이 가능[4]한데 그러다보니 물류산업단지로 지칭되기도 하여 산업단지의 한 유형으로 오해하기도 한다. 산업단지 법령으로 조성된 곳이 아니어서 산업단지 내 공장과 관련된 규제와 절차가 적용되지 않는다.

---

4 물류터미널 전체 바닥면적 합계의 4분의 1 이하로 가공·조립시설을 운영할 수 있다(「물류시설의 개발 및 운영에 관한 법률 시행령」 제2조제1항, 제3항제3호)

3.2.3 산업단지로 부르지 않지만 산업단지 규제를 받는 곳들

첫째 원인은 산업단지 명칭에 반드시 '산업단지'라고 표기를 하도록 강제하지 않는 점에 있다. 예를 들면 인천에 식품제조업만 들어올 수 있는 산업단지가 조성되어 있는데, 명칭이 'I-Food Park'로 일반산업단지에 해당한다. 그런데 명칭이 I-Food Park이다 보니 산업단지로 인식하지 못하는 경우도 발생할 수 있다. '음식 관련 산업이 몰려 있는 곳인가?' 오해할 수 있다.

둘째는 의제 규정 때문이다. 다른 법령으로 지정된 지역·지구·구역 등을 위의 4가지 유형의 산업단지 중 하나로 본다는 법규 때문에 명칭은 산업단지가 아니나, 산업단지 규정이 적용된다. 예로 연구개발특구의 경우 특구가 지정된 후 특구개발계획이 고시되면 그 내용에 따라 국가산업단지 · 일반산업단지 및 도시첨단산업단지로 지정된 것으로 본다(「연구개발특구의 육성에 관한 특별법」 제43조제1항). 「벤처기업육성에 관한 특별조치법」에 의해 지정되는 신기술창업집적지역의 경우 일정 요건에 해당하면 도시첨단산업단지로 보는 의제 규정이 있다(「벤처기업육성에 관한 특별조치법」 제17조의4제3항).

셋째는 산업단지로 지정된 곳에 타법의 지역·지구·구역을 추가로 지정하였기 때문이다. 단지형 외국인투자지역은 국가산업단지나 일반산업단지에 지정할 수 있으며, 도시첨단산업단지의 경우 새로 개발할 때 단지형 외국인투자지역으로 지정할 수 있다. 즉 산업단지로 지정된 곳에 단지형 외국인투자지역을 지정하기 때문에 공장설립 및 절차와 관련된 규정은 산업단지의 규정을 따르는 것이다.

※ 참고

다만 이 경우 외국인 투자와 관련된 절차가 추가되기 때문에 '산업단지 관련 절차 + 외국인 투자 관련 절차'의 형태가 된다(「외국인투자촉진법」 제18조제1항제1호).
이런 원인으로 외국인투자지역의 경우 「외국인투자지역운영지침」이 중요해지는데, 외국인 투자에 관한 절차와 산업단지 내 공장설립과 관련된 절차를 사업에 맞게 적절하게 혼합해서 다뤄야 하기 때문이다. 이 원인으로 외국인투자지역의 경우 산업단지 관리에 관한 기본 규정 중 하나인 '관리기본계획'이 「외국인투자지역운영지침」에 별도로 규정되어 있다.

넷째는 타법으로 산업단지 지정 절차에 따라 조성된 경우이다. 첨단의료복합단지는 의료산업 발전을 위해 보건복지부에서 조성하는 단지인데, 국가산업단지로 지정하여 개발하여야 한다(「첨단의료복합단지 지정 및 지원에 관한 특별법」 제7조제2항). 다만 현재 첨단의료복합단지 내에는 R&D 기관과 국가출연기관 등만 입주하여 의료 연구개발 단지로 조성이 되었고, 제조업이 입주 가능한 지역은, 오송의 경우, 인근에 오송생명과학단지와 오송제2생명과학단지를 조성하여 입주할 수 있게 하고 있다.

이와 같이 산업단지는 명칭으로 판단하면 안 된다. 산업단지 여부를 확인하는 방법 중 하나는 '관리기본계획'이 있으면 산업단지이다. 산업입지정보시스템(https://www.industryland.or.kr)에 접속하여 '산업단지→산업단지 고시/공고'에서 명칭을 검색해서 관리기본계획(또는 실시계획, 개발계획)이 검색되면 법상의 4개 유형 중 하나인 산업단지이다.

3.3 산업단지의 5가지 구역(산업시설구역·지원시설구역·공공시설구역·녹지구역·복합구역)

산업단지는 5가지 구역으로 구분하여 관리될 수 있다. 산업시설구역 · 지원시설구역 · 공공시설구역 · 녹지구역 · 복합구역인데 이 중 제조업이 가능한 구역은 산업시설구역과 복합구역이다. 산업단지에서 제조업 업종에 따라 기업 입주를 제한한다고 하는 구역이 바로 산업시설구역으로 공장이 밀집된 구역이다.

복합구역은 몇 년 전에 신설된 구역인데, 제조업과 편의점 같은 지원시설이 함께 복합적으로 입주할 수 있는 곳이다. 대부분의 산업단지에는 없으며 신설되는 산업단지에 조성되기도 한다. 산업단지 조성 시 산업시설구역을 제외한 나머지 4가지 구역은 필요에의해 조성되기도 하고, 되지 않기도 한다.

3.4 산업단지만의 특별한 규정(관리기본계획, 매각, 임대, 분할) 및 유의사항

산업단지에만 있는 특별한 규정이 있다.

3.4.1 관리기본계획

산업단지를 별도로 관리하는 기관을 '관리기관'이라고 한다. '관리'라고 하니 모든 업무를 할 것 같지만 그렇지 않다. 산업단지 내 공장 설립, 임대, 분할, 매각 정도만 중점 업무로 하고 있으며, 나머지 업무 대부분은 산업단지가 있는 지자체에서 한다. 예를 들면 도로 관리, 녹지지역 관리, 환경규제 등 대부분의 업무가 지자체 소관이다. 즉, 관리기관이 하는 일은 산업단지와 관련된 업무 중 일부분에 지나지 않는다.

다만 관리기관의 업무는 공장과 관련하여 핵심 사항이어서 매우 중요하다. 예를 들면 해당 산업단지에 공장 설립이 가능한지를 확인하려면 산업단지마다 규정되어 있는 '관리기본계획'을 확인하여야 한다. 관리기본계획에 입주 가능 업종, 업종별 단지 배치 계획 등이 명시되어 있기 때문이다. 관리기관은 이 관리기본계획으로 기업의 입주 가능 여부를 심사한다.

관리기본계획으로 알 수 있는 중요 사항은 해당 구역에 어떤 업종의 제조업이 들어올 수 있는지, 어떤 건축물을 건축할 수 있는지 등 업종과 건축물이다. 이 외에 관리기본계획 마다 다르지만, 최소 필지 분할면적이나 분양 한도를 명시해 두기도 하며, 일반산업단지의 경우 건축물의 외관 등을 관리기본계획으로 제한하기도 한다. 각 산업단지별로 관리기본계획에 특별한 규정을 두는 경우가 있으니, 관리기본계획은 꼼꼼이 읽어봐야 한다. 관리기본계획상의 업종 판단은 관리기관에서 한다.

각 산업단지별 관리기본계획은 산업입지정보시스템(https://www.industry-land.or.kr)에 접속하여 '산업단지 →산업단지 고시/공고'에서 검색이 가능하다.

다음은 관리기본계획의 실례를 안내한다(부분 발췌). 어떻게 구성이 되어 있는지 파악하면, 다른 관리기본계획을 볼 때에도 많은 도움이 된다. 산업단지별로 관리기본계획의 내용에는 차이가 있지만 아래가 기본적인 형태이다.

⊖ (예시) 명지·녹산국가산업단지 관리기본계획

1. 산업단지의 개요

　가. 산업단지의 위치 및 관리기관

　　(1) 산업단지의 위치 : 부산광역시 강서구 명지동·송정동, 경상남도 진해시 용원동 일원

　　(2) 산업단지 관리기관 : 한국산업단지공단

　나. 조성 및 추진경위(분량상 생략[이하 '생략'])

　다. 분양현황(생략)

　라. 입주현황(생략)

　마. 입지여건 및 기반시설 현황(부분 발췌)

구 분		'15.11월 현재	확충계획
			규모
교통 시설	도로	○진입도로 : L=89천m, B=4~35m ○고속도로 : 남해IC 10㎞, 경부IC 20㎞	–
	철도	○경부선, 동해남부선 부산역 15㎞	–
	항만	○부산항 이용 　-화물능력 : 54,975톤	○부산 신항부두 30선식
	공항	○김해국제공항 : 8㎞	–
유통 공급	용수	○공업용수 : 78천㎥/일 ○생활용수 : 41천㎥/일	–
	전력	○변전소 2개소(308kV) 　- 용량 : 36만KVA	–
	통신	○공급능력 : 3,000회선	○추후 증설 가능
환경기초 시설	폐수	○하수종말처리 　- 160천톤/일	○폐기물처리장 : 205,581㎡

2. 산업단지의 조성목적 및 관리방향

　가. 조성목적

　　(1) 부산 대도시권의 광역적 정비 및 도시환경 개선

　　(2) 부산지역 경제활성화를 위한 산업기반 강화

　　(3) 개발 및 환경보전의 조화에 의한 국토확장

　나. 관리기본방향

　　(1) 산업단지 구조고도화를 통한 업종첨단화 유도

(2) 혁신클러스터 구축을 통한 입주기업 혁신지식 창출 및 경쟁력 확보

(3) 단지 내 정보화기반 및 산업집적기반시설의 확충

(4) 합리적 공장배치 및 효율적 용도관리를 통한 산업발전 도모

(5) 환경친화적 산업시설 유치로 쾌적한 산업단지 건설

다. 산업단지의 발전전략

　(1) 지방자치단체의 산업육성전략 등

　　가) 특화산업 : 항공

　　나) 성장산업 : 전자부품 및 IT제품

　　다) 주력산업 : 초정밀융합부품, 지능형기계부품, 바이오헬스, 금형열처리, 디지털콘텐츠

　(2) 산업단지의 입주우선 순위

　　가) 산업구조 고도화를 촉진하기 위한 첨단업종

　　나) 기존 업체와의 계열, 협력화를 위한 연관업종

　　다) 외국인 투자촉진을 위한 외국인 투자기업

　　라) 기존 경제 활성화에 기여도가 큰 전략산업

　　마) 중소기업진흥공단으로 부터 협동화사업 승인을 받은 사업(환경오염업종의 집단화에 한함)

　　바) 「조달청 물품구매적격심사 세부기준」 별표1에 따른 청년고용우수기업(Ⅲ.신인도 심사항목 참고)

　　사) 「조달청 물품구매적격심사 세부기준」 별표1에 따른 신규채용우수기업(Ⅲ.신인도 심사항목 참고)

　　아) 「중소기업창업 지원법」 제2조 제2호에 따른 창업자

　　자) 「중소기업창업 지원법」 제2조 제2호의2에 따른 재창업자

3. 산업단지의 용도별 구역 및 업종별 배치 계획 등

　가. 산업단지의 용도별 구역

　　(1) 용도별 구역 면적(생략)

　　(2) 산업시설구역 내 특정용도(생략)

　　(3) 용도별 구역 평면도 : 별첨#1

　나. 산업시설구역

　　(1) 입주대상업종 및 입주기업체의 자격

가) 한국표준산업분류표상 전제조업을 영위하고자 하는 자. 단, 아래의 업종은 입주를 제한

구 분	입 주 제 한 업 종
연탄, 석탄	연탄 및 기타 응집 유.무연탄 생산업, 갈탄 및 토탄광업, 코크스 및 관련제품 제조업
시멘트 및 시멘트제품	시멘트제조업, 레미콘제조업, 비내화모르타르제조업, 콘크리트타일, 기와.벽돌 및 블록제조업, 콘크리트관 및 조립구조재 제조업, 그 외 기타콘크리트 제품 제조업
아스팔트 및 포장재료	아스콘제조업, 아스팔트 성형제품제조업, 기타 석유정제물 재처리업
도정및도축업	도축업, 곡물도정업, 곡물제분업
제 지 업	펄프제조업, 신문용지제조업 인쇄 및 필기용지 제조업, 강화 및 재생목재제조업, 석면.암면 및 유사제품제조업, 크라프트지 및 상자용판지 제조업, 기타종이 및 판지제조업
염 색	솜 및 실염색가공업, 직물 및 편조원단 염색 가공업, 날염가공업, 기타섬유염색 및 정리업, 섬유사 및 직물호부처리업
피 혁	원모피 가공처리업, 원피가공업
도 금	도금업
염 안 료	합성염료, 유연제 및 기타착색제제조업, 무기 안료 및 기타금속산화물제조업, 기타기초무기 화합물제조업, 요업용유약 및 관련제품제조업
재활용	재생용 비금속 가공원료 생산업
기 타	특장차 제조업, 비료, 사료 제조업

1) 도금, 피혁, 염색, 염안료 업종이 중소기업진흥 및 제품구매 촉진에 의한 협동화실천계획 승인을 받아 입주하고자 하는 경우 관리기관은 입주를 허용할 수 있음

2) 위 입주제한 업종 외에 대해서도 입주시 인근업체에 피해를 발생할 우려가 있는 경우 관리기관은 해당 업종의 입주를 제한할 수 있음.

3) 다만 위의 입주제한에도 불구하고, 지자체 등 환경인허가기관과의 협의를 통하여 공해 유발이 없다고 인정되고, 환경인허가 기관에서 입주를 요청하는 경우에는 입주를 허용할 수 있음

나) 「폐기물관리법」 제25조의 규정에 의한 폐기물 수집·운반 및 처리업을 경영하고자 하는 자(폐기물처리시설용도에 한함). 다만, 관리기관은 산업단지의 환경오염 방지를 위하여 건설폐기물, 의료폐기물, 생활폐기물, 분뇨처리업, 축산폐기물의 입주를 제한함.

다) 「산업집적활성화 및 공장설립에 관한 법률(이하 '산업집적법') 시행령」 제6조의 의한 지식산업 및 정보통신산업을 경영하고자 하는 자

라) 창고·운송업을 경영하고자 하는 자
1) 창고업 : 한국표준산업분류상 52101, 52102
2) 운송업 : 한국표준산업분류상 49301, 49302, 49303, 49401, 50112, 52942 업종
마) 부동산 임대 및 공급업
1) 임대업 : 한국표준산업분류상 68112업종
2) 공급업 : 한국표준산업분류상 68122업종 (지식산업센터에 한 함)
바) 「기초연구진흥 및 기술개발지원에 관한 법률」 제14조의2에 따른 기업부설연구소(제
조업체의 기업부설 연구소에 한함), 대학부설연구소, 「중소기업창업지원법」에 의한
창업보육센터, 공공연구·시험기관 등을 설치·운영하고자 하는 자
사) 「집단에너지사업법」 제9조 및 민자발전사업추진기본계획 규정에 의한 전기업(발전소
시설)을 설치·운영하고자 하는 자
아) 「벤처기업육성에 관한 특별조치법」 제2조제4항에 따른 벤처기업집적시설에 입주 적
합한 자
자) 「산업집적법」 제28조의2 규정에 의한 지식산업센터 공급을 하고자 하는 자
차) 「산업집적법 시행령」 제43조제6항에 따른 신에너지 및 재생에너지 설비를 설치·운
영하고자 하는 자
카) 「산업집적법 시행령」 제6조제5항 및 한국표준산업분류에서 정하는 금속원료재생업
(38301)을 경영하고자 하는 자(폐기물처리시설용도에 한 함)
타) 「산업집적법 시행령」 제6조의 규정에 의한, 관리기관이 산업단지 운영위원회의 심의
등을 거쳐 4차 신산업, 산업단지의 조성목적, 지역경제의 활성화 또는 국민경제상 필
요하다고 인정하는 융합 신산업 등의 관련 업종으로서 관리권자의 승인을 받은 자

(2) 건축할 건축물의 범위
가) 「산업집적법」 제2조 규정에 의한 공장 및 당해 공장의 부대시설
나) 「산업집적법 시행령」 제43조 규정에 의한 폐기물 수집·운반·처리, 지식산업·정보통
신산업, 창고·운송업 경영하기 위한 건축물 및 관련시설
다) 「기초연구진흥 및 기술개발지원에 관한 법률」 제14조의2에 따른 기업부설연구소
(제조업체의 기업부설 연구소에 한함), 대학부설연구소, 「중소기업창업지원법」에 의
한 창업보육센터, 공공연구·시험기관 등이 해당사업을 경영하기 위한 건축물 및 관련
시설
라) 전기업(발전소시설)을 경영하기 위한 건축물 및 관련시설
마) 「벤처기업육성에 관한 특별조치법」 제2조제4항의 규정에 의한 시설

바) 「산업집적법」 제2조제13호에 따른 지식산업센터 (「산업집적법 시행령」 제36조의4제
　2항제6호에 따른 오피스텔 허용)

사) 「산업집적법 시행령」 제43조제6항에 따른 신에너지 및 재생에너지 설비

아) 「산업집적법 시행령」 제6조제5항 및 한국표준산업분류에서 정하는 금속원료재생업
　(38301)을 경영하기 위한 건축물 및 관련 시설

(3) 업종별 배치기준

가) 조립금속 및 정밀기계·MT : 지반여건을 고려하여 내륙근접 지역에 배치

나) 석유화학 : 대기수질오염을 고려하여 단지 하단부에 배치

다) 섬유의복 : 용수다소비 업종과 폐수발생 협동화업종은 단지 하단부 하수종말처리장 인
　근에 배치

라) 정보통신 및 정밀요업 : 부산 과학산업단지와 연계성이 용이한 구역 중앙부에 위치한
　주 진입도로 연접부에 배치

마) 기타업종 : 하수종말처리장과 폐기물처리장 상단부 및 단지하단 해면부에 배치

※ 분양완료된 업종별배치구역에 신규 입주자가 발생할 시에는 관리기관이 인정하는 경우 기
　타업종지역에 입주할 수 있음.

※ 임차입주자의 경우 인근업체의 조업에 지장이 없다고 관리기관이 인정하는 경우 업종별
　배치계획과 달리 배치 가능

(4) 업종별 배치계획

(단위 : 천㎡, 개)

구 분		면 적	업 체 수	한국표준산업분류(중분류)
계		4,317	1,530	–
공장 시설 용도	소 계	4,112	1,529	–
	조립금속기계	1,664	420	25, 29, 31
	정밀요업	49	9	23
	정보통신	111	10	26
	섬유의복	429	70	13, 14, 15
	석유화학	483	120	19, 20, 21, 22
	정밀기계및MT	333	100	27, 28, 30
	기 타	1,043	800	10, 11, 16, 17, 18, 24, 32, 33
특정 용도	폐기물처리시설	205	1	38

(5) 업종별 배치계획도 : 별첨#2

다. 지원시설구역

(1) 배치기준

　가) 외국인투자유치 및 산업집적활성화를 위해 국가 및 지방자치단체 등이 유치하는 외국인투자기업이 운영하는 연구기관을 우선적으로 배치

　나) 입주를 희망하는 공공기관을 우선 배치하되, 기관 업무특성 및 부지 소요면적을 고려하여 배치

　다) 입주기업체의 생산판매 활동지원을 위해 필요한 지원 연구시설 및 근로자복지 향상을 위한 시설 우선 배치

　라) 분양시의 지정된 용도에 따라 허용되는 업종 외「산업집적법 시행령」제6조제6항제3호에서 제8호까지의 사업은 관리기관과 협의 완료시 사업내용을 변경할 수 있음.

구 분	배 치 업 종
공단지원시설	공공기관, 교육 및 복지시설, 업무시설, 금융기관, 병원, 근린생활시설 등
국제업무지원시설	공공시설, 연구시설, 주차장, 보세창고 및 장치장, 근린생활시설 등
유통업무지원시설	공용화물터미널, 창고시설, 자동차관련시설, 기타 유통업무설비시설 등

　마) 배치계획도 : 분양시 지정 용도에 따라 배치하고, 도면게시는 생략함

(2) 설치계획

(단위 : 천㎡)

시 설 명		면 적	필지수
계		473	113
공 단 지원시설	소 계	60	19
	전화국	5	1
	은 행	3	3
	중소기업청	16	1
	파출소	1	1
	소방서	4	1
	근린생활시설	7	6
	병 원	3	1
	교육 및 복지시설	6	1
	업무시설	5	1
	기 타	10	3

시 설 명		면 적	필지수
국제업무 지원시	소 계	204	65
	세 관	10	1
	중소기업지원센터	10	1
	중소조선연구원	1	1
	근린생활시설	53	26
	공공시설	8	1
	공공,업무,연구	7	2
	보세창고 및 장치장	109	29
	주 차 장	6	4
유통업무 지원시설	소 계	190	26
	공용화물터미널	87	1
	자동차관련시설	53	21
	창고시설	17	2
	물류시설(공용화물터미널, 집배송단지등)	33	2
변 전 소		17	2
주 차 장		2	1

(3) 입주대상업종 및 입주자격

가) 「산업집적법」 제2조제19호규정의지원기관으로서 같은법 시행령 제6조의규정에 의한 입주자격을 갖춘 자

나) 관리기관이 입주기업체의 지원을 위하여 건축한 건축물에 입주하는 자

다) 「산업집적법 시행령」 제43조제6항에 따른 신에너지 및 재생에너지 설비를 설치·운영 하고자 하는 자(태양력 발전업에 한함)

라) 산업통상자원부 장관이 필요하다고 지정하는 사업을 경영하고자 하는 자

(4) 건축할 건축물의 범위

가) 「산업집적법」 제2조제19호에 따른 지원기관이 그 사업을 경영하기 위한 건축물과 동 법 제2조제15호및제44조제1항의 규정에의거관리기관이 산업단지의 관리 및 입주기 업체의 지원 사업을 위하여 설치하는 건축물

나) 「산업집적법 시행령」 제43조제6항에 따른 신에너지 및 재생에너지 설비

다) 「건축법 시행령」 별표(용도별 건축물의 종류)에 의한 근린생활시설, 업무시설, 판매 및 영업시설, 자동차 관련시설 등의 건축물로서 관리기관이 필요하다고 인정하는 시설 및 관리권자의 승인을 얻어 설치하는 건축물

라. 공공시설구역

　(1) 입주대상업종 및 입주자격

　　가) 「산업집적법」 제33조제6항에 따른 공공시설시설구역에 입주할 자격을 갖춘 자

　　나) 「산업집적법 시행령」 제43조제6항에 따른 신에너지 및 재생에너지 설비를 설치·운영
　　　하고자 하는 자

　(2) 건축할 건축물의 범위

　　가) 공공기관이 설치하는 공공시설물

　　나) 「산업집적법 시행령」 제43조제6항에 따른 신에너지 및 재생에너지 설비

마. 녹지구역

　(1) 건축할 건축물의 범위

　　가) 녹지구역 유지관리에 필요한 건축물

4. 그 밖에 산업단지의 관리 및 지원 계획

　가. 일반사항

본 관리기본계획에 규정하지 않은 사항은 「산업집적법」 및 「산업단지관리지침」에 따라 관리함

　나. 산업시설구역내 산업용지의 최소필지 분할면적

　(1) 「산업집적법 시행규칙」 제39조의3(산업용지 분할기준)제2항에서 "관리기본계획에서
　　정하는 면적"이란 「산업집적법」 제15조각항에 따른 공장설립완료 또는 사업개시 신고
　　후의 산업용지(건축물이 있는 것을 말한다)를 분할하는 경우 최소 분할면적으로서
　　1,650㎡이상을 말한다.

　(2) 다만, 연접(바로 옆공장)한 산업용지를 사용하고자 하는 경우에는 산업용지를 1,650㎡
　　미만으로 분할 할 수 있으며 분할 후 잔여필지는 1,650㎡이상이어야 한다. 이 때 분할
　　용지(1,650㎡미만) 매수업체는 소유한 기존부지와 합필해야 하며 1년 이내에 재분할할
　　수 없다.(위반시 입주계약해지)

　(3) 「산업집적법 시행규칙」 제39조의3(산업용지의 분할기준 등) 제1항제4호에 해당하는
　　산업용지는 1,650㎡ 미만으로 분할할 수 있다. 다만, 이 경우 해당 산업단지 관리권자·
　　관리기관 또는 사업시행자는 해당 산업단지 지정권자와 협의하여야 한다.

　다. 분양한도

공장용지 1,650㎡이상, 지원시설용지는 331㎡이상으로서 기업체가 제출한 사업계획서상의

공장 건축면적에 「산업집적법」 제8조의 규정에 의거 고시한 기준공장면적률을 적용하여 산출한 면적. 단, 토지이용 형태상 필요할 경우와 「중소기업진흥 및 제품구매촉진에 관한 법률」에 의한 협동화실천계획 승인을 득한 경우의 최소 분양한도는 관리기관이 조정할 수 있음.

라. 지식산업센터 운영
관리기관은 영세중소기업과 환경오염업종(도금,염색 등)의 용지난을 해소하고 환경 개선 및 기존공장과의 계열화·협력화를 촉진하기 위한 지식산업센터를 운영할 수 있음

마. 환경관리
(1) 입주업체에서 배출되는 오염물질은 환경관련 법률이 정하는 바에 따라 폐수, 대기오염, 소음·진동 등의 배출허용기준에 적합하여야 함
(2) 환경오염의 사전예방을 위해 지방환경관리청 및 지방자치단체와 긴밀한 협조체제 구축
(3) 산업단지에서 배출되는 오·폐수, 폐기물의 적정처리를 위하여 단지 내 폐기물 처리장을 설치 또는 유치하여 운영할 수 있도록 유도

바. 안전관리
(1) 입주기업은 공장설립등의 완료신고시 안전 관련 법령 준수여부, 안전관리방안 및 응급상황 조치계획 등을 기재한 안전관리계획서를 제출하도록 함
(2) 풍수해, 안전사고 등 재해·사고 예방과 치안 유지를 위해 산업단지 내 소방서, 파출소 등 유치를 위해 노력하고, 지방자치단체, 안전 관련 전문기관 등과 재해·사고 대응 협조체제 구축
(3) 입주업체가 위험물, 유해화학물질 등을 저장하거나 사용하고자 할 때에는 안전관리 관계법령 및 기준을 준수하도록 안내
(4) 예비군 편성과 단지방호는 지자체 및 군부대와 협의하여 산업단지 특성을 감안한 방호계획이 수립되도록 협조체제 구축

사. 근로자 복지후생 지원
(1) 단지 내 근로자 임대주택, 복지관, 탁아시설 등을 설치 또는 유치하여 근로자의 여가 활용을 지원하고, 주부들의 취업지원 도모
(2) 산업단지 녹지·공원 및 관리기관 청사 내에 건전한 체육시설을 확보하여 근로자의 체력 향상을 도모하고 입주업체의 각종 행사에 활용할 수 있도록 지원

아. 관리기본계획 시행에 대한 경과조치

이 고시(2001.2.21)시행 이전에 협동화용지에서 중소기업진흥공단의 협동화 승인을 받지 않고 입주계약을 체결한 자는 이 고시 3.나.(산업시설구역) 3.다.(지원시설구역)에도 불구하고, 당해 사업을 경영(폐수 발생공정 제외)할 수 있다. 최초 입주계약자의 명의 변경시 관리기관이 인정하는 경우를 제외하고는 관리기본계획상의 업종별 배치계획을 준수하여야 함.

(별첨#1) 명지·녹산국가산업단지 용도별 구역 평면도(생략)
(별첨#2) 명지·녹산국가산업단지 업종별배치 계획도(생략)

3.4.2 산업단지 내 공장용지(=산업시설용지) 매각

세 가지만 기억하면 된다. ① 분양된 공장용지의 경우에는 공장등록(입주계약이 아님) 후 5년이 지나기 전인 경우, ② 분할된 공장 용지의 경우도 5년이 지나기 전에 매각하고 싶을 경우, ③ 공장을 매수하였으나 완료 신고를 하지 않아 공장등록이 되어 있지 않은 경우 관리기관에 매각을 의뢰해야 한다. 위 경우를 제외하고는 일반적인 부동산 매매처럼 매수인도 임의로 정할 수 있고, 매도 가격도 임의로 정하여 매각할 수 있다.

서류 절차도 차이가 나는데 위 세 가지 경우에는 '처분신청서' 및 관련 서류를 제출(처분신청 절차라고 한다.)해야 하고, 그 외에는 '처분신고서' 및 관련 서류를 제출(처분신고 절차라고 한다.)하면 된다.

공장 매각과 관련해서 매수 시 매각 제한이 있는지 확인을 먼저 하고, 매각 시에도 관리 공단에 매각이 자유로운지 문의를 하는 것이 좋다. 경기 변동에 따라 사업의 확장과 축소가 신속히 필요한 기업의 경우 매각 제한이 되는 공장 용지를 매수하면 여러 곤란함이 있을 수 있으니 매수 시점에 이 부분을 반드시 고려해야 한다.

3.4.3 산업단지 내에서의 임대

산업단지 내 공장은 그냥 임대할 수 없다. 공장 전체를 임대하고 싶은 경우에는 관리기관에 임대사업자로 등록(기존에 공장등록이 되어 있는 사업자만 전환 가능)을 해야 한다. 부분 임대를 하고 싶은 경우에는 공장등록, 사업개시(비제조업), 임대사업자 등록을 한 후에만 가능하다. 미등록 공장을 임차한 사업자의 경우 공장등록이 안 되니, 주의가 필요하다.

그리고 임대, 임차가 필요한 경우, 공장 소유자는 관리기관에 임대신고서와 관련 서류를 임차인은 입주계약서와 관련 서류를 제출해야 한다. 또한 임대사업자로 전환한 경우 5년[5] 내에 처분할 시 관리기관에 처분 의뢰를 해야 한다(처분신청 절차). 다만 5년이 지나면 임의 매각이 가능하다.

3.4.4 산업단지 내 산업시설용지 분할

산업단지 내의 산업시설용지는 1,650㎡ 미만으로 분할하지 못한다(「산업집적법 시행규칙」 제39조의3). 그러나 예외도 있다. 관리기본계획 등에 1,650㎡ 미만으로 분할 가능하도록 명시되어 있는 경우 그 기준에 따라 분할이 가능하다(「산업집적법 시행규칙」 제39조의3제1항).

※ 단지별 최소분할면적 예시

〈표 108 – 단지별 최소분할면적 예시〉

최소분할면적	단지명
1,650㎡ 이상	서울디지털, 반월, 시화, 아산, 익산, 광주, 군장, 군산, 창원, 울산, 주안, 남동, 녹산, 구미, 부평, 석문, 안정, 온산, 대구 등
992㎡ 이상	여수국가산업단지 등
990㎡ 이상	파주탄현 영세중소기업전용국가산업단지 등
830㎡ 이상	북평국가산업단지 등

또한 분할과 관련 하여 관리기본계획에 별도 규제가 있는 경우가 있다. 예를 들면 김해 테크노밸리일반산업단지 관리기본계획을 보면 아래와 같은 규정이 있다.

---

5 「산업집적법 시행령」 제48조의4제1항

○ 다만, 입주기업체가 연접한 산업용지를 매수하여 사용하고자 하는 경우에는 1,650㎡ 미만으로 분할할 수 있으며 토지분할 후 잔여면적은 1,650㎡ 이상이어야 한다. 이때 분할용지 (1,650㎡ 미만)는 기존 산업용지와 합필하여야 하며 합필한 산업용지는 1년 이내에 재분할을 할 수 없음(위반 시 입주계약 해지)

아산국가산업단지 관리기본계획을 보면 원칙은 1,650㎡ 이상 분할하여야 하나 예외를 두고 있다.

「산업집적법 시행규칙」 제39조의3(산업용지의 분할기준 등) 제1항제4호에 해당하는 산업용지는 1,650㎡ 미만으로 분할할 수 있다. 다만, 이 경우 해당 산업단지 관리권자·관리기관 또는 사업시행자는 해당 산업단지 지정권자와 협의하여야 한다.

분할을 하려면 관리기관과 미리 협의가 필요하다. 또한 분할된 산업용지의 경우 법상으로 일정 기간(5년) 매각을 제한하고 있어 주의하여야 한다(「산업집적법」 제39조의2 제4항). 여기서 매각 제한은 매각을 못 하게 하는 것을 의미하지 않는다. 매각은 할 수 있으나, 매수자를 임의로 선정하지 못하며(관리기관에 의뢰) 매각 가격은 법정 가격(매수한 가격 수준)으로 하여야 한다. 다만 다음과 같은 예외가 있다(「산업집적법」 제39조의2 제5항).

① 제15조제1항에 따른 공장설립 등의 완료신고 또는 제15조제2항에 따른 사업개시 신고 후 5년이 지났을 것
② 구조조정 대상기업이 된 날부터 3년이 지났을 것
③ 구조조정 대상기업이 된 이후에 제2항제1호에 따라 산업용지를 분할할 것
④ 산업용지 분할 전의 면적이 10만㎡ 이상일 것
⑤ 구조조정 대상기업이 산업용지를 처분하기 전에 제3항에 따른 기반시설을 설치할 것

3.4.5 산업단지 유의사항

산업단지 관리기본계획상 가능한 제조업이라고 하더라도 공장 설립을 못 할 수 있다.

첫째는 유틸리티 때문인데 용수, 전기용량, 폐수처리용량 등으로 인해 공장 설립

이 어려운 경우다. 이미 입주한 기업이 시설 용량을 모두 쓰고 있는 경우에 문제가 종종 발생한다.

둘째는 산업단지 내 먼저 입주한 기업 때문이다. 예로 식품 제조업이 가능한 산업단지이지만, 원하는 토지 주변에 화학 관련 기업이 있어 입주가 어려운 경우이다.

셋째는 육성 업종 위주로 공장을 우선 입주시키기 때문에 관리기본계획상 업종이 열려 있어도 입주가 어려운 경우가 있다. 산업단지는 해당 지역에서 원하는 산업을 육성시키기 위해 조성한다. 그렇기 때문에 '전제조업'의 입주가 가능하다고 되어 있다고 하더라도 주요 유치 업종이 아닐 경우 관리기관에 문의 시 입주를 못한다고 회신 받는 경우가 있다. 주의해야 한다.

넷째는 산업단지 배치계획이다. 산업단지는 조성 시 업종 배치계획을 수립하는데, 산업단지 내 산업시설구역을 업종별로 구획하여 각각의 업종이 각각의 구획에만 입주 가능하도록 되어 있다. 산업단지 조성 초기에는 배치계획에 의해 빈부지가 있음에도 해당 부지에 업종이 열려 있지 않아 산업단지에 들어갈 수 없는 경우도 발생한다. 다만 일정 기간이 지나는 등 특정 요건을 충족하면 이런 제한이 사라진다.

공장과 공장용지 분리는 원칙적으로 허용되지 않는다.

원칙적으로 산업단지의 공장 건축물과 공장용지는 공장을 직접 경영하는 자만 소유해야 한다. 산업단지 내 부동산 투기를 제한하기 위함이다. 공장을 경영하지 않는 자가 공장을 임대하여 사업하는 것을 제한하는 방식으로 하고 있다.

규제 방식은 '입주계약'이라는 절차인데, 산업단지에서는 공장 임대 사업을 하든, 제조업을 하든 '입주계약'을 먼저 체결해야 한다(「산업집적법」 제38조). 그런데 공장용지만을 보유한 자 중 토지만을 임대하려 할 경우 입주계약이 원칙적으로 허용되지 않는다(「산업집적법」 제38조의2(산업단지에서의 임대사업 등) 제1항).

관리기본계획상 업종이 몇 되지 않는 산업단지는 미리 업종에 대한 고민을 해야 한다.

중소기업의 경우 다품종 생산을 하는 경우가 많다. 공장등록 시 업종은 생산 제품,

생산 공정, 판매 대상 산업[6] 등에 따라 다르게 등록 할 수도 있는데, 관리기본계획에 업종이 없으면 입주 후에 공장등록 증명서상 업종 등록을 못하는 경우가 발생할 수 있다. 중소기업의 경우 주요 생산 제품이 변할 수 있기 때문에, 관리기본계획의 업종이 몇 되지 않는 산업단지는 이 점을 미리 고려해야 한다.

※ 참고 ~ 산업단지 업종 제한 원인

산업단지는 조성 시 허용하는 업종에 대해서 환경영향평가를 하여 산업단지 주변이 오염되지 않도록 기반시설을 설치한다. 예로 폐수처리장은 관리기본계획상 허용된 업종에 맞춰 처리 방식, 처리량을 정한다.

합리적인 제한이지만 이 부분이 제대로 안내 되지 않아 공인중개사 등 관련업을 하는 분들도 많은 불만을 가지곤 한다.

돌다리도 두들겨보고 건너라.

산업단지 법령은 특별법이고 관련된 사람이 아니면 알기 어려우며 법령도 종종 개정이 된다. 또한 산업단지 중에는 특수성이 있어 절차나 행정규제가 다른 경우도 있다. 따라서 공장 설립, 공장용지 매각 등 중요 사항에 대해 의문이 있을 경우에는 관리기관에 문의해 보길 권한다.

3.5 절차 및 제출 서류

3.5.1 분양 시

(1) 입주계약 신청 전(정보 탐색)

입주계약 신청 전에는 공장 경영이 가능한지를 체크해야 한다. 아래에는 기본으로 체크해야 할 사항을 안내한다.

• 수의계약 여부 : 분양 시에는 입찰·추첨 방식 등으로 진행하므로 사전 확인 필요 (특정 요건에 해당할 경우 분양 공장용지도 수의계약 가능)

---

6 같은 제품이더라도 자동차 부품으로 들어가면 자동차 부품 제조업으로, 전자부품에 들어가면 전자부품 제조업으로 업종 등록 가능. 단, 업종은 관리기관의 판단에 따라 달라질 수 있음

- 허용하는 제조업 업종(관리기본계획 확인) : 여러 제조업을 영위하거나 제조업 업종 변경이 예상될 경우 예상되는 업종도 검토(향후 업종 추가가 어려워 이전 문제 발생할 수 있기 때문임)
- 기반시설 확인 : 도로 폭, 공장 토지 입구 위치, 오·폐수처리장 용량 및 공장 폐수 처리 가능 여부, 폐기물처리시설 여부 등
- 유틸리티 확인 : 상수도 용량 및 상수도관까지의 거리(관 설치비 때문임), 전기용량, 스팀 및 가스관과의 거리 등
- 건축 관련 사항(용적률, 건폐율, 건물 외관 디자인 등)

(2) 입주계약 신청

〈표 109 - 분양 시 입주계약 신청 절차〉

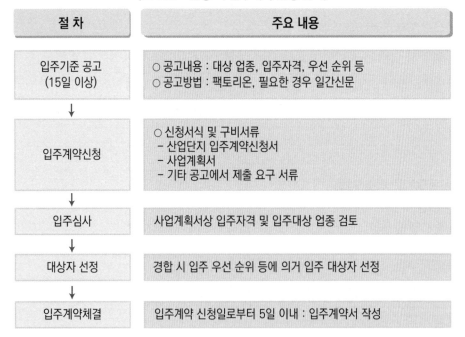

절 차	주요 내용
입주기준 공고 (15일 이상)	○ 공고내용 : 대상 업종, 입주자격, 우선 순위 등 ○ 공고방법 : 팩토리온, 필요한 경우 일간신문
입주계약신청	○ 신청서식 및 구비서류 - 산업단지 입주계약신청서 - 사업계획서 - 기타 공고에서 제출 요구 서류
입주심사	사업계획서상 입주자격 및 입주대상 업종 검토
대상자 선정	경합 시 입주 우선 순위 등에 의거 입주 대상자 선정
입주계약체결	입주계약 신청일로부터 5일 이내 : 입주계약서 작성

(3) 입주계약 이후

입주계약 후에는 공장 건축 등을 하고 건축물 사용 승인을 받은 후 기계 및 장치를 설치한다.

〈표 110 – 입주계약 후 완료신고 전까지 절차〉

절 차	주요 내용
토목공사 및 건축허가	-
토목준공 및 건축 사용검사	-
건축물대장, 토지대장 확인	-
기계·장치 설치	○ 기계 및 장치 설치 완료한 날로부터 2개월 이내에 완료신고해야 함

(4) 완료신고 절차

〈표 111 – 완료신고 절차〉

절 차	주요 내용
완료신고 사업개시신고	○ 신청서식 및 구비서류 - 제조업 : 공장설립 등의 완료신고서(별지 7호 서식) - 이전공장의 경우 기존공장폐쇄확인서(별지 제14호 서식) - 비제조업 : 사업개시신고서(별지 7호의2 서식) - 사업자등록증 사본 - 시설의 구입증빙서류 등 사업개시 증명서류
현장 실사	○ 입주계약내용(사업계획서)과 일치 여부 확인 - 현장방문에 의한 확인
공장등록	완료신고서 제출일로부터 3일 이내 처리 및 신청인에 고지

3.5.2 매매, 경매 등 취득 시

(1) 신청 시기

양수도 시 부동산 소유권 이전 전에 입주계약 신청을 하여야 한다. 이렇게 하는 이유는 입주 불가능한 업종을 하려는 매수인에게 매각되어 피해가 발생하지 않게 하기 위함이다. 다만 실무상 소유권 이전 후에 입주계약 신청을 하여도 매수인의 입주계약은 받아 주기도 한다. 그러나 매수인은 입주 거부를 당할 수도 있으니 이런 방법은 바람직하지 않다. 이 외에 공장용지 또는 공장 건축물을 같은 산업단지 내 입주한 기업체 또는 같은 업종(관리기본계획의 입주대상 업종을 의미)을 운영하려는 자에게 처분할 때는 부동산 소유권 이전 후에도 입주계약 신청이 가능하다(「산업집적법」 제39조 제3항).

입주계약이 거부될 경우 매수인은 계약금에 손해가 발생하기 때문에 계약 시 특약으로 '관리기관 입주 거부 시 계약 해지 및 계약금 반환' 약정을 하는 것이 필요할 수 있다.

(2) 제출 서류

제출 서류 중 '입주계약 신청서'와 '사업계획서'는 작성하여 제출하는 서류이고, '그외 기타 입주자격 입증 서류'는 타기관 등에서 발급을 받아 제출하는 서류이다. '그 외기타 입주자격 입증 서류' 중 일부 서류는 관리기관이 행정정보망으로 확인할 수 있는 사항은 확인하도록 하고 있다.

〈「산업집적법」상 행정정보망 의무 사용 서류〉

○ 토지 또는 건물의 등기사항증명서
- 공장 설립 승인을 받으려는 자(「산업집적법 시행규칙」 제6조제2항)
- 공장설립등의 승인사항을 변경하려는 자(「산업집적법 시행규칙」 제7조제2항)
- 임대사업자의 임대신고(「산업집적법 시행규칙」 제36조의2)
- 처분신청 시(「산업집적법 시행규칙」 제37조제2항)
- 처분신고 시(「산업집적법 시행규칙」 제37조제2항)
○ 사업자등록증
- 사업개시 신고 시. 다만 신고인 확인 동의하지 않을 시 사본 첨부 요청 가능(「산업집적법 시행규칙」 제9조의2제3항)

○ 건축물대장
- 제조업소 공장 등록 신청(「산업집적법 시행규칙」 제12조제1항)
- 「산업집적법」 제16조의2에 따라 공장건축물의 등록을 하려는 자(「산업집적법 시행규칙」 제12조의4제1항)

그러나 실무상 관련 서류 모두의 제출을 요구하는 관리기관이 있기에 관리기관 홈페이지나 전화 문의로 제출해야 하는 서류를 미리 확인하면 도움이 된다.

(3) 절차

아래는 기본 절차이고 산업단지마다 차이가 있을 수 있다. 예를 들면 '안성산업단지(www.asicm.or.kr)'의 경우 입주계약 이후 폐수종말처리장 사업운영자로부터 유입·처리 가능 여부 및 유입 오·폐수량 등에 대해 별도 승인을 받아야 한다.

〈표 112 – 매매, 경매 취득 시 입주계약 신청 절차〉

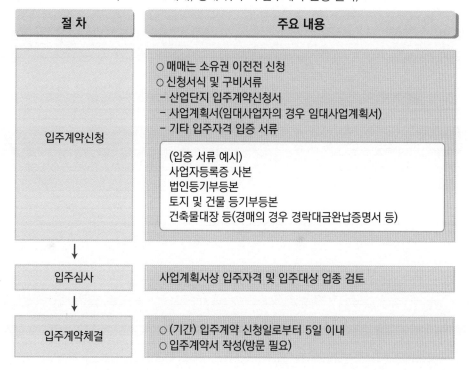

절 차	주요 내용
입주계약신청	○ 매매는 소유권 이전전 신청 ○ 신청서식 및 구비서류 – 산업단지 입주계약신청서 – 사업계획서(임대사업자의 경우 임대사업계획서) – 기타 입주자격 입증 서류 (입증 서류 예시) 사업자등록증 사본 법인등기부등본 토지 및 건물 등기부등본 건축물대장 등(경매의 경우 경락대금완납증명서 등)
입주심사	사업계획서상 입주자격 및 입주대상 업종 검토
입주계약체결	○ (기간) 입주계약 신청일로부터 5일 이내 ○ 입주계약서 작성(방문 필요)

(4) 입주계약 이후 및 완료신고 절차

분양 절차와 동일

3.5.3 처분신고 절차

(1) 대상

분양받은 공장용지를 공장등록 후 5년경과 후에 처분하거나, 이 후에 매매되는 공장은 공장등록이 되어 있으면 기간 제한 없이 처분신고만을 하고 매각할 수 있다. 공장의 매각은 매수인과 직접하거나 중개사를 통해 하면 되고, 공장 가격은 매도인이 원하는 가격으로 하면 된다.

신고를 하지 않아도 되는 예외 사항이 있는데, 같은 산업단지 내 입주기업체에게 매각하거나, 매각하려는 자와 같은 업종(관리기본계획의 입주 대상 업종을 의미)이 동일한 공장을 경영하기 위해 매수하는 자에게 매각하는 경우에는 처분신고를 하지 않아도 된다(「산업집적법」 제39조제3항).

(2) 신고 기간

토지 매각 전(소유권 이전 전)에 신고해야 한다. 하지 않을 시 과태료 대상이다.

(3) 절차

보통 매도인의 처분신고와 매수인의 입주계약 신청서류를 함께 제출한다. 그래야 처리가 신속하다.

〈표 113 – 처분신고 절차〉

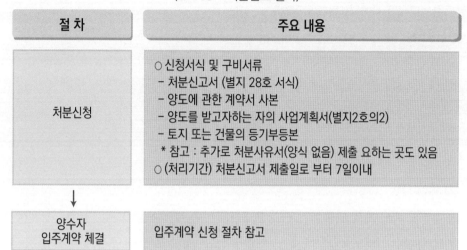

절 차	주요 내용
처분신청	○ 신청서식 및 구비서류 　– 처분신고서 (별지 28호 서식) 　– 양도에 관한 계약서 사본 　– 양도를 받고자하는 자의 사업계획서(별지2호의2) 　– 토지 또는 건물의 등기부등본 　＊ 참고 : 추가로 처분사유서(양식 없음) 제출 요하는 곳도 있음 ○ (처리기간) 처분신고서 제출일로 부터 7일이내
양수자 입주계약 체결	입주계약 신청 절차 참고

3.5.4 처분신청 절차

(1) 대상(「산업집적법」 제39조제1항)

• 분양된 공장용지의 경우에는 공장등록(입주계약이 아님) 후 5년이 지나기 전 매각하려는 경우

• 공장용지 분할 후 5년이 지나기 전에 매각하려는 경우

• 공장을 매수하였으나 완료 신고를 하지 않아 공장등록이 되어 있지 않은데 매각하려는 경우

※ 예외 : 아래에 해당하는 경우 처분신청자가 추천한 자를 양도대상자로 선정할 수 있다.

○ 「산업집적법 시행령」 제49조제3항
- 처분신청인의 구조조정으로 인하여 처분을 신청한 경우(기업에 한함)
- 처분신청자의 공장과 인접하여 일련의 제조공정을 이루는 공장의 설립이 필요한 경우
- 미분양된 산업용지가 있는 등 관리기관이 양도할 대상자를 선정하는 것이 부적절하다고 판단되는 경우
- 관리기관이 정당한 사유 없이 30일 내에 양도대상자를 선정하지 아니한 경우

(2) 제한 사항

처분신청 제도에서 제한하는 사항은 2가지이다. 매수인과 매각 가격이다. 관리기관이 정해 주는 매수인에게 매각을 하여야 하고, 매각 가격도 규정에 정해진 가격으로 매각하여야 한다.

(3) 매수 주체

관리기관이 매수하지 않을 시 공고를 통해 관리기관이 선정한 다른 기업체나 유관기관에 양도해야 한다.

(4) 매각 가격

매각가격

산업용지 양도가격은 취득가격에 이자 및 비용을 합산한 금액, 공장 등의 양도가격은 「부동산가격공시및감정평가에관한법률」에 의한 감정평가액(단, 입주기업체의 요청시 그 이하 가능)으로 한다.

취득가격에 그 취득일로부터 양도일까지의 기간 중의 생산자물가총지수를 곱하여 계산한 금액으로 한다.

비용

산업용지의 유지·보존 또는 개량을 위하여 지출한 비용(취득제세금 포함, 단, 연체료등 취득자의 귀책사유로 인한 비용은 제외)으로 한다.

양수기업체로부터 양수자 선정에 필요한 비용징수

징수범위 : 감정료, 매각공고비, 관리지침으로 정하는 중개수수료

○ 공장설립완료(사업개시신고) 이전 산업용지 처분가격 산출기준 처분가격 = 취득가격 + 이자 + 비용 + 취등록 제세금
- 이자 : 취득가격 × 생산자물가총지수*
* 생산자물가총지수 = (양도월 생산자 물가지수 − 취득월 생산자 물가지수) / 취득월생산자 물가지수
- 비용 : 산업용지의 유지·보존 또는 개량을 위한 지출비

(5) 매각 방법

공장을 그대로 매각하는 방법이 있고, 공장용지를 분할하여 매각하는 방법이 있다.

공장용지 분할의 경우 양도대상 선정 기간 내에 양도할 대상자를 선정하지 못한 경우에 매각하려는 자의 동의를 얻어 1,650㎡ 이상으로 분할하여, 다시 공고 등의 절차를 밟은 뒤 매각할 수 있다(「산업집적법 시행령」 제49조제4항).

(6) 절차

〈표 114 − 처분신청 절차〉

절 차	주요 내용
처분신청	○ 신청서식 및 구비서류 　- 처분신청서(별지 27호 서식) 　* 참고 : 처분사유서(양식 없음) 제출을 추가로 요하는 곳도 있음 　- 토지 또는 건물 등기부등본 　- 건물 감정평가서(3개월 이내)
관리기관 매도공고	○ 양도대상 선정기간 : 30일 이내 　- 공고기간 : 15일 이상
양도자 선정	※ 처분신청자 추천양도(매도공고 불필요) 　- 구조조정, 연접공장, 미분양단지, 관리기관 귀책사유
산업용지 양도	○ 산업용지 양도기간 : 30일 이내 ○ 재분양 : 매수자로부터 실비징수
입주계약 체결	입주계약 신청 절차 참고

3.5.5 일부 임대 절차

보통 임대신고(소유권자)와 입주계약 신청(임차인) 서류는 함께 제출한다. 업무 처리가 더 신속하다.

〈표 115 – 일부 임대 절차〉

절 차	주요 내용
임대신고	○ 신청서식 및 구비서류 - 임대신고서 (별지 29호 서식) - 임대계약서 사본 - 토지 또는 건물의 등기부등본 ○ (처리기간) 임대신고서 제출일로 부터 7일이내
임차자 입주계약 신청	입주계약 신청 절차 참고

3.5.6 산업시설용지 분할 절차

분할 신청 가능한 자

분할하려는 공장에 대해 공장등록이 되어 있는 기업.

최소 분할 면적

1,650㎡ 이상(단, 산업단지별로 최소 분할 면적은 다름).

분할 절차

〈표 116 – 분할 절차〉

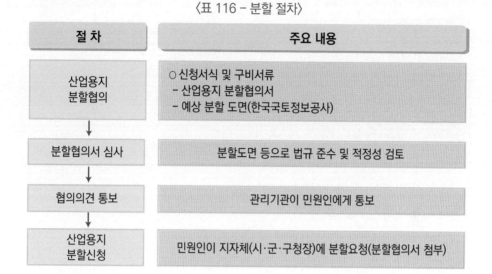

절 차	주요 내용
산업용지 분할협의	○ 신청서식 및 구비서류 – 산업용지 분할협의서 – 예상 분할 도면(한국국토정보공사)
분할협의서 심사	분할도면 등으로 법규 준수 및 적정성 검토
협의의견 통보	관리기관이 민원인에게 통보
산업용지 분할신청	민원인이 지자체(시·군·구청장)에 분할요청(분할협의서 첨부)

3.6 산업단지별 관련 문서 서식 및 법령(공장 설립 관련)

공장과 관련된 문서 서식이 여러 법령에 흩어져 있어 정리하였다.

3.6.1 「산업집적법 시행규칙」에 있는 서식

개별입지 공장 관련 서식

• 입지기준확인 신청서 [별지 제2호서식]

• 공장[신설, 증설, 이전, 업종변경, 제조시설설치(승인, 변경승인)](신청)서[별지 제5호서식]

• 사업계획서[별지 제2호의2서식]

• 변경신고서(공장설립등 승인사항, 제조시설설치 승인사항)[별지 제5호의2서식]

• 공장설립등의 완료신고서[별지 제7호서식]

• 공장등록증명(신청)서[별지 제8호의2서식]

• 공장(등록, 등록변경, 부분등록, 건축물등록) 신청서[별지 제9호 서식]

• 공장이전(예정)확인(신청)서[별지 제13호서식]

- 기존공장 폐쇄확인신청서(확인서)[별지 제14호서식]

산업단지 관련 서식
- 산업단지입주 (계약, 계약변경) 신청(확인)서[별지 제25호서식]
- 사업계획서[별지 제2호의2서식]
- 공장설립등의 완료신고서[별지 제7호서식]
- 사업개시 신고(확인)서[별지 제7호의2서식]
- 처분신청서[별지 제27호서식]
- 처분신고서[별지 제28호서식]
- 임대신고서[별지 제29호서식]
- 공장이전(예정)확인(신청)서[별지 제13호서식]
- 기존공장 폐쇄확인신청서(확인서)[별지 제14호서식]

3.6.2 「산업단지관리지침」에 있는 서식

- 산업용지(건축물) 임대차계약서[별지 제1호]
- 입주기업 사업장 안전관리 계획서[별지 제2호]
- 위험상황 전파를 위한 개인정보 수집 및 활용 동의서[별지 제3호]

3.6.3 「산업단지관리업무처리규정시행세칙」에 있는 서식
(한국산업단지공단 내규)

- 비제조업 사업계획서[별지 제2호]
- 임대사업자 사업계획서[별지 제3호]
- 공장설립등의 완료신고(사업개시, 부분등록신청) 확인서[별지 제11호]
- 산업단지 입주계약 해지 신청서[별지 제12호]
- 임차업체 이전·폐업 확인서[별지 제13호]
- 산업용지 분할 협의 신청서[별지 제14호]
- 외국인투자지역 관련 서식 외국인투자지역 사업계획서[별지 제15호]

3.6.4 「창업사업계획의 승인에 관한 통합업무처리지침」에 있는 서식

- 사업계획(승인, 변경승인) 신청서[별지 1]
- 사업계획 사전협의 신청서[별지 1의2]
- 사업계획승인사항 변경신고서[별지 1의3]
- 공장설립 사업계획(승인, 변경승인) 신청서[별지 2]
- 공동사업계획(승인, 변경승인) 신청서[별지 3]
- 사업계획서[별지 4]
- 사업계획서[별지 4의2]

3.6.5 「자유무역지역의 지정 및 운영에 관한 법률 시행규칙」에 있는 서식

- 자유무역지역 (입주계약, 입주변경계약) 신청(확인)서[별지 제1호서식]
- 사업개시 신고서(확인서)[별지 제2호서식]
- (토지, 공장 등) (처분, 양도) 신청서[별지 제3호서식]
- 매입대금 (납부연기, 분할납부) 신청서 [별지 제4호서식]
- 임대료 감면 신청서[별지 제5호서식]
- 양도(임대·사용) 신고서[별지 제6호서식]
- 수출입승인 신청서[별지 제7호서식]

3.6.6 산업단지 관련 법령

- 「산업입지및개발에관한법률」
- 「산업집적법」
- 「산업단지관리지침」
- 「공장 입지 기준 고시」
- 「도시계획조례」(지자체별 조례)
- 「산업단지관리업무처리규정」(한국산업단지공단 내부 규정)
- 「산업단지관리업무처리규정시행세칙」(한국산업단지공단 내부 규정)
- 「관리기본계획」(각 산업단지별)

• 「농공단지 개발 및 운영에 관한 통합지침」

3.7 임대산업단지

임대산업단지는 공장용지 확보에 어려움을 겪는 소기업을 위해 공장용지를 저렴하게 임대하는 지역으로 보통 산업단지 내에 일부 지정된다.

3.7.1 국민임대산업단지

조성 목적

지역균형발전 추진의 일환으로 지방에 소재한 분양·미개발 산업단지에 대해 국고를 지원하여 저렴한 임대단지를 조성함으로써 미분양 해소 및 지역경제 활성화를 도모.

임대 기간

5년 임대를 원칙으로 하고, 최장 10년까지 임대 연장 가능.

현황

〈표 117 – 국민임대산업단지 현황〉

단 지 명	소재지	지정면적 (천㎡)	지정년도
달성2차(구, 구지)	대구광역시 달성군	71	2003
강릉과학	강원도 강릉시	377	2003
맹동(임대전용)	충청북도 음성군	419	2003
계룡1(구, 임압)	충청남도 계룡시	180	2003
해룡	전라남도 순천시	209	2003
나주지방	전라남도 나주시	299	2003
광양명당	전라남도 광양시	174	2005
진주(구, 사봉)	경상남도 진주시	181	2003
구미(4단지)	경상북도 구미시	144	2003
여수국가	전라남도 여수시	300	2003
군산2(구, 군장)	전라북도 군산시	137	2003
북평	강원도 동해시	11	2003
전주과학	전라북도 완주군	119	2003

단 지 명	소재지	지정면적 (천㎡)	지정년도
제천	충청북도 제천시	57	2003
대불	전라남도 영암군	137	2003

3.7.2 임대전용산업단지

조성 목적

기업의 입지비용 부담을 경감하여 중소기업투자를 활성화하고 수도권 기업의 지방이전을 통해 국가균형발전을 도모.

임대 기간

50년 범위 내에서 기간 연장 가능.

현황

〈표 118 – 임대전용산업단지 현황〉

단 지 명	소재지	지정면적 (천㎡)	지정년도
북평	강원도 동해시	93	2007
제천	충청북도 제천시	79	2007
군산2(구, 군장)	전라북도 군산시	983	2006
전주과학	전라북도 완주군	53	2007
대불	전라남도 영암군	249	2006
구미(4단지)	경상북도 구미시	298	2007
포항4	경상북도 포항시	609	2006
사천(1·2단지)	경상남도 사천시	392	2006
대구테크노폴리스	대구광역시 달성군	570	2008
광주첨단과학(2단계)	광주광역시 북구	581	2008
부천오정	경기도 부천시	50	2008
광릉테크노밸리(구, 팔야)	경기도 남양주시	31	2008
가장2	경기도 오산시	304	2008
충주첨단	충청북도 충주시	217	2008
석문	충청남도 당진시	468	2009
장항생태	충청남도 서천군	338	2009
군산2(구, 군장)	전라북도 군산시	355	2008

단 지 명	소재지	지정면적 (천㎡)	지정년도
전주과학	전라북도 완주군	69	2008
정읍첨단과학	전라북도 정읍시	196	2009
경산3	경상북도 경산시	42	2008
영천첨단부품소재	경상북도 영천시	257	2009
사포	경상남도 밀양시	294	2008
창원(임대전용)	경상남도 창원시	232	2009

4. 특정 업종·산업 육성 지역

4.1 뿌리산업 특화단지

4.1.1 조성목적 및 유형(유형별 특징)

뿌리기업 집적화를 유도하고 환경규제 대응, 에너지비용 절감, 인력유입 촉진 등 효과를 극대화 할 수 있도록 뿌리산업 특화단지를 지정하여 공동활용시설·편의시설 구축 및 공동 혁신 활동을 지원한다(2013년부터 단지 지정). 뿌리산업은 주조, 금형, 소성가공, 용접, 표면처리, 열처리 등 제조 공정기술을 활용하여 사업을 영위하는 6대 업종을 의미한다.

4.1.2 인센티브 및 입주기준

산업단지이므로 분양 시 취득세와 재산세를 감면받을 수 있고 뿌리산업 육성을 위한 국가, 공공기관, 지자체의 지원 및 육성 사업에 참여할 수 있다.

지역뿌리기술지원센터

총 10개 지역에 있고 지역특화 뿌리산업과 연계한 뿌리기업 공동 활용 장비(파일럿 플랜트)를 구축하여, 뿌리기업의 기술 애로 해소와 시제품 제작을 지원한다.

〈표 119 – 지역뿌리기술지원센터〉

구분	시흥	진주	김제	광주	고령
특화분야	6대 분야*	금형, 소성가공	주조, 소성가공	용접	주조
센터위치	시화반월공단	정촌 일반산단	지평선 산단	광주 첨단산단	다산 주물단지
구분	부산	울산	원주	대구	순천
특화분야	표면처리	주조, 용접	금형, 소성가공	소성가공	소성가공, 표면처리
센터위치	미음산단	테크노 산단	강원TP	테크노폴리스 산단	해룡산단

* 주조, 금형, 소성가공, 용접, 표면처리, 열처리

관련 자료

'2019 뿌리산업 백서'의 지원사업 및 국가뿌리산업진흥센터의 사업 공고, 뿌리기술지원센터 홈페이지를 참고 바란다.

4.1.3 유형별 별도 규제사항

뿌리산업 특화단지는 뿌리기업 업종만 입주 허용하거나 우선 입주가 가능하다. 지정 단지별로 주요 유치 뿌리산업이 상이하다.

4.1.4 관리 기관

각 산업단지 관리기관 또는 지자체

4.1.5 관련 법령 및 체계도

- 「뿌리산업 진흥 및 첨단화에 관한 법률」
- 「뿌리산업 외국인 활용 지원제도 운영지침」
- 「뿌리산업분야 외국인 근로자 운영에 관한 지침」
- 「뿌리산업 특화단지의 지정 및 관리지침」

4.1.6 홈페이지(및 관련 웹사이트)

- 국가뿌리산업진흥센터(kpic.re.kr): 뿌리산업 관련 각종 지원사업 공고, 뿌리기업 확인서 신청, 통계 등
- 뿌리기술지원센터(ppuritech.re.kr): 한국생산기술연구원에서 장비이용, 시제품 제작 등 지원

4.1.7 연관 자료(자료 찾는 사이트 등 방법)

- 도서 : 2019 뿌리산업 백서

산업통상자원부에서 매년 '뿌리산업 백서'를 발간하고 있다. 산업통상자원부 홈페이지에서 자료 다운로드 가능하다.

4.1.8 지정 현황

각 단지별 상세 내용은 '2019 뿌리산업 백서' 참고

〈표 120 – 전국 뿌리산업 특화단지〉

명칭	위치	특화업종
은남도금사업 협동화단지	경기도 양주시 은현면 도하리, 남면 상수리 일원	표면처리
구문천표면처리 특화단지	경기도 화성시 햡남읍 구문천리 일원	표면처리
경인도금공업 특화단지	경기도 안산시 단원구 동산로 27번길 96 일원	표면처리
몰드밸리	경기도 부천시 오정구 오정동 428-17번지 일원	금형
시흥도금산업 클러스터	경기도 시흥스마트허브 일원	표면처리
스마트허브 피앤피단지	경기도 안산시 단원구 성곡동 672-31~ 38번지	표면처리
안산도금 협동화단지	경기도 안산시 단원구 신원로 79	도금
반월도금단지	경기도 안산시 상록구 팔곡이동 48번지	도금
밀양용전뿌리산업특화단지	경상남도 밀양시 삼랑진읍 용전산업단지길 67 일원	주조
진주금형뿌리산업단지	경상남도 진주시 정촌면 예상리, 예하리 일원	금형, 소성가공
밀양하남뿌리산업특화단지	경남 밀양시 하남읍 양동리 일원	주조

명칭	위치	특화업종
구미 금형산업 특화단지	경상북도 구미시 산호대로 일원	금형, 용접
고령1일반산업 특화단지	경상북도 고령군 다산면 송곡리 일원	주조
광주평동 친환경 표면처리특화단지	광주광역시 광산구 연산동, 옥동, 요기동, 월전동 일원	표면처리
금형특화단지	광주시 광산구 평동/월전동 일원	금형
대구국가산단 표면처리특화단지	대구광역시 달성군 구지면 과학마을로 일원	표면처리
성서 금형산업 특화단지	대구광역시 달서구 신당동 외 7개동 일원	금형
성서뿌리산업 특화단지	대구광역시 달서구 성서로 64길 26(갈산동) 일원	표면처리
부산녹산표면처리특화단지	부산광역시 강서구 녹산산단 261로 31번길 일원	표면처리
청정도금사업 협동조합	부산광역시 강서구 녹산산단 382로 14번가길 20 일원	표면처리
부산장림도금단지	부산시 사하구 장림동 다산로 246번지 일대	표면처리
매곡뿌리산업 특화단지	울산시 북구 매곡산업로 35 일대	금형, 소성가공
온산첨단 뿌리산업단지	울산시 울주군 온산읍 화산리 301 일대	주조, 용접
남동인더스파크 청정지식산업센터	인천시 남동구 고잔동 690-16번지	표면처리
친환경표면처리센터	인천광역시 서구 오류동 410-243 검단일반산업단지 내 48 BL	도금
광양익신뿌리산업특화단지	전라남도 광양시 광양읍 익신리 일원	용접, 열처리
순천뿌리산업특화단지	전라남도 순천시 해룡3단 1~4로	소성가공, 용접
대불뿌리산업특화단지	전라남도 영암군 삼호읍 난전리 296번지 일원	소성가공, 용접, 표면처리
익산뿌리산업특화단지	전라북도 익산시 석암로 일원	뿌리산업
Iksan-U 주얼리특화단지	전라북도 익산시 삼기면 연동리, 낭산면 구평리 일원	표면처리
군산뿌리산업특화단지	전북 군산시 비응도동/오식도동/소룡동 일원	금형, 소성가공, 용접
완주뿌리산업특화단지	전북 완주군 봉동읍 일원	금형, 용접
옥천군 뿌리산업특화단지	충청북도 옥천군 옥천읍 서대리, 가풍리, 구일리 일원	뿌리산업

4.2 첨단의료복합단지

「첨단의료복합단지 지정 및 지원에 관한 특별법」에 따라 보건복지부 장관이 지정·고시한 단지로 의료연구개발의 활성화와 연구 성과의 상품화를 촉진하기 위하여 조성되었다. 신약개발지원센터, 첨단의료기기 개발지원센터, 임상시험센터 등을 설립하고 각종 지원사업을 한다. 2038년까지 약 5조 6천억 원의 예산이 집행될 계획이다. 대구 신서혁신도시 내 일부 지역, 오송생명과학단지 두 곳에 지정되어 있으며 아래 홈페이지에서 관련 정보를 확인할 수 있다.

대구경북첨단의료산업진흥재단(https://www.dgmif.re.kr)
오송첨단의료산업진흥재단(https://www.kbiohealth.kr)

2017년에 발표된 「첨단의료복합단지 제3차 종합계획」(구글 등에서 검색하면 다운로드 가능)를 보면 그간 지원 사항과 향후 지원될 사항을 확인할 수 있다(단지 내에 첨단장비 구축, 임상시험센터 건립, R&D 지원, 사업화 지원 등).

4.3 환경산업연구단지

환경산업연구단지는 국내 최초로 환경기업의 실증연구를 전문적으로 지원하기 위해 2017년 7월 설립됐으며, 2019년 1월 말 기준으로 총 59개 환경기업이 입주해 있다. 환경기업이 개발 기술의 사업화 과정에서 경험·자금 부족으로 겪게 되는 '죽음의 계곡'을 극복할 수 있는 통합 지원체계 구축이 필요하여 조성된 단지이다(환경기업의 94%가 운영 실적을 확보할 수 있는 '실증화 시설(Test-bed)'을 원하고 있었음).

환경기술개발부터 모형실험, 시제품 제작, 현장적용 실증실험, 해외시장 개척지원, 사업화까지 전 과정을 지원한다. 일반기업과 벤처기업이 입주대상이며 연구사무실, 전용 실험실, 벤처보육실을 임대하고 있으며 파일럿테스트, 테스트 베드를 위한 연구시설이 갖춰져 있고 시설은 저렴하게 임대된다. 또한 환경벤처센터와 환경창업랩을 운영하여 스타트업 기업 지원, 창업 공간을 제공하고 있다. 현재 인천광역시에 1곳 조성되어 있으며, http://www.etechhive.or.kr에서 관련 정보를 확인할 수 있다.

4.4 국가식품클러스터

「식품산업진흥법」에 근거하며 농식품 분야 기술혁신과 해외 수출시장 개척을 위해 조성된다. 현재 익산에 1곳 있다. 국가식품클러스터는 식품산업과 관련되어있는 기업, 연구소, 대학 및 기업지원시설을 일정 지역에 집중시켜 상호연계를 통한 상승효과를 만들어 내기 위하여 형성한 집합체를 의미한다(「식품산업진흥법」 제2조).

식품클러스터 단지 내에는 식품패키징센터, 식품품질안전센터, 식품기능성평가지원센터, 파일럿플랜트, 식품벤처센터(임대형공장) 등이 있으며, 입지로는 식료품제조업과 음료제조업을 위한 공장용지, 임대형 용지, 임대형 공장, 외국인투자지역이 제공되고 있다. 국가식품클러스터 지원센터에서 입주관리 등을 하고 있으며, https://www.foodpolis.kr에서 관련 정보를 확인할 수 있다.

5. 외국인 투자 촉진지역

외국인 투자 촉진지역은 외국인 투자 기업만 입주가 가능(외국인투자지역, 외국인투자기업 전용 임대단지)하거나, 외국인 투자 기업에만 추가 인센티브를 제공(경제자유구역, 자유무역지역)하여 외국인 투자를 촉진하는 지역이다. 이 지역에 외국인 투자를 유도할 때 주의해야 할 점이 있다. 「외국인투자촉진법」의 절차를 밟아 투자한 외국인 기업이어야만 인센티브 대상이 된다는 점이다[7].

「외국인투자촉진법」상의 투자 절차는 '외국인 투자 사전 신고(코트라 또는 외국환은행) ⇒ 투자자금 송금(외국환은행, 세관휴대반입) ⇒ 법인설립 등기·증자등기(법원등기소) ⇒ 법인설립 신고 및 사업자등록(코트라 또는 세무서) ⇒ 납입자본금의 법인계좌 이체(외국환은행) ⇒ 외국인투자기업등록(최초 신고기관)'으로 이뤄진다.

---

7 한국에 외국 통화를 들여오는 방법은 2가지가 있다. 「외국인투자촉진법」에 의한 방법과 「외국환거래법」에 의한 방법이 있다. 「외국인투자촉진법」은 한국에 투자하는 외국인을 보호해 투자를 촉진시키기 위한 법령이고, 「외국환거래법」은 외국환 거래에 대한 일반 법령이다.

주의해야 할 점은 '외국인 투자 기업'이 되려면 '1억 원 이상 투자 & 지분의 10% 이상 보유'하거나 '1억 원 이상 투자 & 외국인이 기업 주식 등 소유 & 기업에 임원 파견'의 요건을 충족해야 한다(「외국인투자촉진법」 제2조제1항 및 동법 시행령 제2조 제2항 참고). 또한 외국인투자지역의 경우 '1억 원 이상&30% 이상의 지분 보유'에 더해 빌리려는 부지의 가액의 1배에 해당하는 FDI가 새로 투자되어야 한다. 자세한 내용은 '2019 외국인 투자 가이드(코트라 발간, 홈페이지 PDF 무료 제공)'를 참고하 길 바란다.

5.1 외국인투자지역

5.1.1 도입목적 및 유형(유형별 특징)

외국인투자지역은 공장용지 매입을 원하지 않는 외국인 투자자를 유도하기 위해 지정하는 지역이다. 해당 지역에 입주하는 기업에 대해 인센티브를 제공하며, 크게 단지형과 개별형으로 나뉜다. 단지형 외국인투자지역은 국가 또는 일반 지방산업단 지 중에서 중소규모의 외국인투자 기업을 유치할 목적으로 일정구획을 미리 임대 또 는 분양하기 위하여 지정하는 지역을 말하는데, 현재까지는 임대 목적으로만 입주가 가능하다.

반면, 개별형 외국인투자지역은 대형투자가의 투자를 유치하기 위하여 투자가가 원하는 지역, 시기, 인센티브를 종합적으로 검토하여 1개의 기업을 대상으로 1개의 공장 단위로 지정하는 지역이다.

(1) 도입목적 및 유형

단지형 외국인투자지역

1989년 이후 국내 투자환경의 악화로 외국인 투자가 급속히 감소함에 따라 첨단 고도기술 등 선진기술을 보유한 외국인 기업의 국내투자를 촉진하기 위한 방안으로 1994년 도입하였다.

부품·소재형 외국인투자지역

일본 및 독일 등 첨단 부품·소재 기술을 가진 외국인 기업의 투자 촉진을 목적으로 지정된 곳으로 단지형 외국인투자지역의 한 종류임. 2008년에 제안되어 도입되었다.

개별형 외국인투자지역

1997년 외환위기 이후 외국인 투자의 국내투자를 촉진하기 위하여 투자가가 희망하는 지역을 대상으로 지정할 목적으로 도입하였다.

※ 참고 : 단지형과 개별형 외투지역은 도입 시기와 근거 법률을 달리하여 도입되었으나, 2004년 외국인투자지역으로 일원화(「외국인투자촉진법」 제정)

(2) 적합한 외국인 기업(장기간 한국에서 공장을 경영하려는 기업)

국공유지를 빌려 공장을 짓기 때문에, 공장을 경영하지 않을 시 원칙적으로는 공장을 철거해야 한다. 다만 실무적으로 공장 철거는 사회적 손실로 볼 수 있어 매각을 허용하고 있다. 그러나 매각 시 동일 조건의 외국인 투자가에게만 매각할 수 있어 어려운 점이 있다. 따라서 장기간 공장 경영을 하려는 기업이 아니면 적합하지 않다.

5.1.2 인센티브 및 입주기준

「외국인투자촉진법」에 명시된 외국인투자지역에 대한 인센티브는 ① 국·공유지 수의계약, ② 장기간 임대 가능(50년), ③ 낮은 임대료 또는 면제, ④ 조세 감면, ⑤ 현금지원 등이 있다. 외국인 투자 기업에 대한 인센티브를 세분해서 보면 투자 금액 (FDI), 신기술(신성장동력산업기술을 수반하는 사업), 소재·부품 산업, 고용 인력 등에 따라 차등적으로 인센티브를 지원하고 있다. 코트라에서 매년 발간하는 '2019 외국인 투자가이드'에 상세한 내용이 실려 있다.

(1) 조세 감면

인센티브를 간략하게 살펴보면 법인세는 2019.1.1.부터 감면이 폐지되었고, 취득세와 재산세는 감면 받을 수 있으나 지자체별로 차이가 있다. 관세는 감면 신청과 신청 시기에 차이가 있다.

〈표 121 - 외국인투자지역 관세 감면〉

유형	개별형	단지형
감면내용	관세, 개별소비세, 부가가치세 감면 가능	관세만 감면 가능
감면기간	자본재 수입신고일로부터 5년간 면제	
감면신청	수입신고 시 세관장에게 신청	
신청시기	감면사업에 직접 사용, 투자신고일로부터 5년 이내에 수입신고 완료해야 함	

(2) 임대료는 유형에 따라 차이가 있다.

단지형·부품소재형 외국인투자지역

기본 임대료는 부지가액의 1% 수준이며 이 또한 특정 요건에 해당할 시 전액 또는 부분 감면을 받을 수 있다. 임대료는 입주계약 체결 시부터 적용되며 매년 납부한다. 특이한 제도가 있는데, 계약 기간이 50년이더라도 계약 시 약정한 투자의 이행(계약한 금액 이상의 FDI 투자, 공장 건축, 공장 가동)이 5년 내에 이뤄지지 않을 경우 페널티가 있다. 계약 체결 시 약속한 5년 내로 투자하기로 한 FDI 금액을 투자하지 못하거나 5년 내에 최소 기준 면적 이상으로 공장 건축을 하지 못한 경우에는 5년 치 5%에 해당하는 임대료를 한꺼번에 납부해야 한다. 즉 1%의 임대료를 납부하고 있었다면, 5년치에 해당하는 4%의 임대료를 추가 납부하여야 한다.

주의할 점은 FDI 금액에 연동되는 임대료 감면 조건은 감면 신청을 미리 해야 한다. 예로 입주 계약 시 투자하기로 한 FDI 금액이 전부 들어온 후에 공장 건축이 진행되는 경우에는 투자 금액이 들어온 시점에 임대료 감면 신청을 하고 기본 임대료(1%)를 납부하다가 공장이 완료가 되면 감면 받은 임대료를 환급받을 수 있다.

개별형 외국인투자지역

임대료를 100% 감면받는다. 단 5년 내에 FDI 투자를 하지 않거나 공장 건축을 하지 못할 경우 5년 치 5% 임대료를 한 번에 납부해야 한다. 보통 임대 면적이 넓기 때문에 매우 부담될 수 있다.

(3) 입주기준도 유형에 따라 차이가 있다.

단지형·부품소재형 외국인투자지역 입주자격 등

입주자격을 얻으려면 외국인 투자 기업 등록을 먼저 해야 한다. 이를 하려면 법인 설립 등을 하여야 하는데 외국인 기업이 한국에 최초로 투자하는 경우에는 법인 설립을 위한 사무소를 먼저 구해야 하는 번거로움이 있다. 지자체와 상담 시 관련 사항에 대한 편의를 문의해 볼 수 있다.

외국인투자지역에 입주 신청을 하려면 기업의 지분 중 외국인 투자(FDI) 지분이 최소 30% 이상(대불외국인투자지역 표준공장은 10%) 되어야 하며 입주 기간 내내 이 비율이 30% 이하로 떨어지면 안 된다. 정말 중요한 사안으로, 입주 후 변경하면 되는 거 아니냐는 기업주도 있는데 정말 이런 생각으로 입주했다가 큰일 난다.

특히 합작 투자의 경우 기업이 성장하면서 투자 비율에 변동이 오는 데, 외국인 투자가가 한국에 지속적으로 투자를 할 의향이 있고 국내 협력사와 동반 성장을 원해 합작하는 경우에는 대부분 문제가 없으나 국내 기업이 외국 기업의 기술 이전 등의 목적으로 합작을 할 경우, 기업 성장 시 지분 비율 유지 문제로 많이 어려워질 수 있어 반드시 이 부분을 고려하여야 한다.

원칙적으로 외국인투자지역에 투자하기로 한 FDI는 해외에서 새로 들어와야 한다. 외국인투자지역에 입주계약 하기 전에 들어온 FDI는 투자금으로 인정이 되지 않아 주의하여야 한다.

최초로 우리나라에 투자하면서 외국인투자지역에 입주하려는 외국인 기업의 경우 법인 설립 등을 위한 FDI는 해당 외국인투자지역에 투자하는 FDI로 인정한다. 다만 다른 목적으로 법인 설립을 위해 도입된 FDI는 외국인투자지역의 투자 금액으로 인정되지 않는다.

부지 면적 대비 최소로 지어야 할 공장 건축 면적이 있는데, 이를 5년 내에 완료해야 한다. 제조업 업종별로 최소 면적에 차이가 있으며, 비율은 「공장 입지 기준 고시」에 나와 있다.

10년마다 갱신계약을 한다. 계약 조건은 최초 계약 당시 조건으로 갱신되나, 입주 계약 당시의 FDI 유지 여부 등을 검토하므로, 이런 부분에 문제가 있으면 계약 갱신 이 되지 않아 곤경에 처할 수 있다.

개별형 외국인투자지역

개별형은 광역 및 기초지자체, 산업통상자원부와 먼저 협의를 거쳐야 하며 단지형 에 비해 장시간이 걸린다. 기술성, 인력 고용 등 여러 요인을 평가한다.

5.1.3 단지형·부품소재형 외국인투자지역 입주절차 및 제출서류

(1) 입주절차(임대절차)

〈표 122 – 외국인투자지역 입주 절차〉

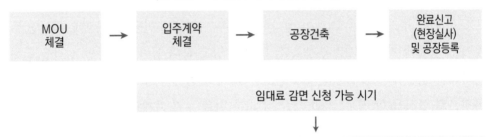

○ 임대료 감면 신청 시기
 - FDI가 감면 대상인 경우 외국인투자신고서(신고서상 금번투자지역이 중요) 및 입주계약서상
   투자하기로 한 FDI가 들어오면 그 시점부터 임대료 감면 신청 가능(「외국인투자지역운영지침 제
   2018-628호」제18조제1항, 제3항, 제4항)
 예) 입주계약 → FDI 도착 → 임대료 감면 신청(기업) → 임대료 감면 결정(기관) → 공장 건설 완료 후
   관리기관 담당자 준공 확인 뒤 입주계약 이후부터 납부한 임대료 반환

(2) 제출 서류(예시 ~ 지역마다 일부 다를 수 있음)

구분	준비 서류
입주신청	○입주계약신청서(「산업집적법 시행규칙」 별지제25호) ○사업계획서(한국산업단지공단 내규) ○건축계획(착공·준공) 및 자금도입계획서 ○외국인투자기업 등록증명서 ○외국인투자신고서(금번투자지역 체크) ○법인등기부등본(법인) ○법인인감증명서 ○법인인감(사용인감 : 사용인감계) ○사업자등록증 사본 ○신분증(대리인의 경우 위임장, 위임용 인감증명서, 대리인 신분증) ○임대보증금 및 임대료 납부 영수증

5.1.4 유형별 별도 규제사항

외국인 투자 기업 중 한국에 여러 외국인투자지역에 공장을 보유하고 있는 외국인 기업이 있다. 투자하기로 한 FDI는 각 공장별로 관리되기 때문에 각각의 공장마다 입주계약 시 투자하기로 한 금액을 공장 경영 기간 동안 계속 유지해야 한다.

5.1.5 관리 기관

한국산업단지공단, 경기도시공사, 기초자치단체, 경제자유구역청(일부).

5.1.6 관련 법령 및 체계도

- 「외국인투자촉진법」
- 「외국인투자지역운영지침」: 임대료 기준, 입주자격, 입주한도 등
- 「관리기본계획」: 단지형, 부품·소재형 외국인투자지역만 있고 개별형 외국인투자지역은 관리기본계획이 없음

5.1.7 홈페이지

Invest Korea(www.Investkorea.org): 외국인투자 입지 현황을 안내하고 있다.

투자 전반에 관한 내용은 코트라 발간 '2019 외국인 투자가이드' 참고하길 바란다.

5.1.8 연관 자료

2019 외국인 투자가이드 : 한영중일 번역본이 제공되고 있다. 코트라 해외시장뉴스(http://news.kotra.or.kr/) 또는 Invest Korea(www.Investkorea.org)에서 무료 다운로드 받을 수 있다.

5.1.9 지정 현황

〈표 123 – 외국인투자지역 지정 현황〉

유형	지정지역
단지형(21)	천안, 대불, 사천, 오창, 구미, 장안1, 인주, 당동, 지사, 장안2, 달성, 오성, 천안5, 월전, 문막, 진천산수, 송산2, 국가식품(익산), 충주, 송산 2-1(송산 2-2), 광양세풍
부품·소재형(5)	구미(부품), 포항(부품), 익산(부품), 창원(부품), 미음(부품)
단지형(●) 부품·소재형(●) 전국 위치도	
개별형(73)	73개 공장이 있음

5.2 외국인투자기업 전용임대단지

5.2.1 조성목적 및 유형(유형별 특징)

1997년 외환위기 이후 외국인투자의 국내투자를 촉진하기 위하여 지정한 지역이다. 경기도에만 4곳 지정되어 있으며, 단지형 외국인투자지역과 유사하나 기준 법령, 입주기준, 인센티브 등에서 차이가 있다.

5.2.2 인센티브 및 입주기준

(1) 인센티브

임대료 감면 인센티브가 있다. 다만 조세의 경우 『고도기술수반사업』만 감면된다(외국인투자지역과의 차이).

(2) 입주기준

입주조건

〈표 124 - 외국인투자기업 전용임대단지 입주 조건〉

(임대료 단위: 원/㎡, 기준일: 2018.12.31.)

구분	어연한산	추팔	포승	현곡
임대료	4,452	3,564	3,948	3,708
	※고도기술 수반업종인 경우에는 임대료 면제			
임대한도	100만불당 3,305㎡(추팔, 현곡), 120만불당 3,305㎡(어현·한산, 포승)			
건폐율 (이하)	80% 이하			
용적률 (이하)	350% 이하			
임대기간	최대 50년(매 10년 마다 다시 계약)			
외투비율	30% 이상			

입주 가능 업종

〈표 125 – 외국인투자지역 전용임대단지 입주 가능 업종〉

지역	입주 가능 업종
평택 어현한산	전자부품, 컴퓨터, 영상,음향 및 통신장비 제조업 (26) 기타기계 및 장비 제조업(29) 자동차 및 트레일러(30)
평택 현곡	화학물질, 화학물질 제조업(20), 고무, 플라스틱제품 제조업(22), 비금속광물제품 제조업(23), 조립금속제품 제조업(25), 전자부품, 컴퓨터, 영상, 음향 및 통신장비 제조업(26), 의료, 정밀광학기기, 시계 제조업(27), 전기장비 제조업(28), 기타 기계, 장비 제조업(29), 자동차, 트레일러 제조업(30)
평택 포승	1)「조세특례제한법」에 의한 고도기술수반사업 2)「산업집적법」에 의한 첨단 업종 3) 연구개발(R&D) 센터 4) 물류시설업 5) 일반제조업(24~31)
평택 추팔	1)「조세특례제한법」에 의한 고도기술수반사업 2)「산업집적법」에 의한 첨단 업종 3) 연구개발(R&D) 센터 4) 물류시설업 5) 일반제조업(24~31)

5.2.3 유형별 별도 규제사항

입주절차

* 출처 : 경기도시공사

5.2.4 관리 기관

경기도시공사 외투단지관리센터(Tell 031~681~6474~5)

5.2.5 홈페이지(및 관련 웹사이트)

- 경기도시공사(www.gico.or.kr): 경기도시공사 홈페이지 '사업정보 → 산업단지 조성 → 외국인투자지역 및 임대단지'
- 인베스트 경기(https://invest.gg.go.kr/): 투자환경, 투자정보, 경영지원 등 안내

5.2.6 지정 현황

지정현황

〈표 126 – 외국인투자지역 전용임대단지 지정현황〉

(단위: 원/㎡, 기준일: 2018.12.31.)

단지명	조성 시기	조성 면적	임대 면적	잔여 면적	입주 기업	입주율
어연·한산	'93~'99	324,392	324,392	~	22	100%
추팔	'94~'00	88,976	86,476	2,500	7	97%
포승	'91~'98	95,774	95,774	~	5	100%
현곡	'96~'06	500,709	480,872	19,837	31	96%

위치도

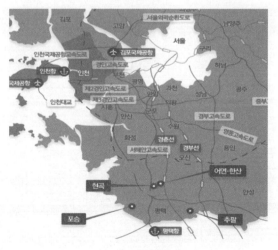

*출처 : 인베스트 경기(https://invest.gg.go.kr/)

5.3 경제자유구역

5.3.1 조성목적 및 유형(유형별 특징)

외국인투자기업의 경영환경과 생활여건을 개선하고, 각종 규제 완화를 통한 기업의 경제활동 자율성과 투자유인을 최대한 보장하여 외국인 투자를 적극적으로 유치하기 위한 특별경제구역이다. 2003년 인천을 시작으로 부산·진해, 광양만권, 인천, 황해, 대구·경북, 충북, 동해안권 등 총 7개가 조성·운영 중이다.

5.3.2 입주기준 및 인센티브

(1) 입주기준

경제자유구역은 외국인 투자를 활성화하기 위해 조성된 곳이지만, 국내 기업도 이곳에서 사업할 수 있다. 다만 외국인 기업에 주는 혜택은 받을 수 없다(국내 복귀 기업의 경우 혜택 있음).

또한 비제조업도 사업을 할 수 있다. 경제자유구역이 지정된 지역마다 다르지만, 하나의 도시개발 형태로 조성된 곳은 제조업·비제조업 모두 가능하고, 산업집적지형으로 조성된 곳은 제조업만 가능하다. 2018년 산업통상자원부에서 발표된 다음 자료를 보면 제조업과 비제조업 입주 기업 현황을 확인할 수 있다.

〈표 127 – 경제자유구역 기업 입주 현황(황해 제외)〉

(단위:개)

구분	인천		부산진해		광양만권		대구경북		충북		동해안권	
	국내	외투	국내	외투	국내	외투	국내	외투	국내	외투	국내	외투
제조업	168	33	975	44	96	16	391	17	45	2	1	0
비제조업	2,061	91	471	82	147	45	29	1	0	0	14	0
합계	2,229	124	1,446	126	243	61	420	18	45	2	15	0

* 출처 : 제2차 경제자유구역 기본계획(2018 ~ 2027)

(2) 인센티브(외국인 투자 기업에 한함)

* 출처 :경제자유구역 홈페이지

조세 지원

〈표 128 - 경제자유구역 조세 지원〉

구분		감면내용	감면요건
국세	관세	5년간 100% 면제	수입자본재에 한함
지방세 지방세	취득세	지자체 조례에 따라 최장 15년간 100% 감면	
	재산세	지자체 조례에 따라 최장 15년간 감면	

경영 활동 지원

〈표 129 - 경제자유구역 경영 활동 지원〉

구분	감면내용	감면요건
현금지원	협상을 통해 결정하되, 최소 FDI 5% 이상 지원 - 공장시설·연구시설 설치비, 고용보조금, 　교육훈련보조금 등 지원	제조업 : 1천만불 이상 관광업 : 1천만불 이상 물류업 : 5백만불 이상 의료기관 : 5백만불 이상 R&D : 1백만불 이상 서비스업 : 1천만불 이상
기반시설 지원	도로, 철도, 공항, 항만시설, 상하수도, 폐기물 처리시설 등 기반시설 지원	국비 50% 지원 경제자유구역위원회 의결 시 전액 지원
외국교육 연구기관	외국교육·연구기관　설립준비비,　초기운영비, 건축비 등 지원	국가발전기여도, 명성도 등 평가요소 충족
임대지원	국·공유지에 대해 50년간 임대 가능(임대료는 부지가액의 1% 수준)	외국인 투자기업
임대료 감면	지방자치단체 조례에 의해 50~100% 감면	외국인 투자기업

각종 규제 완화

〈표 130 - 경제자유구역 규제 완화〉

구분	감면내용
노동 규제 완화	국가유공자, 장애인, 고령자 등의 취업보호 대상자 우선채용 의무조항 적용 배제, 근로자 무급휴일 허용, 근로자 파견대상업무 확대 및 근로자 파견기간 연장
수도권정비계획법 적용 배제	입주외국인투자기업에 대하여 「수도권정비계획법」 제7조(과밀억제권역의 행위 제한), 제8조(성장관리권역의 행위 제한), 제12조(과밀부담금의 부과징수), 제18조(인구집중유발시설 총량규제) 및 제19조(대규모개발 사업에 대한 규제)를 적용 배제
외환거래 유지	1만불 이하 범위 내 경상거래 시 대외 직접 지급

행정 절차 지원

경제자유구역이 지정되면 그 경제자유구역개발계획의 내용에 따라 도시개발법, 택지개발촉진법 등 11개 법률에서 규정하는 각종 구역의 지정, 각종 계획의 수립·승인 또는 변경이 각각 있는 것으로 간주한다(각종 계획 수립 등의 의제). 또한 개발사업 시행자가 실시계획의 승인 또는 변경 승인을 받은 경우 초지법, 산지관리법, 농지법 등 40개 법률에 따른 인가·허가를 받은 것으로 간주한다(각종 인·허가 등의 의제).

원스톱 서비스

각 경제자유구역청은 전담 프로젝트 매니저를 운영하며, 투자 검토 단계에서부터 사후 관리에 이르기까지 기업의 성공적인 비즈니스 안착을 위한 전 과정을 원스톱으로 지원한다. 새로운 투자 기회 발굴이나 유망 투자파트너 물색과 같은 비즈니스 컨설팅뿐만 아니라 법률, 회계, 세무 상담 및 각종 행정 지원 서비스까지 경제자유구역이 제공하는 전문적이고 체계적인 관리 서비스를 통해 신속한 의사결정과 사업추진에 도움을 주고 있다.

5.3.3 관리 기관

- 각 경제자유구역 관리청

5.3.4 관련 법령 및 체계도

- 「경제자유구역의 지정 및 운영에 관한 특별법」
- 「산업집적법」(지침, 고시 등)
- 「국토의 계획 및 이용에 관한 법률」
- 「외국인 투자 촉진법」 및 「외국인투자지역 운영지침」 등 관련 법령

5.3.5 홈페이지

- 경제자유구역 통합 안내 홈페이지(http://www.fez.go.kr)

5.3.6 연관 자료

• 각 경제자유구역 안내 홈페이지에서 브로슈어 등 다운로드 가능

5.3.7 지정 현황

*지도 출처 : 경제자유구역 홈페이지(http://www.fez.go.kr)

5.4 자유무역지역

5.4.1 조성목적

자유로운 제조, 물류, 유통 및 무역활동 등이 보장되는 지역으로써, 외국인 투자를 통해 무역의 진흥, 고용 창출, 기술의 향상을 기하여 국가 및 지역경제 발전에 이바지함을 목적으로 지정된 지역이다.

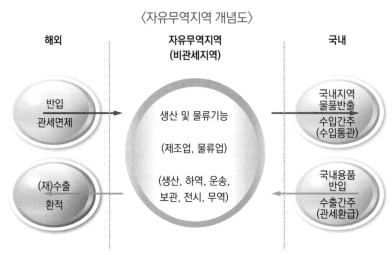

〈자유무역지역 개념도〉

* 출처 : 산업연구원, 『외국인투자 유치 경제특구의 내실화 방안 연구』, 2013.

5.4.2 인센티브 및 입주기준

원스톱 서비스

입주업체에 대해 외국인 투자신고, 공장건축허가, 수출입 승인 등 모든 행정업무를 산업통상자원부 대불자유무역지역관리원에서 일괄 처리하는 One-Stop 서비스 체제를 구축하여 편의를 제공하고 있다.

공장용지·지식산업센터(표준공장) 임대

공장용지 및 표준공장을 저렴하게 임대하고 있고, 일정 기준 이상인 경우 임대료를 면제하고 있다.

조세 감면

〈표 131 – 자유무역지역 조세 감면〉

구분		감면내용
국세	관세	(외국인투자기업만 대상) ○관세영역 밖의 지역으로 외국물품에 대해 비관세 적용 ○자유무역지역 내 반입 신고한 내국물품에 대해 관세 등을 면제 또는 환급

구분	감면내용
지방세	(외국인투자기업만 대상) 취득세, 등록세, 종합소득세 15년간 100% 감면
부가세 영세율 적용	(입주기업 전체) ○ 자유무역지역으로 반입신고한 내국물품 ○ 자유무역지역 입주기업체간 공급 또는 제공하는 외국물품 등과 용역

5.4.3 유형별 별도 규제사항

내·외국인 모두 입주 가능하지만 입주 자격을 충족하여야 한다.

〈표 132 – 자유무역지역 규제 사항〉

구분	조건
수출을 주목적으로 하는 제조업	입주계약 신청일부터 과거 3년의 기간 중 총매출액 대비 수출액이 50/100(중견기업 40/100, 중소기업 30/100) 이상인 기간이 연속하여 1년 이상
수출을 주목적으로 하는 국내 복귀 기업	「해외진출기업의 국내복귀 지원에 관한 법률」 제7조에 따라 지원대상 국내복귀기업으로 선정된 기업으로서, 복귀 이전 총매출액 대비 대한민국으로의 수출액을 제외한 매출액이 50/100(중견기업 40/100, 중소기업 30/100) 이상인 기간이 연속하여 1년 이상
외국인투자기업으로서 제조업	1. 외국인 투자금액이 1억원 이상, 외국인투자 비율이 10/100 이상이면서 입주계약 신청일부터 과거 3년의 기간 중 총매출액 대비 수출액이 50/100(중견기업 40/100, 중소기업 30/100) 이상인 기간이 연속하여 1년 이상 2. 신설 외국인투자기업의 경우, 공장 설립 완료 신고일부터 3년 이내에 총매출액 대비 수출액이 50/100(중견기업 40/100, 중소기업 30/100) 이상인 기간이 연속하여 1년 이상
지식서비스산업 (외국인투자기업포함)	입주계약 신청일부터 과거 3년의 기간 중 총매출액 대비 수출액이 5/100 이상인 기간이 연속하여 1년 이상

5.4.4 관리 기관

• 각 자유무역지역 관리원

5.4.5 관련 법령

•「자유무역지역의 지정 및 운영에 관한 법률」

5.4.6 홈페이지(및 관련 웹사이트)

• http://www.motie.go.kr/ftz

5.4.7 지정 현황(산업단지형)

〈표 133 – 산업단지형 자유무역지역 지정 현황〉

구분	마산	익산	군산	대불	동해	율촌	울산	김제
지정 시기	70.01	73.10	00.10	02.11	05.12	05.12	08.12	08.12
면적 (천㎡)	953	309	1,256	1,157	248	343	1,297	992

6. 산업 육성을 위해 지정된 지역

산업 육성을 위해 지정되는 지역이 있다. 이 지역 내 기업이 입주할 경우 각종 인센티브를 제공받을 수 있고, R&D 연구개발 등을 지원받을 수 있다. 이런 곳은 스타트업, 벤처기업, 소기업 육성에 적합한 지역들이 많다.

6.1 신기술 창업 집적지역

6.1.1 조성목적 및 유형

• 대학 · 연구기관 내 기술창업 촉진
• 창업기업에 대한 입지 지원 등 창업 공간 제공을 통한 창업 활성화

6.1.2 인센티브 및 지원대상

인센티브

※ 참고 : 시제품화까지 한 스타트업 기업

○취·등록세 감면
- 집적 지역 조성을 위한 부동산 취득 및 건축물 신·증축 시 취득세 50% 감면, 재산세 50% 감면(지방세 특례 제한법 제58조 제1항)
- 신기술창업 집적지역에 건축물을 신축 또는 증축하는데 취득하는 부동산에 대해 취득세 및 재산세 50% 감면(지방세 특례 제한법 제58조 제3항)

○기타
- 건축제한 완화 : 녹색 지역 등 일정 지역만 제외〈벤처 기업 육성에 관한 특별 조치법 제17조의 4 제1항〉
- 도시형 공장 설치 허용〈같은 법 제17조의 4 제2항〉
- 입주기업과 지원시설 설치·운영자에게 국·공유지 영구시설물 축조 허용 및 임대 기간 우대(20년)〈같은 법 제17조의 4 제6~7항〉
- · 5개 부담금* 면제, 미술 장식 설치 의무 배제〈같은 법 제17조의 4 제8항〉
  * 개발·농지보전·교통 유발 부담금, 대체산림자원조성비, 대체초지조성비

지원대상

- 대학, 연구기관 내 일정 지역을 「신기술창업 집적지역」으로 지정하려는 대학이나 연구기관
- 신기술창업 집적지역에 산업용 건축물이나 연구시설 및 시험생산용 건축물을 신축하거나 증축하는 자
- 신기술창업 집적지역에 입주할 기업은 '창업기업', 'BI 졸업기업', '벤처기업'이고 총 입주면적의 30% 이내에서 그 외 기업도 입주 가능함

6.1.3 관련 법령

「벤처 기업 육성에 관한 특별 조치법」

6.1.4 홈페이지

정부24(www.gov.kr)에서 '신기술 창업 집적지역 지정 제도'를 검색하면 관련 내용 안내.

6.1.5 지정 현황(「신기술창업집적지역 지정 통합 고시」, 중소벤처기업부)

〈표 134 – 신기술 창업 집적지역 지정 현황〉

집적 지역명	사업자	소 재 지	입주 업종	한국표준 산업분류 (중분류)
HNU Science park	한남대 산학협력단	대전광역시 유성구 유성대로 1646	기능성 생물소재 제조업	20, 21
호서벤처밸리	호서대	충남 아산시 배방읍 호서로 79번길 20, 충남 당진시 석문면 산단7로 산학융합캠퍼스 기업연구관	반도체, 디스플레이, 전자부품, 화학제품 제조업 등	20, 21, 24, 25, 26, 28, 30, 62
배재대학교 산학협력관	배재대 산학협력단	대전광역시 유성구 테크노1로 11-3	BIT 융합	20, 21, 26, 27, 62, 63, 70
동국 바이오 파크	동국대	경기도 고양시 일산동구 동국로 32(식사동)	BT	21, 27, 70
영동 테크노밸리	영동대	충청북도 영동군 영동읍 대학로 310	IT, 기능성생물소재	20, 21, 26, 27, 58, 62, 63, 70
HISTEC	한밭대	대전광역시 유성구 동서대로 125, 대전광역시 유성구 테크노1로 75	첨단화학 및 부품 소재	20, 21, 25, 26, 27, 29
Eco-Green 테크노 밸리	전북대 산학협력단	전북 군산시 오식도동 515, 515-5, 515-6	전기·전자, 메카트로닉스, 녹색산업	26, 27, 28, 29
차세대 녹색기술 창업플라자	단국대	경기도 용인시 수지구 죽전로 152	S/W 및 Green IT	26, 28, 29, 58, 62, 63, 70, 72, 73
새만금 녹색 융복합 테크노밸리	군산대 산학 협력단	전북 군산시 오식도동 515-4, 515-8, 515-10, 515-12, 515-13, 515-14	기계(건설기계), 조선해양, 풍력발전 및 녹색친환경산업	26, 27, 28, 29, 31, 70, 72

집적 지역명	사업자	소 재 지	입주 업종	한국표준 산업분류 (중분류)
벤처 이노베이션 팩토리단지	카이스트 산학협력단	대전광역시 유성구 문지로 193번지	전기·전자, 정보통신, 메카트로닉스, 융복합산업	20, 25, 26, 27, 28, 29 33, 61, 62, 63, 70, 71, 73
산학융합 벤처밸리	영진전문대 산학협력단	경북 칠곡군 지천면 송정수정길 57(송정수정길)	메카트로닉스, 전자정보기기, 그린에너지, 자동차	26, 27, 28, 29, 30, 31
부경 드래곤 밸리	부경대	부산광역시 남구 신선로 365 부경대학교 용당캠퍼스 내, 부산광역시 기장군 일광면 동백리 256 부경대학교 수산해양과학연구단지 내	제조업, 환경복원업, 건설업, 운수업, 출판영상정보서비스업, 전문과학 및 기술서비스업, 교육서비스업	26, 27, 28, 29, 30, 39, 41, 42, 50, 52, 59, 61, 62, 63, 70, 72, 73, 85
연세대학교 바이오-헬스케어 집적지역	연세대	인천광역시 연수구 송도과학로 85	의료용 물질·의약품 제조업, 연구개발업	21, 70
KU-MAGIC 정릉	고려대	서울특별시 성북구 정릉로 161	의료용 물질· 의약품· 의료기기 제조업, 연구개발업, 기술서비스업, 교육서비스업	20, 21, 27, 70, 71, 73, 85

6.2 연구개발특구

6.2.1 조성목적 및 유형(유형별 특징)

조성목적

연구개발을 통한 신기술의 창출 및 연구개발 성과의 확산과 사업화 촉진을 위하여 조성된 지역.

기본개념

「기술·아이디어→사업화(창업)→기업성장→재투자」의 선순환을 촉진하기 위한 혁신 생태계를 구현.

6.2.2 사업안내(연구개발특구진흥재단 홈페이지 참고)

(1) 특구 육성 사업 참여

특구 연구성과 사업화

공공 연구성과의 조기 사업화를 위해 우수기술에 대한 발굴과 기술수요자 ~ 공급자 간 연계 및 사업화 지원.

연구소기업·창업 성장지원

연구소기업, 우수 아이디어·기술기반 기업 등의 창업·성장 및 글로벌 진출 지원.

'연구소기업' 설립 가능

연구소기업은 공공연구기관의 기술을 직접 사업화하기 위해 연구개발특구(대덕·광주·대구·부산·전북) 안에 설립하는 기업으로 국가 연구기관의 기술력과 기업의 자본 및 경영 노하우를 결합시킨 새로운 형태의 기업 모델.

'첨단기술기업' 지정에 따른 지원

첨단기술기업은 특구에 입주한 기업 가운데 정보통신기술·생명공학기술·나노기술 등 기술집약도가 높고 기술혁신속도가 빠른 기술 분야의 제품을 생산·판매하는 기업으로서 연구개발특구의 육성에 관한 특별법 제9조에 따라 지정을 받은 기업.

6.2.3 관리 기관

연구개발특구진흥재단 외

6.2.4 관련 법령[8]

「연구개발특구의 육성에 관한 특별법」

---

8 이외 법령은 연구개발특구 입주관리서비스 홈페이지(https://minwon.innopolis.or.kr) 내 '공지공고
→관련법령' 참고

6.2.5 홈페이지 및 관련 웹사이트

- 연구개발특구진흥재단(www.innopolis.or.kr)
- 연구개발특구 입주관리서비스 홈페이지(https://minwon. innopolis.or.kr)

6.2.6 지정 현황

지정현황

대덕특구, 광주특구, 대구특구, 부산특구, 전북특구(연구개발특구진흥재단 홈페이지 참고).

지정지역

연구개발특구진흥재단 홈페이지 참고.

6.3 벤처기업촉진지구

6.3.1 조성목적

벤처기업 육성을 위하여 중소기업청이 시·도지사의 요청을 받아 일정지역을 촉진지구로 지정하는 제도.

6.3.2 인센티브

지구 내 입주 기업에 대해 지방세(취득세, 재산세) 감면, 기술·경영·창업·일자리창출지원 등.

6.3.3 홈페이지(및 관련 웹사이트)

- 전담기관 홈페이지 : 경기벤처기업협회, 대구테크노파크, 울산정보산업진흥원 등
- 관련 홈페이지 벤처인 : https://www.venturein.or.kr

6.3.4 관련 법령

- 「벤처기업육성에관한특별조치법」
- 「벤처기업육성촉진지구 지정 통합 고시」

6.3.5 지정 현황[9]

〈표 135 – 벤처기업촉진지구 지정 현황〉

구 분	촉진지구명칭	소재지
서울	영등포 벤처기업육성촉진지구	영등포동, 여의도동, 문래동
	홍릉·월곡 벤처기업육성촉진지구	KIST인근(이문동, 전농동)
	성동 벤처기업육성촉진지구	성수동, 행당동, 도선동
부산	대연 벤처기업육성촉진지구	대연동, 남천동, 우동
	하단 벤처기업육성촉진지구	하단동, 엄궁동
대구	동대구·성서 벤처기업육성촉진지구	신천동, 범어동, 호산동, 호림동
인천	주안 벤처기업육성촉진지구	주안동, 도화동
광주	금남 벤처기업육성촉진지구	대인동, 수기동, 호남동
	첨단 벤처기업육성촉진지구	오룡동, 대촌동, 월출동
대전	대덕 벤처기업육성촉진지구	어은동, 전민동, 신성동
울산	울산 벤처기업육성촉진지구	다운동, 무거동, 우정동, 반연리, 두왕동
경기도	안양 벤처기업육성촉진지구	안양동, 비산동, 관양동, 평촌동, 호계동
	부천 벤처기업육성촉진지구	상동, 약대동, 삼정동, 오정동, 춘의동
	안산 벤처기업육성촉진지구	원곡동, 원시동, 초지동
	성남 벤처기업육성촉진지구	상대원동, 야탑동, 수내동, 정자동
	수원 벤처기업육성촉진지구	고색동, 서둔동, 천천동
강원도	춘천 벤처기업육성촉진지구	후평동, 삼천동
	원주 벤처기업육성촉진지구	태장동, 흥업면
충북	오창 벤처기업육성촉진지구	오창읍, 옥산면
충남	아산 벤처기업육성촉진지구	탕정면, 음봉면, 직산면
전북	전주 벤처기업육성촉진지구	팔복동, 장동
전남	유달 벤처기업육성촉진지구	목포시 석현동, 옥암동
경북	포항 벤처기업육성촉진지구	지곡동, 효자동
	구미 벤처기업육성촉진지구	공단동, 신평동
경남	창원 벤처기업육성촉진지구	내서읍
제주도	제주 벤처기업육성촉진지구	이도1동, 이도2동, 아라1동
계	26개 지구	

---

9 「벤처기업육성촉진지구 지정 통합 고시」에 지번 등 상세 내용 확인 가능

6.4 도시형 소공인 집적지구

소공인은 제조업을 영위하는 상시근로자 10인 미만의 기업, 노동집약도가 높고 숙련기술을 기반으로 하며 일정지역에 집적하는 특성이 있는 제조업을 의미한다(「도시형 소공인 지원에 관한 특별법」).

6.4.1 집적지구 현황

중소벤처기업부 고시인 「도시형소공인 집적지구 지정 고시」에 보다 자세한 내용이 있다.

〈표 136 – 도시형 소공인 집적지구 지정 현황〉

명 칭	범 위	지 정 목 적
서울특별시 금천구 독산동 의류(C14) 집적지구	독산동	서울 독산동에 공동전시장, 판매장, 작업장, 샘플실, 패턴실, 물류창고를 구축하고 집적지구 내 공동수주 생산지원, 협동화 사업을 추진하여 의류봉제 제조산업 활성화
서울특별시 성북구 보문동, 월곡동, 장위동, 종암동, 석관동 의류 (C14) 집적지구	보문동, 월곡동, 장위동, 종암동, 석관동	서울 보문동에 구축하고 작업환경개선사업, 디자인 및 샘플제작 지원, 공동 일감 생산지원, 교육훈련, 협동화 사업 등을 추진하여 의류제조 산업 활성화
경기도 군포시 군포1동 금속가공(C25) 집적지구	군포1동	군포 군포1동 금속가공 제조 집적지구에 공동장비실, 교육장 등 공동기반시설을 구축하고 특화교육, 국내외 마케팅, 지식재산권 지원 등 지원사업을 추진하여 금속가공 제조 산업 활성화
경기도 포천시 가산면 가구(C32) 집적지구	가산면	포천 가산면 가구제조 집적지구에 공동전시장, 교육장, 공동창고, 공동장비실을 구축하고 기술협업을 통한 공동생산시스템, 스마트 제품개발 및 품질관리 등으로 경기북부 가구제조 산업 활성화
대구광역시 중구 대봉1동 의류(C14) 집적지구	대봉1동	대구 대봉1동 웨딩관련 의류제조 집적지구에 공동보관창고, 공동장비실 등을 구축하고, 웨딩관련 전·후방 산업간 협업체계 구축을 통해 교육, 연구개발, 제조, 마케팅, 판매 등 웨딩 및 의류 제조 산업 활성화

6.4.2 지정 혜택

공동인프라 구축, 금융지원, 센터 설치 등 우대(소관부처 : 중소벤처기업부).

6.5 기업도시

지식기반형 기업도시는 원주와 충주에 있으며 관련 내용은 아래 홈페이지를 참고하길 바란다.

- 원주기업도시 : http://www.wonjuec.co.kr
- 충주기업도시 : http://www.nexpolis.com

6.6 국가혁신클러스터

「국가 혁신 융복합 단지 지정 고시」로 지정된 지역 내에 있는 기업에 대해 R&D 연구개발 지원 등을 하는 사업이다. 서울, 경기, 인천을 제외한 지역 테크노파크에서 관련 사업을 수행하고 있으며, 한국테크노파크진흥회(http://www.technopark.kr/)에 '테크노파크→지역 테크노파크 소개'로 들어가면 각 지역별 테크노파크 홈페이지에서 확인할 수 있다.

6.7 산업위기대응특별지역

산업위기대응특별지역 제도는 `17.6.22일 개정된 「국가균형발전특별법」 제17조에 근거를 두고 있으며, 울산 동구, 경남 통영·고성, 거제, 창원 진해구, 전남 영암·목포·해남이 지정되었다. 지정 기간은 2021.5.28.까지이다. 2018.05.29. 관계부처 합동으로 발표한 기업지원사항은 아래와 같다(해당 지자체 시·군·구청에 문의).

1. 근로자·실직자 생계안정 및 재취업 지원
- (기수립 대책) 고용위기지역 지원 프로그램*(고용부) 및 조선업 퇴직인력 재취업 인건비 지원**(산업부) 등
  * 훈련연장급여 지급, 취업성공패키지 지원 확대, 고용유지지원금 한도 확대, 지역고용촉진 지원금 지급 등
  ** 조선업 특별고용지원업종 관련 구조조정 기업·협력업체 퇴직인력을 채용하는 기업에 대해 최대 3,000만원(1인당, 1년간) 인건비 지원
- (추가대책) 지역내 실직자 및 취약계층 등 생계 지원을 위한 희망근로 한시 시행(추경 121억원)
- (대상지역) 고용위기지역 (조선업 특별고용지원업종 지원 포함)

2. 지역 소상공인·중소기업 경쟁력 제고
- (지원내용) 특별경영안정자금 등 금융 우대지원, 소상공인 재창업·취업 지원, 중소기업 사업다각화 및 경영여건 개선* 지원
  * 세금 납기연장·징수유예·체납처분유예 연장, 신규투자 세제지원 확대 등
- (지원대상) 통영·군산지역 소상공인, 고용·산업위기지역 중소기업 → 신규지정 고용·산업위기지역 소상공인·중소기업으로 확대

3. 협력업체 경영안정 및 경쟁력 강화 지원
- (지원내용) 자금난 완화를 위한 단기 유동성 공급 확대*, 신규투자·사업전환 촉진 등
  * 대출만기 연장 및 원금상환 1년 유예, 특별보증 프로그램 운영 등
- (지원대상) 한국GM 군산공장 및 성동·STX조선 협력업체
- 대상지역

지원대상	기존 대상지역		추가 대상지역
성동조선 협력업체	경남 지역	→	조선업 특별고용업종 관련지역
STX조선 협력업체	-	→	조선업 특별고용업종 관련지역

4. 기업유치 지원 및 지역경제 활성화 지원
- (지원내용) 법인·소득세 5년간 100% 감면*, 지방투자촉진보조금 지원비율 확대**, 국공유지 임대료율 대폭 인하(5% → 1%), 고향사랑상품권 할인발행(20% 한도내) 지원
  * 위기지역 창업기업(31개 업종) 대상 → 기업규모별 감면한도 차등 설정
  ** 지원비율(중소기업 기준) : (토지매입비) 30% → 50% (설비투자) 14% → 34%
- (대상지역) 旣지정된 고용·산업위기지역 → 신규지정 고용·산업위기지역으로 확대

6.8 국제과학비즈니스벨트

세계적 수준의 기초연구환경 및 글로벌 정주환경을 구축하여 세계적 과학기반 혁신클러스터로 육성을 목적으로 지정된 지역이다. 연구개발특구진흥재단(https://www.innopolis.or.kr)에서 '5개 특구 +' → '국제과학 비즈니스벨트'로 들어가면 관련 내용을 안내받을 수 있다.

7. 산업단지·특별지역 이 외의 지역(개별입지)

7.1 개별입지 유형

앞서 설명한 바와 같이 개별입지는 산업단지 및 특별지역 이외의 모든 지역을 의미한다. 개별입지는 기본적으로 용도지역에 따라 공장 설립 가능 여부가 달라진다. 산업단지와 용도지역이 다른 점은 산업단지는 입주 가능 여부를 규제할 때 제조업 업종으로 하지만, 용도지역은 규제 방식이 다르다. 공장 건축물을 지을 수 없는 지역도 있고, 공장 건축은 가능하나 유해물질이나 지정폐기물 배출 여부, 오염물질배출시설 설치 여부 등에 의해 업종을 제한하는 지역도 있다. 또한 제조업 업종으로 공장 설립을 제한하는 지역도 있다.

※ 용도지역별 공장 설립 가능 지역[10]

〈표 137 – 용도지역별 공장 설립 가능 지역〉

용도지역		세 분	지정 목적 및 공장설립 가능 여부 (「국토의계획및이용에관한법률」)
도시지역	주거지역	제1종전용	공장설립 불가
		제2종전용	공장설립 불가
		제1종일반	△(지자체에 별도 조례 있을 시 제조업소와 일부 업종 공장)
		제2종일반	△(지자체에 별도 조례 있을 시 제조업소와 일부 업종 공장)
		제3종일반	△(지자체에 별도 조례 있을 시 제조업소와 일부 업종 공장)
		준주거	△(제조업소, 일부 업종 공장)

10 용도지역 중에는 건축물 층수, 폐수, 공장 바닥면적 제한이 있는 지역이 있고, 이 표에서 조례는 각 지방자치단체의 '도시계획 조례'를 의미함. 용도지역별 가능 업종은 「공장입지기준 고시」 또는 「국토의 계획 및 이용에 관한 법률 시행령」별표 참고

용도지역	세 분	지정 목적 및 공장설립 가능 여부 (「국토의계획및이용에관한법률」)
도시지역	상업지역 중심상업	△(제조업소 + 지자체에 별도 조례 있을 시 일부 업종 공장)
	상업지역 일반상업	△(제조업소 + 지자체에 별도 조례 있을 시 일부 업종 공장)
	상업지역 근린상업	△(제조업소 + 지자체에 별도 조례 있을 시 일부 업종 공장)
	상업지역 유통상업	△(지자체에 별도 조례 있을 시 제조업소)
	공업지역 전용공업	○(제조업소, 모든 공장)
	공업지역 일반공업	○(제조업소, 모든 공장)
	공업지역 준공업	○(제조업소, 일정 규모 미만 공장)
	녹지지역 보전녹지	△(지자체에 별도 조례 있을 시 도축업만 가능)
	녹지지역 생산녹지	△(도축업만 가능. 지자체에 별도 조례 있을 시 제조업소, 도정공장, 식품공장, 첨단업종 공장)
	녹지지역 자연녹지	△(제조업소, 도축업만 가능. 지자체에 별도 조례 있을 시 첨단업종의 공장, 지식산업센터, 도정·식품·제재업 공장)
관리지역	계획관리	△(제조업소, 일부 업종 공장)
	생산관리	△(지자체에 별도 조례 있을 시 제조업소, 도정공장, 식품공장, 제재업의 공장, 도축업)
	보전관리	공장설립 불가
농림지역		공장설립 불가
자연환경보전지역		공장설립 불가

그러나 해당 지자체에서 용도지역만으로 계획적 관리 등에 어려운 점이 있을 경우 '용도지구'나 '용도구역'을 추가로 지정하는데, 이 경우 공장 설립에 추가 제한을 받기도 한다.

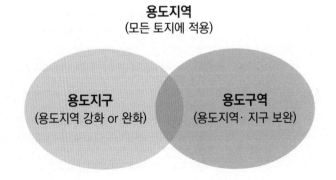

용도지역
(모든 토지에 적용)

용도지구
(용도지역 강화 or 완화)

용도구역
(용도지역· 지구 보완)

〈표 138 – 용도지구·용도구역에서의 공장 설립 제한〉

지구 · 구역	공장설립 가능 여부 (「국토의계획및이용에관한법률」)
용도지구	지자체에 별도 조례 있을 시 제조업소. 도정공장, 식품공장, 제재업의 공장, 첨단업종의 공장 가능
자연취락지구	
용도구역	신규는 안됨(기존에 있던 공장만 가능)
시가화조정구역	
수산자원보호구역	농산물, 임산물, 수산물 및 그 부산물 가공공장, 조선소. 수산자원보호구역 내 자연취락지구로 지정된 경우 제조업소, 도정공장, 식품공장, 제재업의 공장, 첨단업종의 공장 가능

용도지구, 용도구역 외에도 다른 법령에 의해 지정되는 '지역·지구·구역'은 다양하며 이에 따라 지정된 지역은 가능한 공장도 달라진다.

〈표 139 – 다른 법령에 따른 지역·지구·구역에서 공장 설립 제한〉

지구 · 구역 등	공장설립 가능 여부
전원개발사업구역 (「전원개발촉진법」)	×
농업진흥구역(「농지법」)	국내 생산된 농수산물 가공·처리시설 공장, 농수산물 부산물 이용한 유기질비료 및 사료 시설 공장
농업보호구역(「농지법」)	×
보전산지 (「산지관리법」)	임산물 생산 시설, 유기질비료 생산시설, 농축수산물 가공 시설
초지 (「초지법」)	시장·군수의 허가를 받지 아니하고는 토지형질변경 및 공작물의 설치 불가
상수원보호구역 (「수도법」)	원칙 공장설립 불가, 예외적으로 가능
농업용저수지 상류지역 (「농어촌정비법」)	원칙 공장설립 불가, 예외적으로 가능

위 규제 외에도 토지 사용을 규제하는 법령은 많다. 「토지이용규제 기본법」을 보면 토지이용규제를 하는 지역·지구 등이 무려 234개가 된다. 이러한 토지 규제 법령들은 한 토지에 몇 개가 중첩적으로 적용될 수 있다. 그렇기 때문에 개별입지의 경우 공장 설립 가능 여부를 확인하는 것은 쉽지 않다.

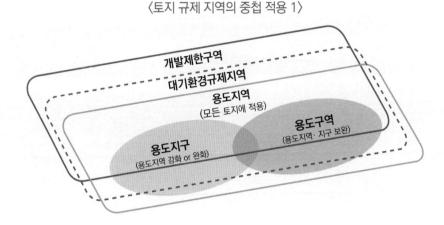

〈토지 규제 지역의 중첩 적용 1〉

※ 참고 : 입지 탐색에 있어 개별입지의 특징

위에서 언급한 '용도지역'의 '용도'는 건축물의 용도를 의미한다. 용도지역 내 토지 용도는 타법 (「공간정보의 구축 및 관리 등에 관한 법률」)에서 정한다('지목 [28개 법정 지목이 있음]'이라고 함.)

처음부터 지목이 '공장용지'인 곳은 없다. 그래서 새로 공장을 지으려는 대부분의 개별입지는 공장용지로 지목변경이 필요하다. 또한, 지목 외에도 각 토지별로 공장설립에 필요한 기반시설이 갖춰져 있는 지 또는 갖출 수 있는 지 여부를 각각 검토해야 하고, 앞서 설명한 토지별 규제 사항도 확인해야 한다. 이런 원인으로 개별입지는 사업에 적합한 공장용지를 산업단지에서처럼 즉시 찾기가 어렵다.

용도지역과 관련된 특별지역에 대해 좀 더 설명을 하자면, 모든 특별지역은 용도지역 위에 설정되는 것으로 생각하면 된다. 예를 들면 벤처기업육성지역의 경우 용도지역 등 다른 토지 규제 지역과 중첩적으로 지정된다. 법령 적용 순서는 벤처기업육성지역과 관련된 특별법에 별도로 정한 사항이 있으면 그것을 따르고, 그 이외에는 용도지역과 관련된 「국토의계획및이용에관한법률」등이 적용된다.

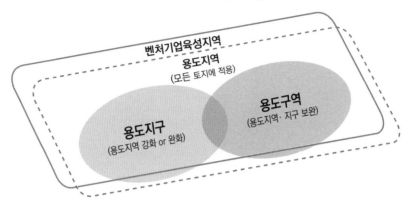

〈토지 규제 지역의 중첩 적용 2〉

산업단지도 이와 같다. 그래서 산업단지에서 공장 설립, 임대, 분할, 매각처럼 「산업집적법」에 별도로 명시되어 있는 사항은 이 특별법을 따르고 도로, 녹지, 폐기물 등과 같이 특별법에 달리 정해져 있지 않은 사항은 기존의 토지 규제 법령을 그대로 따른다. 다만 산업단지는 조성할 때 환경규제 등 여러 인·허가 사항과 공장용지 개발 시 고려되어야 할 사항들을 해결했기 때문에, 공장설립은 개별입지에 비해 수월하다.

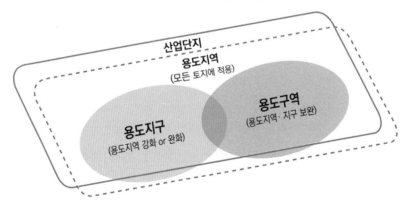

〈토지 규제 지역의 중첩 적용 3〉

그러나 특별법이 중첩된 지역은 이를 다 검토해야 한다. 예로 단지형 외국인투자 지역의 경우 산업단지 관련 규제와 용도지역 규제 등을 함께 고려해야 되어 규제사항이 좀 더 복잡하다.

〈토지 규제 지역의 중첩 적용 4〉

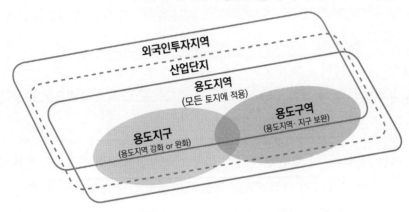

경제자유구역의 경우 지정된 지역마다 다르지만 구역 내에 산업단지, 외국인투자지역, 그 외 지역이 지정되어 있다. 이런 원인으로 규제 완화 등을 위해 특별지역을 지정하였는데 도리어 규제가 더 복잡해져서 비판을 받기도 한다.

〈토지 규제 지역의 중첩 적용 5〉

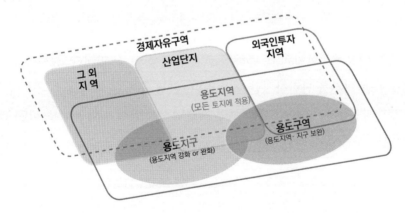

7.2 개별입지에서의 공장 설립 절차

7.2.1 특별지역 여부 확인

산업단지가 아니어도 산업 육성 등을 위해 지정된 특별지역이 있다. 이런 곳은 공장 설립 규제도 다를 수 있고, 조세 감면 등 인센티브도 달리 적용되므로 우선 공장을 설립하려는 지역이 특별지역인지 확인하여야 한다.

특히 이런 지역들은 조세 감면 같은 인센티브를 기업이 신청하지 않으면 혜택을 받지 못한다. 실제 이런 특별 지역에 제조업을 하면서도 감면 사항을 안내 받지 못해 감면 신청조차 하지 못한 기업들도 많다.

7.2.2 입지의 조사·분석(공장 설립 가능 여부 사전 확인)

대략 어떤 지자체에 공장을 설립할지 결정하였다면 후보지를 물색해야 한다. 그런데 후보지 물색이 쉽지가 않다. 이유는 앞서 말한 바와 같이 토지에 규제가 중첩적으로 되어 있다 보니, 마음에 드는 개별입지 토지에 어떤 규제가 있는지 알기 어렵기 때문이다.

보통 '토지이용계획확인원'을 통하면 토지 규제를 알 수 있지만, 그렇다고 하여도 공장 설립 가능 여부를 판단하기란 쉽지 않다. 환경 규제 등 타법들에 의해 규제되는 사항도 많기 때문이다. 다음의 표를 보면 개별입지에 공장 설립 시 검토하는 관련 법령이 많음을 알 수 있다.

※ 참고 : 공장 입지 기준 확인 시 기본 검토되는 법령

〈표 140 – 공장 입지 기준 확인 시 기본으로 검토되는 법령〉

구분		해당사항
수도권 정비 계획	「수도권정비계획법」	총량규제
	「산업집적법」	(과밀억제, 성장관리, 자연보전권역) *「산업집적법」에 저촉되는 경우 이하 다른 법령에 의한 검토를 생략함
도시 관리 계획	용도지역	(제1종전용 · 제2종전용 · 제1종일반 · 제2종일반 · 제3종일반 · 준)주거지역, (중심 · 일반 · 근린 · 유통)상업지역, (전용 · 일반 · 준)공업지역, (보전 · 생산 · 자연)녹지지역, (보전 · 생산 · 계획)관리지역, 농림지역, 자연환경보전지역 *「국토의계획 및 이용에 관한 법률」상 저촉사항의 확인만으로 공장설립 가능 여부를 확인할 수 있는 경우 이하 다른 법령에 의한 검토를 생략함
	용도지구	(자연 · 수변 · 시가지)경관지구 (중심지 · 역사문화 · 일반)미관지구 고도지구(m 이상 · 이하 또는 층 이상 · 이하) 방화지구 · 방재지구 (문화자원 · 중요시설물 · 생태계)보존지구 (학교 · 공용 · 항만 · 공항)시설보호지구 (자연 · 집단)취락지구 (주거 · 산업 · 유통 · 관광휴양 · 복합)개발진흥지구 특정용도제한지구 기타( )
	용도구역	개발제한구역, 도시자연공원구역, 시가화조정구역, 수산자원보호구역, 기타( )
	도시계획시설	도로 · 공원, 기타( )
	지구단위계획 구역	(제1종, 제2종)지구단위계획구역 건폐율( ), 용적률( ), 층수( ), 건축물용도( ), 기타( )
	기타	개발밀도관리구역, 개발행위허가제한지역, 도시개발구역, 토지거래허가구역, 도시계획입안사항, 기타( )
산업단지 관리 기본계획	용도별구역	산업시설구역(공장, 기타), 지원시설구역, 공공시설구역 및 녹지구역
	업종별 배치계획	(적합, 부적합, 입주제한)업종

구분		해당사항
군사 시설등	「공항시설법」	진입표면, 수평표면, 전이표면, 기타( )
	「군용전기통신법」	군용통신설치지역, 기타( )
	「군사기지 및 군사시설 보호법」	보호구역, 민간인통제선, 비행안전구역, 대공방어협조구역, 기타( )
농지· 산지 등등	「농지법」	농업(진흥·보호)구역, 농지전용제한시설, 기타( )
	「농어촌정비법」	농업기반등 정비사업시행지역, 기타( )
	「축산법」	가축보호지역, 기타( )
	「낙농진흥법」	낙농지구, 기타( )
	「초지법」	초지, 기타( )
	「산지관리법」	보전산지(공익용·임업용), 산지전용제한지역, 기타( )
	「야생동식물 보호법」	야생동식물보호구역, 기타( )
	「사방사업법」	사방지, 기타( )
	「자연공원법」	(자연보존·자연환경·자연마을·밀집마을·집단시설)지구, 공원구역, 공원보호구역, 기타( )
도로 하천 수면 등	「하수도법」	배수구역, 기타( )
	「도로법」	(도로·접도)구역, 기타( )
	「고속국도법」	접도구역, 기타( )
	「사도법」	사도개설 필요, 기타( )
	「하천법」	하천구역, 하천예정지, 기타( )
	「댐건설 및 주변지역지원 등에 관한 법률」	댐건설기본계획지역, 기타( )
	「한국철도공사법」	역세권, 기타( )
	「내수면어업법」	조업수역, 연접수면, 기타( )
	「공유수면관리법」	공유수면점용 및 사용허가, 기타( )
	「공유수면매립법」	공유수면매립면허, 기타( )
	「어촌어항법」	어항구역, 기타( )
	「항만법」	임항지역, 기타( )
광업권 등	「광업법」	광구, 조광구, 기타( )
	「온천법」	온천원보호지구, 기타( )

구분		해당사항
환경	「수도법」	상수원보호구역, 상수원보호구역으로부터 수계상 상류지역, 전용상수도, 기타
	「환경정책기본법」	특별대책지역, 기타( )
	「소음 · 진동관리법」	배출시설설치허가, 기타( )
	「수질 및 수 생태계 보전에 관한 법률」	총량규제지역, 배출시설설치허가, 기타( )
	「한강수계 상수원수질개선 및 주민지원 등에 관한 법률」등(낙동강, 금강, 영산강, 섬진강)	수변구역, 기타( )
	「대기환경보전법」	총량규제지역, 배출시설설치허가, 기타( )
	「자연환경보전법」	생태경관보전지역, 자연유보지역, 기타( )
	「환경영향 평가법」	영향평가대상사업 등, 기타( )
	「폐기물관리법」, 「폐기물처리시설 설치촉진 및 주변 지역지원 등에 관한 법률」	폐기물처리시설 설치계획, 기타( )
기타	「문화재보호법」	보호구역, 기타( )
	「자유무역지역의 지정 및 운영에 관한 법률」	자유무역지역, 기타( )
	「공익사업을 위한 토지 등의 취득 및 보상에 관한 법률」	토지수용예정지, 사업인정고시지역, 기타( )
	「국유재산법」	국유재산(도로 · 하천 · 도랑 · 제방), 기타( )
	「자연재해대책법」	자연재해위험지구, 기타( )
	「전원개발촉진법」	전원개발사업구역(발전소 · 변전소), 전원개발사업예정구역, 기타( )
	「관광진흥법」	관광지지정, 기타( )
	「장사 등에 관한 법률」	분묘 개장, 기타( )
	「원자력법」	제한구역, 기타( )
	「택지개발촉진법」	택지개발예정지구, 기타( )
	「산업입지 및 개발에 관한 법률」	(국가산업 · 일반산업 · 도시첨단산업 · 농공)단지, 준산업단지, 공장입지유도지구, 기타( )
지방자치단체의 고시등 기타사항		

이런 어려움을 해결하기 위해 '공장 입지기준 확인'이라는 절차를 두고 있다. 마음에 드는 토지가 탐색 되었다면 지자체나 관리기관에 입지 기준 확인 신청을 하여 공장 설립 가능 여부를 사전에 확인할 수 있다.

절차는 공장 설립 가능 여부를 확인받으려는 자가 입지기준확인 신청서(「산업집적법 시행규칙」 별지 제2호서식) 및 제출 요구 서류를 첨부하여 토지 관할 시장·군수·구청장에 제출(방문, 우편)하면 신청일로부터 10일 이내에 공장설립이 가능한지 여부를 확인하여 그 결과를 통지해 준다(「산업집적법」 제9조제1항, 「산업집적법 시행규칙」 제3조의2제2항). 다만 공장 입지기준 확인 전이라도 토지에 대해 관련 사항을 알아보려 할 경우 다음 서류는 기본으로 확인을 하여야 한다.

> ○ 토지이용계획확인서, 지적도(임야도)
> ○ 토지(임야)대장, 건축물대장(현황도면 첨부)
> ○ 토지·건물 등기부등본

7.2.3 공장입지 선정 이후

(1) 공장설립 등의 승인 신청

제출 서류를 준비하여 토지 관할지의 시장·군수·구청장에게 제출해야 한다. 의제 처리를 하려는 사항에 대해서는 관련 서류를 모두 구비하여 함께 제출해야 한다.

〈공장 설립 승인 제출서류〉

> ○ 공장설립 등의 승인신청서(「산업집적법 시행규칙」 별지 제5호 서식)
> ○ 사업계획서(「산업집적법 시행규칙」 별지 제2호의2 서식)
> ○ 인·허가 명세서(「산업집적법 시행규칙」 별지 제5호의3 서식) 및 의제를 받으려는 인·허가 등의 해당 법률이 정하는 관련 서류[인·허가 등의 의제를 받으려는 경우만 해당]
> ○ 타인소유의 토지 및 건축물(기존 건축물이 있는 경우만 해당)을 사용하는 경우에는 그 사용권을 증명할 수 있는 서류

※ 둘 이상의 시·군·구(자치구인 구를 말함)에 걸치는 부지에 공장설립을 하려는 때에는 공장건축면적이 가장 많이 포함된 구역을 관할하는 시장·군수·구청장에게 제출(규제「산업집적법 시행령」제19조제1항).

의제 가능 사항[11]은 다음과 같다.

〈공장 설립 인·허가 등의 의제〉

1. 「농지법」에 따른 농지전용의 허가, 농지전용의 신고, 용도변경의 승인
2. 「산지관리법」에 따른 산지전용허가, 산지전용신고, 산지일시사용허가·신고, 산지 전용된 토지의 용도변경 승인, 입목벌채 등의 허가·신고
3. 「초지법」에 따른 초지전용의 허가
4. 「사방사업법」에 따른 사방지(砂防地)의 죽목의 벌채 등의 허가, 사방지 지정의 해제
5. 「국토의 계획 및 이용에 관한 법률」에 따른 개발행위(토지의 형질 변경 또는 토지 분할만 해당한다)의 허가, 도시·군계획시설사업의 시행자의 지정, 실시계획의 인가
6. 「하천법」에 따른 하천공사시행의 허가, 하천점용의 허가
7. 「공유수면 관리 및 매립에 관한 법률」에 따른 공유수면의 점용·사용허가, 실시계획의 승인 또는 신고, 공유수면의 매립면허
8. 「장사 등에 관한 법률」에 따른 분묘 개장의 허가
9. 「사도법」에 따른 사도(私道) 개설 등의 허가
10. 「도로법」에 따른 도로점용의 허가
11. 삭제 〈2010. 4. 15.〉
12. 「농어촌정비법」에 따른 농업생산기반시설의 사용허가
13. 「국유재산법」에 따른 국유재산의 사용허가, 도로·하천·구거 및 제방의 용도폐지
14. 「공유재산 및 물품 관리법」에 따른 행정재산의 용도의 변경 또는 폐지, 행정재산의 사용·수익허가
15. 「건축법」에 따른 건축허가, 건축신고, 건축물의 용도변경의 허가나 신고, 기재내용의 변경, 가설건축물 건축의 허가 또는 신고, 공작물 축조의 신고
16. 「환경영향평가법」에 따른 소규모 환경영향평가에 대한 협의
17. 「자연재해대책법」에 따른 재해영향평가등의 협의
18. 「부동산 거래신고 등에 관한 법률」에 따른 토지거래계약에 관한 허가
※ 정확한 법령 내용은 「산업집적법」제13조의2 참고
※ 가스용품 제조, 고압가스 제조, 냉동기 또는 특정설비 제종등록 및 특정고압가스 사용 신고, 먹는 샘물 등 제조업 관련은 「산업집적법」제13조의2제3항 참고

---

11 이 외에 공장 설립 등의 승인에 대한 별도 특례가 있다(「산업집적법」제13조의3).

개별입지 공장 설립 절차 유형은 다음과 같다.

〈표 141 – 개별입지 공장 설립 절차 유형〉

구분	내용
공장등록신청 (제조업소)	공장 건축면적이 500㎡ 미만으로 2종 근린생활시설, 지식산업센터, 공장
공장설립등의 승인	공장 건축면적이 500㎡ 이상으로 신축하는 경우
제조시설 설치 승인	공장 건축면적이 500㎡ 이상으로 기존 공장에 새로이 제조시설 설치하는 경우
창업사업계획 승인	창업중소기업의 공장 설립 절차 특례로, 공장 건축 면적에 제한 없음. 다만 제조업소는 전체 건물이 제조업소로 사용되어야 함 * 수도권은 사후관리를 받아야 함

〈표 142 – 공장 등록 절차 : 제조업소〉

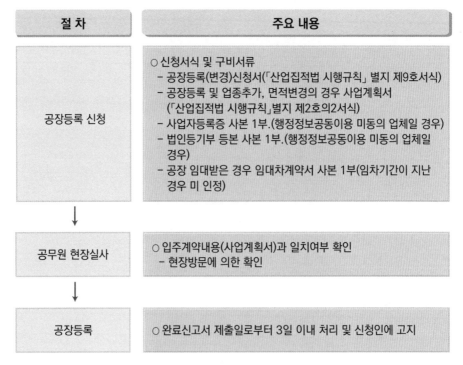

절 차	주요 내용
공장등록 신청	○ 신청서식 및 구비서류 – 공장등록(변경)신청서(「산업집적법 시행규칙」 별지 제9호서식) – 공장등록 및 업종추가, 면적변경의 경우 사업계획서 (「산업집적법 시행규칙」별지 제2호의2서식) – 사업자등록증 사본 1부.(행정정보공동이용 미동의 업체일 경우) – 법인등기부 등본 사본 1부.(행정정보공동이용 미동의 업체일 경우) – 공장 임대받은 경우 임대차계약서 사본 1부(임차기간이 지난 경우 미 인정)
공무원 현장실사	○ 입주계약내용(사업계획서)과 일치여부 확인 – 현장방문에 의한 확인
공장등록	○ 완료신고서 제출일로부터 3일 이내 처리 및 신청인에 고지

[신청 시기]
○ 환경허가 대상 시설 있는 경우 공장등록 신청 전에 허가 받아야 함
* p.157 '7.제조업소' 참고

〈표 143 – 공장 설립등의 승인 신청 절차 : 500㎡ 이상 신축〉

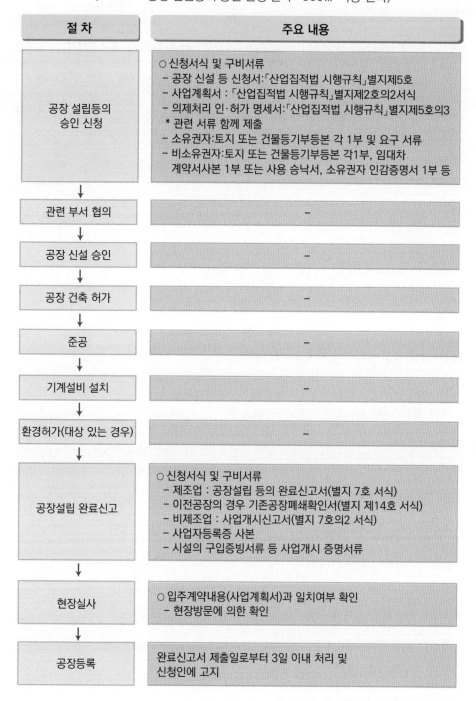

절 차	주요 내용
공장 설립등의 승인 신청	○ 신청서식 및 구비서류 　– 공장 신설 등 신청서:「산업집적법 시행규칙」별지제5호 　– 사업계획서 :「산업집적법 시행규칙」별지제2호의2서식 　– 의제처리 인·허가 명세서:「산업집적법 시행규칙」별지제5호의3 　* 관련 서류 함께 제출 　– 소유권자:토지 또는 건물등기부등본 각 1부 및 요구 서류 　– 비소유권자:토지 또는 건물등기부등본 각1부, 임대차 　　계약서사본 1부 또는 사용 승낙서, 소유권자 인감증명서 1부 등
관련 부서 협의	–
공장 신설 승인	–
공장 건축 허가	–
준공	–
기계설비 설치	–
환경허가(대상 있는 경우)	–
공장설립 완료신고	○ 신청서식 및 구비서류 　– 제조업 : 공장설립 등의 완료신고서(별지 7호 서식) 　– 이전공장의 경우 기존공장폐쇄확인서(별지 제14호 서식) 　– 비제조업 : 사업개시신고서(별지 7호의2 서식) 　– 사업자등록증 사본 　– 시설의 구입증빙서류 등 사업개시 증명서류
현장실사	○ 입주계약내용(사업계획서)과 일치여부 확인 　– 현장방문에 의한 확인
공장등록	완료신고서 제출일로부터 3일 이내 처리 및 신청인에 고지

[신청 시기]
- 공장 설립 승인 신청 : 공장건설을 위한 건축허가신청 또는 건축신고 전에 하여야 함. 다만 「산업집적법」 제13조의2제1항에 따라 공장 설립 승인으로써 건축허가 또는 건축신고를 의제 받으려는 경우에는 그러하지 아니함(「산업집적법 시행령」 제19조제5항)
- 인·허가 의제처리 신청 : 공장 설립 승인 신청 시 인·허가 명세서(「산업집적법 시행규칙」별지제5호의3) 및 관련 서류를 함께 제출하여야 하나 일부(「산업집적법 시행규칙」 제7조의3제2항 및 별표1)는 건축허가 신청 시(「산업집적법」 제13조의2제1항제15호에 따라 건축허가 또는 건축신고의 의제를 받으려는 경우는 공사착공 시)까지 사후에 제출 가능(「산업집적법」 제13조의2제4항)

> 「산업집적법 시행규칙」별표 1 ~ 공장설립 등의 승인신청 이후 제출할 수 있는 인·허가 관련 첨부 서류
> 농지전용허가·신고·용도변경 승인
> 산지전용허가·신고·용도변경 신청
> 산림 내 입목벌채 등의 허가
> 초지전용의 허가
> 사방지안의 죽목의 벌채 등의 허가
> 사방지 지정의 해제

※ 참고 : 공장 설립 등의 승인이 취소되는 경우

> ① 공장설립 등의 승인을 받은 날부터 3년(농지전용허가 또는 신고가 의제된 경우에는 2년)이 지날 때까지 공장을 착공하지 아니하는 경우
> ② 토지의 형질변경 허가 등이 취소되어 공장설립 등이 불가능하게 된 경우
> ③ 공장설립 등의 승인 및 제14조의3에 따른 제조시설의 설치승인을 받은 후 4년이 지난날까지 제15조제1항에 따른 완료신고를 하지 아니하거나 공장착공 후 1년 이상 공사를 중단한 경우
> ④ 공장설립 등의 승인을 받은 부지 또는 건축물을 정당한 사유 없이 승인을 받은 내용과 다른 용도로 활용하는 경우
> ⑤ 제13조제1항에 따른 공장설립 등의 승인기준에 미달하게 된 경우
> * 「산업집적법」 제13조의5(예외는 동법 시행령 제19조의4)

〈표 144 – 공장 제조시설 설치 승인 절차〉

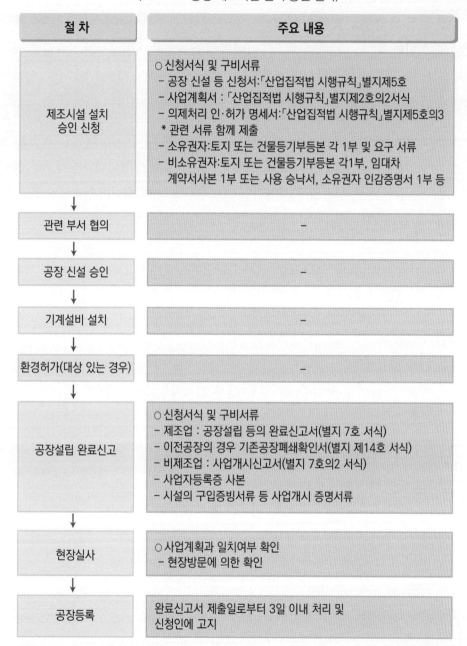

절 차	주요 내용
제조시설 설치 승인 신청	○ 신청서식 및 구비서류 – 공장 신설 등 신청서:「산업집적법 시행규칙」별지제5호 – 사업계획서 :「산업집적법 시행규칙」별지제2호의2서식 – 의제처리 인·허가 명세서:「산업집적법 시행규칙」별지제5호의3 * 관련 서류 함께 제출 – 소유권자:토지 또는 건물등기부등본 각 1부 및 요구 서류 – 비소유권자:토지 또는 건물등기부등본 각1부, 임대차 계약서사본 1부 또는 사용 승낙서, 소유권자 인감증명서 1부 등
관련 부서 협의	–
공장 신설 승인	–
기계설비 설치	–
환경허가(대상 있는 경우)	–
공장설립 완료신고	○ 신청서식 및 구비서류 – 제조업 : 공장설립 등의 완료신고서(별지 7호 서식) – 이전공장의 경우 기존공장폐쇄확인서(별지 제14호 서식) – 비제조업 : 사업개시신고서(별지 7호의2 서식) – 사업자등록증 사본 – 시설의 구입증빙서류 등 사업개시 증명서류
현장실사	○ 사업계획과 일치여부 확인 – 현장방문에 의한 확인
공장등록	완료신고서 제출일로부터 3일 이내 처리 및 신청인에 고지

(2) 중소기업 창업사업계획 승인에 의한 공장 설립

공장 설립 등의 승인과 동일한 효과가 있으면서, 중소기업에게 보다 많은 인센티브를 주기 위한 제도이다. 창업 후 7년 이내의 중소기업이 개별입지에 신속하게 공장 설립을 할 수 있도록 지원하는 제도(「중소기업창업 지원법」 제33조)로 공장 설립과 관련된 인·허가 사항을 일괄 의제 처리하여 공장 설립 절차를 간소화하였다.

적용 대상은 「산업집적법」상의 공장과 「건축법」상 제2종 근린생활시설 중 건물 전체가 '공장' 범위에 해당하는 '제조업소' 및 「건축법」상의 공장이다. 이 제도를 통해 사업계획의 승인을 받아 공장을 설립하면 개발부담금, 대체산림지원조성비 등을 면제 받을 수 있다(「중소기업창업 지원법」 제39조의3).

> ○ 대체초지조성비(「창업지원법」 제39조의3제1항) : 창업 7년 이내
> ○ 농지보전부담금(「창업지원법」 제39조의3제1항) : 창업 7년 이내

다만 부담금의 경우 제조업 창업중소기업은 사업 개시한 날부터 3년 동안 16개 부담금을 면제한다(법령은 「창업중소기업 지원법」 제39조의3 참고). 즉 '창업사업계획의 승인'이 아니어도 창업중소기업인 경우 면제를 받을 수 있다.

〈표 145 - 창업중소기업 감면 부담금〉

부담금	내용
「지방자치법」에 따른 분담금(지자체공공시설수익자 분담금(인천, 군포, 용인, 하남, 문경)	○급수장치의 신설 또는 개조를 목적으로 하는 급수공사 신청자 ○담당 : 광역 및 기초지자체 상수도 관련 부서
농지보전부담금	○농지를 공장용지로 전용하는 창업자 ○담당 : 기초지자체
대체초지조성비	초지를 공장용지로 전용하는 창업자
전기 부담금(전력산업기반기금부담금)	○전기 사용자 ○담당 : 한국전력공사 영업처
기본부과금(대기오염물질배출량의 합계가 연간 10톤 미만인 사업장)	○담당 : 광역지자체 환경관련 부서
기본배출부과금(1일 폐수배출량이 200㎥ 미만인 사업장)	

부담금	내용
폐기물부담금(연간 매출액이 20억 원 미만인 제조업)	○담당 : 한국환경공단
한강 물이용부담금	○담당 : 관할지역 상하수도 사업소
금강 물이용부담금	
낙동강 물이용부담금	
영산강 · 섬진강 물이용부담금	
대체산림자원조성비	○담당 : 기초지자체 공장설립부서 및 산지전용 부서
교통유발부담금	-
지하수이용부담금	-
특정물질 제조 · 수입 부담금	-
해양심층수이용부담금	-

* 출처 : Kstartup 홈페이지

분담금 면제 또는 환급은 창업자의 신청에 의해 가능하며 절차는 다음과 같다(다만 「국가재정법」 제96조에 따라 부담금 납부 시점부터 5년이 지나면 소멸시효의 완성으로 환급청구권은 소멸).

부담금 외에도 소득세 및 법인세 감면을 받을 수 있는데 그 조건은 다음과 같다.

> ○ 수도권과밀억제권역 외의 지역에서 창업한 「조세특례제한법 시행령」으로 정하는 청년창업중소기업의 경우: 100분의 100
> ○ 수도권과밀억제권역에서 창업한 청년창업중소기업 및 수도권과밀억제권역 외의 지역에서 창업한 창업중소기업의 경우: 100분의 50
> ○ 창업보육센터사업자의 경우: 100분의 50
> * 보다 자세한 사항은 「조세특례제한법」 제6조제1항 참고

---

12 부담금 면제신청서 양식 : 「창업지원법 시행규칙」 제9호 서식

〈표 146 - 창업사업계획 승인 절차〉

절 차	주요 내용
창업사업계획 승인 신청	-
관련 부서 협의	-
사업계획 승인	-
공장 건축	-
공장 등록	-
허가관청 사후관리	-

(3) 공장 설립 대행

한국산업단지공단(산업통상자원부 산하 기관)은 공장 설립 대행 업무를 지원하고 있다. 공장 설립 관련 입지 선정 상담, 각종 자금 알선 및 세금 감면 안내, 각종 공장 설립에 관한 업무(공장의 건축허가 신청 등 관련 업무)의 처리 및 대행, 그 밖에 공장 설립에 관한 지원 업무를 수행하기 위하여 공단에 공장설립지원센터를 두고 있다.

센터는 서울, 인천, 원주, 서부, 천안, 구미, 청주, 대구, 창원, 울산, 부산, 광주, 전북, 여수에 설치되어 있다(총 14개). 대표적인 지원서비스로는 공장 설립 관련 서류 작성 및 민원 신청(관할 지자체 접수)을 대행하고 있다. 대행 업무 처리절차는 아래와 같다.

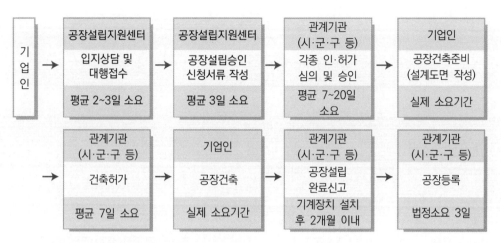

| 기업인 | → | 공장설립지원센터
입지상담 및
대행접수
평균 2~3일 소요 | → | 공장설립지원센터
공장설립승인
신청서류 작성
평균 3일 소요 | → | 관계기관
(시·군·구 등)
각종 인·허가
심의 및 승인
평균 7~20일
소요 | → | 기업인
공장건축준비
(설계도면 작성)
실제 소요기간 |

| → | 관계기관
(시·군·구 등)
건축허가
평균 7일 소요 | → | 기업인
공장건축
실제 소요기간 | → | 관계기관
(시·군·구 등)
공장설립
완료신고
기계장치 설치
후 2개월 이내 | → | 관계기관
(시·군·구 등)
공장등록
법정소요 3일 |

* 출처 : 산업입지요람, 한국산업단지공단

※ 공장 설립 진행 및 승인 절차

〈표 147 - 공장 설립 진행 및 승인 절차〉

구분	진 행 순 서	비 고
공장입지 선정	공장입지(개별·계획)의 결정 ↓ 입지조사·분석(지역·업종) ↓ 입지결정 ↓	○용도지역 및 산업단지 ○토지서류 구비 　- 토지이용계획확인서 　- 지적도, 토지(임야)대장 　- 등기부등본 ○입지적정성(공장승인여부) ○환경관련 검토 ○건축허가 가능여부 ○물류 및 인력수급 타당성

구분	진행순서	비고
공장설립신청 및 승인 (인·허가)	공장설립사업계획서 작성 (창업사업계획승인 신청서 작성) ↓ 구비서류 준비 ↓ 토목측량설계 ↓ 공장설립승인 신청 (창업사업계획 승인 신청) ↓ 공장설립 승인 (창업사업계획 승인)	○신청관련 서류 ○의제 처리 포함 – 지자체·복합민원심의 ○공장설립 인·허가 부서
공장 건축 및 완료신고	토목공사 및 건축허가 ↓ 토목준공 및 건축 사용검사 ↓ 토지대장·건축물 대장 확인 ↓ 공장설립 완료신고 ↓ 공장등록 (등록증 발급 – 신청 시)	○공장에 제조시설 설치 – 합병 및 지목변경 완료여부 ○기계설치 완료 후 2개월 내 ○현장실사 ○완료신고 접수 후 3일 내 통보

* 출처 : 산업입지 요람(한국산업단지공단)

수도권과 비수도권

요 약

○ 수도권에는 3대 권역에 따른 규제와 공장총량제 규제가 있다.
○ 수도권은 위 규제 검토 후 용도지역 등과 같은 토지 규제가 검토된다.
○ 비수도권은 이와 같은 광범위한 지역 규제가 없다.

1. 수도권 공장 설립 규제

1.1 규제 지역

1.1.1 수도권

서울특별시, 인천광역시, 경기도 3개 행정구역을 의미한다. 공장총량제는 이 3개 지역별로 총량을 각각 배분한다. 수도권 3대 권역은 위 3개 행정구역과 다르게 지정되어 있다. 수도권 3대 권역과 공장총량제는 각각 부분적으로 제외되는 지역이 있다 (p.315~p.321 표 참고).

1.1.2 수도권 3대 권역

수도권을 과밀억제권역, 성장관리권역, 자연보전권역으로 구분하고 권역별로 인구집중유발시설과 대규모 개발사업의 입지 등의 기준으로 차등규제를 한다.

〈표 148 – 수도권 3대 권역〉

구분	지정 기준
과밀억제권역	인구와 산업이 지나치게 집중되었거나 집중될 우려가 있어 이전하거나 정비할 필요가 있는 지역 • 대상 지역 : 서울특별시 전체, 인천광역시 일부, 경기도 일부
성장관리권역	과밀억제권역으로부터 이전하는 인구와 산업을 계획적으로 유치하고 산업의 입지와 도시의 개발을 적정하게 관리할 필요가 있는 지역 • 대상 지역 : 인천광역시 일부, 경기도 일부
자연보전권역	한강 수계의 수질과 녹지 등 자연환경을 보전할 필요가 있는 지역 • 대상 지역 : 경기도 일부

1.1.3 공장총량제 규제 지역

서울특별시, 인천광역시, 경기도지역이며 산업단지는 제외한다. 산업단지 이외의 공업지역과 개별입지(산업단지 외)를 달리 규제한다.

(1) 2018~2020 수도권 각 시·도별 공장건축 총허용량

〈표 149 – 2018 – 2020 수도권 공장건축 총허용량〉

(단위 : 천㎡)

구분	수도권	서울특별시	인천광역시	경기도
총허용량	5,445	36	558	4,851
산업단지 이외의 공업지역	1,982	25	502	1,455
개별입지	3,463	11	56	3,396

※ **참고 : 용어 안내**

여기서 '산업단지'는 국가산업단지, 일반산업단지, 도시첨단산업단지, 농공단지만을 의미한다. 또한 '공업지역'은 「국토의 계획 및 이용에 관한 법률」상의 용도지역 중 하나를 의미한다.

(2) 공장 건축 총량 배정 절차

〈표 150 – 공장 건축 총량 배정 절차〉

행정기관	기간	대상	내용
국토 교통부	3년 단위	개별입지 또는 산업단지 외 공업지역	공장건축 허용면적 총량을 3년 단위로 각 시도 배정
↓			
각 시도	1년 단위	상동	배정된 3년치 공장총량을 년단위로 나눠 일선 시군에 배정
↓			
시군	1년 단위	상동	1년 단위로 배정된 물량 범위 내에서 매년 공장 신·증설 허용. 3년 동안 사용 못한 물량은 자동 소멸

(3) 규제 적용 대상

「산업집적법」 제2조의 공장으로서 건축물의 연면적[13](제조시설로 사용되는 기계·장치를 설치하기 위한 건축물 및 사업장 각층의 바닥면적 합계를 말함)이 500㎡이상인 공장이 대상이다. 시·군에 배정된 공장총량이 소진되는 경우에는 공장의 건축허가 등이 나지 않는다.

(4) 규제 대상 제외

○「산업집적법」에 따른 지식산업센터 건축
○가설건축물 및 건축법상 허가나 사전신고대상이 아닌 건축
○공공사업시행에 따라 공장을 이전하는 경우에는 종전의 건축물 연면적 이내의 공장건축. 다만, 기존 공장 면적을 초과하는 면적은 공장총량을 적용한다.
○다음에 해당하는 지역 안에서의 공장건축
 •「산업입지 및 개발에 관한 법률」에 의한 산업단지
 • 그 밖의 관계 법률에서 「수도권정비계획법」 제18조에 따른 공장건축 총량규제를 배제하도록 규정한 지역

---

13 「건축법」에 따라 신축, 증축 또는 용도변경 하는 면적으로서 「건축법」에 따라 건축허가, 건축신고, 용도변경허가, 용도변경신고 또는 용도변경을 하기 위하여 건축물대장 기재 내용의 변경신청을 한 면적을 기준으로 적용함

1.1.4 수도권 3대 권역과 공장총량제 규제 지역의 차이

우선 규제지역에 차이가 있다. 3대 권역은 각 권역이 시·도와 같은 행정구역으로 구분되어 있지 않다. 인천광역시 일부, 경기도 일부가 각 권역에 나눠서 속해 있다. 그러나 공장총량제는 서울특별시, 인천광역시, 경기도 단위로 규제를 한다.

두 규제가 지역을 달리하기 때문에 지역별로 두 규제가 같이 적용 되는지, 달리 적용 되는지 확인이 필요하다. 예로 남양주시는 과밀억제권역과 성장관리권역, 자연보존권역이 모두 있는 지역인데, 어느 권역에 속하는지에 따라 가능한 공장 업종과 건축 면적이 달라진다. 그러나 공장총량제 규제로는 경기도 규제를 따르기 때문에 남양주 내 어디에 위치하든 남양주에 배정된 물량을 따른다.

1.2 3대 권역 구분·공장총량제의 규제 대상과 방법

앞서 보았듯이 수도권 공장 설립 규제는 3대 권역(과밀억제권역, 성장관리권역, 자연보전권역)으로 구분하여 규제하는 방식과 공장총량제로 제한하는 방식 2가지가 있다.

〈표 151 – 3대권역과 공장총량제 비교〉

구분	3대 권역	공장총량제
1) 규제 대상	500㎡이상 공장	500㎡이상 공장
2) 규제 방법	지역에 따라 신설·증설·이전, 업종 변경 제한	총량 허용 범위 내에서만 신축, 증축, 용도변경 허용. 동법에 의한 건축허가·건축신고·용도변경 신고 또는 용도변경을 위한 건축물 대장의 기재내용 변경신청 면적을 기준으로 적용
3) 적용 제외 지역(건축물)	산업단지, 공업지역, 기타지역을 나눠 가능 업종과 공장 면적을 달리 규정함	산업단지(지식산업센터)

규제 대상 공장은 500㎡ 이상인 공장인데 '3대 권역'과 '공장총량제' 간 용어 정의에 차이점이 있다.

1.2.1 용어 정의 간 차이

우선 규제 대상 공장의 정의에서 차이가 있다. 3대 권역은 '공장건축면적'을, '공장총량제'는 '건축물의 연면적'을 규제 대상으로 한다.

〈표 152 – 3대권역과 공장총량제 대상 공장〉

공장	내용
3대 권역	공장건축면적 500제곱미터 이상의 공장 * 용어 정의 출처 : 「산업집적법」 제20조제1항 공장건축면적은 공장부지내의 모든 건축물 각층의 바닥면적 합계와 건축물의 외부에 설치된 기계·장치 기타 공작물의 수평투영면적을 합산한 면적 * 용어 정의 출처 : 「산업집적법 시행령」 제18조의2제1항, 「공장입지 기준고시」
공장 총량제	건축물의 연면적(제조시설로 사용되는 기계·장치를 설치하기 위한 건축물 및 사업장 각층의 바닥면적 합계를 말함)이 500㎡이상인 공장 건축물을 대상 * 용어 정의 출처 : 국토교통부 고시 「2018년~2020년」 수도권 공장건축 총허용량 고시

용어에 차이가 나는 원인은 '3대 권역'과 '공장총량제' 간 규제 대상이 다른 것에 원인이 있다. '3대 권역'은 공장의 신설, 증설, 이전, 업종변경을 규제하고 있고, '공장총량제'는 공장의 신축, 증축, 용도변경을 규제하고 있다.

신설, 신축은 두 용어가 비슷해 보이지만 그 뜻, 근거 법령은 다르다. 공장의 신축, 증축, 용도변경은 「건축법」상의 용어인데, 공장 건축물을 새로 짓거나 늘리거나 그 사용 용도를 변경하는 것을 의미한다.

〈표 153 – 공장 신축, 증축, 용도변경〉

구분	내용 (「건축법」)
신축	새로 건축물을 대지에 건축하는 것
증축	기존의 건물에 부가하는 형태로 건축 공사를 하여, 전체의 바닥 면적이 증가하는 것
용도 변경	「건축법」에 의해 구분 적용된 건축물의 용도를 타 용도로 변경하는 행위

이에 반해 공장의 <u>신설, 증설, 이전, 업종변경</u>은 「산업집적법」에 정의되어 있다. 여기서의 신설은 '공장을 신축'하거나 '건축물의 용도를 공장용도로 변경'하는 것을 의미한다. 즉 「건축법」상의 '신축'과 '용도변경'이 '공장 신설'에 해당한다.

<표 154 - 공장 신설, 증설, 이전, 용도변경>

구분	내용 (「산업집적법」)
신설	건축물을 신축(공작물을 축조하는 것을 포함한다)하거나 기존 건축물의 용도를 공장용도로 변경하여 제조시설 등을 설치하는 것
증설	등록된 공장의 공장건축면적 또는 공장부지면적을 넓히는 것 공장건축면적은 공장부지내의 모든 건축물 각층의 바닥면적 합계와 건축물의 외부에 설치된 기계·장치 기타 공작물의 수평투영면적을 합산한 면적 * 용어 정의 출처 : 「공장입지 기준고시」
이전	공장을 다른 곳으로 옮기는 것
업종 변경	등록된 공장의 업종을 다른 업종(「산업집적법」 제8조에 따른 공장입지의 기준에 따른 업종을 말한다. 이하 같다)으로 변경하거나 해당 공장에 다른 업종을 추가하는 것(「산업집적법 시행령」 제18조의2)

또한 공장 증설은 '공장건축면적' 또는 '공장부지면적'을 늘린 것을 의미하는데, 「건축법」상의 공장 증축과 차이가 있다. 우선 '공장건축면적'은 「건축법」상의 건축면적과 의미에 차이가 있다. 「건축법」상의 건축면적은 '건축물의 외벽(外壁) 또는 기둥의 중심선으로 둘러싸인 부분의 수평투영면적(水平投影面積)을 말하는데, <u>보통은 1층의 바닥면적</u>'을 의미한다. 공장건축면적은 앞서 표에서 설명한 바와 같다. 또한 공장 증설은 공장부지면적을 늘린 경우도 해당하는데, 공장 증축은 건축물의 면적이 증가 되는 것만을 의미하여 두 용어에 많은 차이가 있음을 알 수 있다.

용어가 이렇게 차이가 나는 것은 '공장'이라는 동일한 용어를 법령에서 다르게 정의해서 사용하기 때문이다. 「건축법」상의 '공장'은 건축물을 의미하지만, 「산업집적법」상의 '공장'은 공간적인 의미가 내포되어 있는데, 공장을 운영하기 위해서 공장용지, 건축물, 시설 모두를 하나의 '공장'이라 한다.

> **「산업집적법」 제2조제1호**
>
> 공장이란 건축물 또는 공작물, 물품제조공정을 형성하는 기계 · 장치 등 제조시설과 그 부대시설(제조시설 관리·지원, 직원 복리후생시설 등)을 갖추고 대통령령으로 정하는 제조업을 하기 위한 사업장

1.2.2 실례

사례 1

인천광역시의 과밀억제권역에 속하는 지역이면서 개별입지인 지역에 500㎡ 이상의 공장을 ①신축하거나 ②제조시설을 새로 설치하는 경우, ③증축하거나 ④인접 토지를 매입하여 공장용지 면적을 넓히는 경우에는 3대 권역 규제는 ①,②,③,④ 모두 대상이지만, 공장총량제는 ①, ③만 규제 대상이다. 배정된 물량 범위 내에서 ①, ③이 가능하다.

제조시설을 새로 설치하는 경우나 인접 토지를 매입하여 공장용지 면적을 넓히는 경우에는 공장총량제 규제 대상이 아니므로, 공장으로 등록된 건축물이 500㎡ 이상이더라도 제조시설을 새로 설치해서 공장을 신설하는 경우에는 3대 권역 규제에 따른 업종과 면적만 고려하면 된다. 또한 인접 토지를 매수하여 공장 면적을 넓히는 경우 공장총량제 대상이 아니기 때문에 3대 권역의 규제만 고려하면 된다.

사례 2

개별입지에서 기존에 있는 건축물을 용도 변경하는 경우에는 3대 권역 규제와 공장총량제 규제를 함께 받는다. 그러나 기존에 경영하던 공장의 업종만을 변경하는 경우에는 3대 권역의 규제만을 받는다.

2. 법령 간 상호 관계(법령의 적용)

「수도권정비계획법」에서는 어느 지역이 3대 권역에 해당하는 지와 공장 총량제를 규정해 두고 있다. 3대 권역별 공장 설립과 관련해서는 「산업집적법」에 규정하고 있다.

〈표 155 - 수도권 3대 권역과 규제 사항〉

지역의 구분 (「수도권정비법」 별표1)	과밀억제권역	성장관리권역	자연보전권역
산업단지·공업지역·기타지역별 업종, 면적 제한	「산업집적법 시행령」 별표1	「산업집적법 시행령」 별표2	「산업집적법 시행령」 별표3
이외 규제 완화 사항	「산업집적법 시행령」 제26조	「산업집적법 시행령」 제27조	「산업집적법 시행령」 제27조의2
3개 권역과 지자체	서울		
	인천		
	경기도		
공장의 업종 변경	가능한 경우(「산업집적법 시행령」 제27조의3)		
산업단지 외 공장총량제 물량	물량은 서울, 인천, 경기도 단위로 배분됨 (3대 권역별로 배분되는 것이 아님)		
세금 중과	공장 신설·증설 (산업단지,공업지역, 유치지역 제외)	대상 아님	

「산업집적법」에 3대 권역별 가능한 제조업 업종과 면적이 '별표'에 담겨 있고, 지식산업센터, 부대시설 증설·공장부지 면적 증가, 특정지역에서 공장 신·증설 가능 여부, 업종 변경 여부는 시행령(26조 ~ 27조의3)에 명시하고 있다. 공장총량제 물량에 관해서는 지자체 고시에 내용이 나온다.

수도권은 산업단지 이외의 지역(개별입지)의 경우 위 사항을 검토한 후에 용도지역·지구·구역별 공장 건축 가능 여부, 타 법령에 의한 공장 설립 가능 여부 등을 검토한다.

용도지역의 경우 건축할 수 있는 건축물(또는 이미 지어진 건축물의 용도)과 폐기물처리시설, 수질오염방지시설, 대기오염방지시설, 소음·진동방지시설 설치 여부 등으로 공장 설립을 제한한다. 일부 용도지역은 업종을 제한하기도 한다(「국토의 계획 및 이용에관한 법률 시행령」별표2 ~ 별표24, 「공장입지기준 고시」).

3. 중요 참고 자료 및 관련 법령

3.1 2019 경기도 규제지도

경기도청에서 몇 년 전부터 발간하는 자료로 경기도청 홈페이지에서 무료로 배포하고 있다. 공장 설립과 관련된 규제 내용들이 잘 정리되어 있고 지도로 표시도 되어 있어 정말 유용하고 훌륭한 자료이다. 3대 권역에 대한 규제 내용도 잘 정리되어 있으니 꼭 참고해 보길 바란다.

3.2 3대 권역 관련 법령 정리

3.2.1 「수도권정비계획법」

- 제7조 : 과밀억제권역의 행위 제한
- 제8조 : 성장관리권역의 행위 제한
- 제9조 : 자연보전권역의 행위 제한

3.2.2 「수도권정비계획법 시행령」 별표 1

과밀억제권역, 성장관리권역, 자연보전권역의 범위

3.2.3 「산업집적법」

- 제20조제1항

3.2.4 「산업집적법 시행령」

- 제26조 : 과밀억제권역에서의 행위제한의 완화
- 제27조 : 성장관리권역에서의 행위제한의 완화
- 제27조의2 : 자연보전권역에서의 행위제한의 완화
- 제27조의3 : 업종변경

3.2.5 「산업집적법 시행령」

- 별표1 : 과밀억제권역안에서의 공장의 신설·증설 또는 이전이 허용되는 경우
- 별표 2 : 성장관리권역안에서의 공장의 신설·증설 또는 이전이 허용되는 경우
- 별표 3 : 자연보전권역안에서의 공장의 신설·증설 또는 이전이 허용되는 경우

3.2.6 도시형 공장

「산업집적법 시행령」 제34조 및 동법 시행령 별표4

3.2.7 첨단업종

「산업집적법 시행규칙」 제15조 및 별표5

3.2.8 현지근린 공장

- 「산업집적법 시행규칙」 제13조
- 「산업집적법 시행규칙」
    - 별표1의2 - 농·수·축·임산물 가공업종
    - 별표2 - 자원재활용업종
    - 별표3 ~ 생활소비재 관련 업종
- 「산업기술혁신 촉진법」 제11조에 따른 산업기술개발사업
- 「기술개발촉진법」 - 폐지됨

3.2.9 건축자재업종 공장

「산업집적법 시행규칙」 별표 4 건축자재 업종(~페이지 참고)

3.3 공장총량제 관련 법령 정리

3.3.1 법률

- 「수도권정비계획법」 제18조 총량규제
- 「수도권정비계획법 시행령」
  - 제21조 공장 총량규제의 대상
  - 제22조 공장 총허용량의 산출
  - 제23조 공장 총허용량의 집행

3.3.2 고시

- 국토교통부 「2018~2020년 수도권 공장건축 총허용량 고시」
- 서울시 「'18~'20년도 공장건축 총허용량 연도별 배정계획 결정고시」
- 인천광역시 「공장건축 총 허용량 군·구별 배정 고시」
- 경기도 「2019년 시군별 공장건축 총허용량 배정 고시」

〈표 156 – 과밀억제권역, 성장관리권역 및 자연보전권역의 범위〉

「수도권정비계획법 시행령」[별표 1]

구분	지역
과밀억제권역	1. 서울특별시, 2. 인천광역시[강화군, 옹진군, 서구 대곡동 · 불로동 · 마전동 · 금곡동 · 오류동 · 왕길동 · 당하동 · 원당동, 인천경제자유구역(경제자유구역에서 해제된 지역을 포함한다) 및 남동 국가산업단지는 제외한다] 3. 의정부시, 4. 구리시, 5. 남양주시(호평동, 평내동, 금곡동, 일패동, 이패동, 삼패동, 가운동, 수석동, 지금동 및 도농동만 해당한다), 6. 하남시, 7. 고양시, 8. 수원시, 9. 성남시, 10. 안양시, 11. 부천시, 12. 광명시, 13. 과천시, 14. 의왕시, 15. 군포시, 16. 시흥시[반월특수지역(반월특수지역에서 해제된 지역을 포함한다)은 제외한다]

구분	지역
성장관리권역	1. 인천광역시[강화군, 옹진군, 서구 대곡동 · 불로동 · 마전동 · 금곡동 · 오류동 · 왕길동 · 당하동 · 원당동, 인천경제자유구역(경제자유구역에서 해제된 지역을 포함한다) 및 남동 국가산업단지만 해당한다], 2. 동두천시, 3. 안산시, 4. 오산시, 5. 평택시, 6. 파주시, 7. 남양주시(별내동, 와부읍, 진전읍, 별내면, 퇴계원면, 진건읍 및 오남읍만 해당한다) 8. 용인시(신갈동, 하갈동, 영덕동, 구갈동, 상갈동, 보라동, 지곡동, 공세동, 고매동, 농서동, 서천동, 언남동, 청덕동, 마북동, 동백동, 중동, 상하동, 보정동, 풍덕천동, 신봉동, 죽전동, 동천동, 고기동, 상현동, 성복동, 남사면, 이동면 및 원삼면 목신리 · 죽릉리 · 학일리 · 독성리 · 고당리 · 문촌리만 해당한다), 9. 연천군, 10. 포천시, 11. 양주시, 12. 김포시, 13. 화성시, 14. 안성시(가사동, 가현동, 명륜동, 숭인동, 봉남동, 구포동, 동본동, 영동, 봉산동, 성남동, 창전동, 낙원동, 옥천동, 현수동, 발화동, 옥산동, 석정동, 서인동, 인지동, 아양동, 신흥동, 도기동, 계동, 중리동, 사곡동, 금석동, 당왕동, 신모산동, 신소현동, 신건지동, 금산동, 연지동, 대천동, 대덕면, 미양면, 공도읍, 원곡면, 보개면, 금광면, 서운면, 양성면, 고삼면, 죽산면 두교리 · 당목리 · 칠장리 및 삼죽면 마전리 · 미장리 · 진촌리 · 기솔리 · 내강리만 해당한다), 15. 시흥시 중 반월특수지역(반월특수지역에서 해제된 지역을 포함한다)
자연보전권역	1. 이천시, 2. 남양주시(화도읍, 수동면 및 조안면만 해당한다), 3. 용인시(김량장동, 남동, 역북동, 삼가동, 유방동, 고림동, 마평동, 운학동, 호동, 해곡동, 포곡읍, 모현면, 백암면, 양지면 및 원삼면 가재월리 · 사암리 · 미평리 · 좌항리 · 맹리 · 두창리만 해당한다), 4. 가평군, 5. 양평군, 6. 여주시, 7. 광주시, 8. 안성시(일죽면, 죽산면 죽산리 · 용설리 · 장계리 · 매산리 · 장릉리 · 장원리 · 두현리 및 삼죽면 용월리 · 덕산리 · 율곡리 · 내장리 · 배태리만 해당한다)

* 지도 : 경기도청 홈페이지에 무료 배포하는 '2019 경기도 규제지도' 참고

※ 3대 권역의 행위 제한 완화(「산업집적법 시행령」 제26조~제27조의2)

〈표 157 - 3대 권역의 행위 제한 완화〉

구분	행위제한의 완화
과밀억제권역 (26조)	1. 별표 1에 해당하는 공장의 신설(제조시설설치를 포함) · 증설 또는 이전 2. 다음 각 목의 어느 하나에 해당하는 지식산업센터의 신설 · 증설 　가. 지식기반산업집적지구 안의 지식산업센터 　나. 도시형공장을 유치하기 위한 지식산업센터 　다. 「중소기업진흥에 관한 법률」 제29조에 따른 협동화실천계획의 승인을 받은 지식산업센터 　라. 산업단지 안의 지식산업센터 3. 공장의 부대시설의 증설 및 공장부지면적의 증가(기준공장면적률에 적합한 범위내의 증가만 해당한다) 4. 다른 법령에 따라 의무화된 설치기준에 따른 공장의 증설

구분	행위제한의 완화
	5. 「국토의 계획 및 이용에 관한 법률」 제2조제7호에 따른 도시ㆍ군계획시설로 결정된 공항 안에서의 곡물조리식품제조업 또는 항공기제조업(부품제조업은 제외한다)을 위한 공장의 신설 또는 증설 6. 개발제한구역 안에 있는 공장으로서 같은 법에 따라 허용이 되는 공장의 신설ㆍ증설 또는 이전 7. 도시ㆍ군계획시설에 해당하는 공장의 신설 또는 증설 8. 경제자유구역 안에서 외국인투자기업 공장의 신설 또는 증설
성장관리권역 (27조)	1. 별표 2에 해당하는 공장의 신설ㆍ증설 또는 이전 2. 위 과밀억제권역의 2 ~ 8호까지에 규정된 행위
자연보전권역 (27조의2)	1. 별표 3에 해당하는 공장의 신설ㆍ증설 또는 이전 2. 다음 각 목의 어느 하나에 해당하는 지식산업센터의 신설ㆍ증설 　가. 도시형공장 중 수질에 미치는 영향이 자연보전권역의 지정목적에 적합하다고 인정되는 공장으로서 산업통상자원부령으로 정하는 공장을 유치하기 위한 지식산업센터. 이 경우 산업통상자원부장관은 산업통상자원부령을 제정ㆍ개정하기 전에 환경부장관과 협의하여야 한다. 　나. 산업단지 및 공업지역 안의 지식산업센터 3. 위 과밀억제권역의 3 ~ 8호까지에 규정된 행위

〈표 158 - 과밀억제권역 안에서의 공장의 신설ㆍ증설 또는 이전이 허용되는 경우〉

「산업집적법 시행령」[별표 1]

산업단지	공장의 신설 또는 증설
공업지역	가. 중소기업 도시형공장(제34조제2호에 따른 도시형공장은 제외한다)의 신설 또는 증설 나. 기존공장의 증설(다만, 대기업의 공장은 증설되는 공장건축면적이 3천제곱미터 이내인 경우에만 해당한다) 다. 기타지역에 있는 중소기업공장의 공업지역으로의 이전 또는 공업지역 상호 간의 이전 (공장건축면적이 기존공장건축면적과 이전 전 지역에서 해당 공장이 증설가능한 면적을 합산한 범위 이내인 경우에만 해당한다) 라. 기존공장의 기존부지 내에서의 증설 마. 기술집약도가 높고 기술혁신속도가 빠른 업종으로서 산업통상자원부령으로 정하는 업종(이하 "첨단업종"이라 한다)을 영위하는 대기업의 기존공장으로서 기존공장건축면적의 200퍼센트 범위 이내의 증설 바. 기타지역에서 허용되는 행위

기타 지역	가. 다음의 어느 하나에 해당하는 공장(이하 "현지근린공장"이라 한다)의 신설 또는 증설 (대기업의 공장은 신설 및 증설 결과 공장건축면적이 1천제곱미터 이내인 경우에만 해당한다) 또는 기존공장의 증설(대기업의 공장은 증설되는 공장건축면적이 1천 제곱미터 이내인 경우에만 해당한다) 　　1) 농·수·축·임산물가공처리 및 그 부산물을 이용한 유기질비료 또는 사료를 제조하기 위한 공장으로서 산업통상자원부령으로 정하는 업종의 공장 　　2) 「자원의 절약과 재활용촉진에 관한 법률」 제2조제7호에 따른 재활용산업으로서 산업통상자원부령으로 정하는 업종의 공장 및 같은 법 제2조제5호에 따른 재활용 제품을 생산하는 공장 　　3) 「산업기술혁신 촉진법」 제11조에 따른 산업기술개발사업 또는 「기술개발촉진법」 제7조에 따른 특정연구개발사업의 성과 및 국가인증을 획득한 신기술의 사업화를 촉진하기 위한 공장 　　4) 해당 지역에서 생산되는 원자재를 주원료로 하고 그 지역안에서 특화육성이 필요하다고 인정하여 시·도지사가 추천한 공장 　　5) 생활소비재산업 등 도시민의 생활과 밀접하게 관련되어 있는 산업으로서 산업통상자원부령으로 정하는 업종의 공장 나. 산업통상자원부령으로 정하는 건축자재업종의 공장(이하 "건축자재업종공장"이라 한다)의 신설 및 증설(대기업의 공장은 신설 및 증설 결과 공장건축면적이 1천제곱미터 이내인 경우에만 해당한다) 또는 기존공장의 증설(대기업의 공장은 증설되는 공장건축면적이 1천제곱미터 이내인 경우에만 해당한다) 다. 도시형공장(제34조제2호에 따른 도시형공장은 제외한다)인 중소기업 기존공장의 증설 라. 도시형공장(제34조제2호에 따른 도시형공장은 제외한다) 중 첨단업종의 공장의 신설 및 증설(대기업의 공장은 신설 및 증설 결과 공장건축면적이 1천제곱미터 이내인 경우에만 해당한다) 마. 도시형공장(제34조제2호에 따른 도시형공장은 제외한다)인 중소기업 기존공장의 기타지역 상호 간의 이전 바. 해당 지역에서 신설이 허용되는 업종을 영위하기 위한 기존공장의 증설(증설되는 면적이 신설이 허용되는 공장건축면적의 범위 이내인 경우에만 해당한다) 사. 「농수산물유통 및 가격안정에 관한 법률」에 따른 축산물공판장 내에 설치하는 도축 및 가공용시설의 신설 및 증설(신설 및 증설 결과 공장건축면적이 1만제곱미터 이내인 경우에만 해당한다) 아. 「신문 등의 진흥에 관한 법률」 제9조에 따라 등록한 일간신문의 발행을 위한 공장의 신설 및 증설(신설 및 증설 결과 공장건축면적이 1만제곱미터 이내인 경우에만 해당한다) 자. 첨단업종을 영위하는 대기업의 기존공장으로서 기존공장건축면적의 100퍼센트 범위 이내의 증설

비고

1. 산업단지는 법 제2조제14호에 따른 산업단지(「중소기업진흥에 관한 법률」 제29조에 따른 협동화 실천계획의 승인을 얻은 협동화단지를 포함한다. 이하 같다)와 「도시계획법」(법률 제6655호 국토의계획 및이용에관한법률 부칙 제2조에 따라 폐지된 종전의 도시계획법을 말한다) 제2조제10호에 따라 일단의 공업용지조성사업으로 조성된 단지로 한다.

2. 공업지역은 「국토의 계획 및 이용에 관한 법률」 제36조제1항제1호다목에 따른 공업지역, 같은 법 제51 조제3항에 따른 제2종지구단위계획구역(산업형 및 복합형만 해당한다)과 같은 법 시행령 제31조제2 항제7호나목 및 마목에 따른 산업개발진흥지구 및 복합개발진흥지구 안에서 공업용도로 구획되는 것으로 한다.

3. 기타지역은 산업단지, 공업지역 외의 지역으로 한다.

4. 중소기업은 「중소기업기본법」 제2조에 따른 중소기업으로 한다.

5. 대기업은 중소기업 외의 기업으로 한다.

6. 기존공장은 대통령령 제21267호 「산업집적법 시행령」 일부개정령의 시행일 현재 법 제16조에 따라 등록을 한 공장을 말한다.

7. 기존공장건축면적은 대통령령 제21267호 「산업집적법 시행령」 일부개정령의 시행일 현재 기존공장의 등록된 건축면적으로 본다.

8. 기존공장의 기존부지면적은 대통령령 제21267호 「산업집적법 시행령」 일부개정령의 시행일 현재 기존공장의 등록된 부지면적으로 본다.

9. 증설이 허용되는 면적을 산정함에 있어서 2회 이상에 걸쳐 증설을 하는 경우에는 각각 증설되는 면적을 합한 것으로 한다.

〈표 159 – 성장관리권역 안에서의 공장의 신설·증설 또는 이전이 허용되는 경우〉

「산업집적법 시행령」 [별표 2]

산업단지	공장의 신설 또는 증설
공업지역	가. 대기업의 과밀억제권역 및 자연보전권역에서 성장관리권역의 공업지역으로의 이전 나. 첨단업종을 영위하는 대기업 기존공장의 증설 다. 기타지역에서 허용되는 행위
기타지역	가. 중소기업공장의 신설 또는 증설 나. 현지근린공장 또는 건축자재업종공장의 신설 또는 증설(신설 또는 증설 결과 공장건축면적이 5천제곱미터 이내인 경우에만 해당한다) 다. 첨단업종을 영위하는 대기업의 기존공장으로서 기존공장건축면적의 200퍼센트 범위 이내의 증설 라. 기존공장의 기존부지내에서의 증설 마. 기존공장의 증설(증설되는 면적이 3천제곱미터 이내인 경우에만 해당한다) 바. 「축산물위생관리법」에 따른 도축용시설과 「농수산물유통 및 가격안정에 관한 법률」에 따른 축산물공판장 내에 설치하는 도축 및 가공용시설의 신설 및 증설(신설 및 증설 결과 공장건축면적이 1만제곱미터 이내인 경우에만 해당한다)

	사. 과밀억제권역 및 자연보전권역에 있는 중소기업공장의 성장관리권역으로의 이전 아. 「신문 등의 진흥에 관한 법률」 제9조에 따라 등록한 일간신문의 발행을 위한 공장의 신설 및 증설(신설 및 증설 결과 공장건축면적이 1만제곱미터 이내인 경우에만 해당한다)

비고 : 산업단지, 공업지역, 기타지역, 중소기업, 대기업, 기존공장, 기존공장건축면적, 기존공장의 기존부지면적, 증설이 허용되는 면적은 별표 1의 비고란과 같다.

〈표 160 - 자연보전권역 안에서의 공장의 신설·증설 또는 이전이 허용되는 경우〉

「산업집적법 시행령」 [별표 3]

산업단지	공업지역 및 기타지역에서 허용되는 행위(중소기업공장의 경우에는 면적제한을 적용하지 아니한다)
공업지역	가. 중소기업 도시형공장(제34조제2호에 따른 도시형공장은 제외한다)의 신설 및 증설(신설 및 증설 결과 공장건축면적이 3천제곱미터 이내인 경우에만 해당한다) 나. 중소기업공장의 기타지역에서 공업지역으로의 이전 또는 공업지역 상호 간의 이전(공장건축면적이 기존공장건축면적과 이전 전 지역에서 해당 공장이 증설가능한 면적을 합산한 범위 이내인 경우에만 해당한다) 다. 기타지역에서 허용되는 행위
기타지역	가. 현지근린공장 및 첨단업종공장의 신설 및 증설(신설 및 증설결과 공장건축면적이 1천제곱미터 이내인 경우에만 해당한다) 또는 기존공장의 증설(증설되는 공장건축면적이 1천제곱미터 이내인 경우에만 해당한다). 다만, 별표 1 제3호가목4)에 해당하는 공장의 경우에는 산업통상자원부장관이 환경부장관과 협의하여 정하는 업종에만 해당한다. 나. 도시형공장(제34조제2호에 따른 도시형공장은 제외한다) 중 수질에 미치는 영향이 자연보전지역의 지정목적에 적합하다고 인정되는 공장으로 산업통상자원부장관이 환경부장관과 협의하여 산업통상자원부령으로 정하는 공장(중소기업으로 신설 및 증설 결과 공장건축면적이 1천제곱미터 이내인 경우에만 해당한다) 다. 건축자재업종공장의 신설 및 증설(신설 및 증설 결과 건축면적 1천제곱미터 이내인 경우에만 해당한다) 또는 기존공장의 증설(증설되는 공장건축면적이 1천제곱미터 이내인 경우에만 해당한다) 라. 중소기업 도시형공장(제34조제2호에 따른 도시형공장은 제외한다)인 기존공장의 증설(증설되는 공장건축면적이 3천제곱미터 이내인 경우에만 해당한다) 마. 중소기업 도시형공장(제34조제2호에 따른 도시형공장은 제외한다)의 기타지역 상호 간의 이전(기존공장건축면적과 이전 전 지역에서 해당 공장이 증설가능한 면적을 합산한 범위 이내인 경우에만 해당한다) 바. 폐업한 기존공장을 양수하여 동일한 규모로 설립하는 중소기업 공장의 신설(기존공장과 동일한 업종이거나 해당 지역에서 신설이 허용되는 업종의 신설에만 해당한다) 사. 「축산물위생관리법」에 따른 도축용시설의 신설 및 증설(신설 및 증설 결과 건축면적 5천제곱미터 이내인 경우에만 해당한다) 또는 기존시설의 증설(증설되는 건축면적이 5천제곱미터 이내인 경우에만 해당한다)

	아. 「양곡관리법」 제22조에 따라 미곡유통업을 육성하기 위한 미곡종합처리장의 신설 및 증설(신설 및 증설 결과 공장건축 면적이 3천제곱미터 이내인 경우에만 해당한다) 또는 기존처리장의 증설(증설되는 건축면적이 3천제곱미터 이내인 경우에만 해당한다)
	자. 「임업 및 산촌 진흥촉진에 관한 법률」 제10조에 따른 가공시설 자금지원대상인 임산물 가공업의 시설의 신설 및 증설(신설 및 증설 결과 공장건축면적이 5천제곱미터 이내인 경우에만 해당한다)
	차. 해당 지역에서 신설이 허용되는 업종을 영위하기 위한 기존공장의 증설(증설되는 면적이 신설이 허용되는 공장건축면적의 범위 이내인 경우에만 해당한다)
	카. 「물환경보전법」 제2조제10호에 따른 폐수배출시설에 해당하지 않는 공장의 신설 또는 증설(다만, 「한강수계 상수원수질개선 및 주민지원 등에 관한 법률」 제8조에 따른 오염총량관리계획을 수립·시행하는 지역인 경우에만 해당한다)

비고
산업단지, 공업지역, 기타지역, 중소기업, 대기업, 기존공장, 기존공장건축면적, 증설이 허용되는 면적은 별표 1의 비고란과 같다.

〈표 161 – 농 · 수 · 축 · 임산물 가공 업종〉

「산업집적법 시행규칙」 [별표 1의2]

분류번호	업종	분류번호	업종
10110	도축업	10501	액상시유 및 기타 낙농제품 제조업
10121	가금류 가공 및 저장 처리업	10611	곡물 도정업
10129	기타 육류 가공 및 저장처리업	10612	곡물 제분업
		10613	제과용 혼합분말 및 반죽 제조업
10211	수산동물 훈제, 조리 및 유사	10619	기타 곡물가공품 제조업
10211	조제식품 제조업	10620	전분제품 및 당류 제조업
	수산동물 훈제, 조리 및 유사		
	조제식품 제조업		
10213	수산동물 냉동품 제조업		
10212	수산동물 건조 및 염장품 제조업	10800	동물용 사료 및 조제식품 제조업
10220	수산식물 가공 및 저장 처리업	10800	(단미사료보조사료제조만 해당함)
			동물용 사료 및 조제식품 제조업
			(단미사료보조사료제조만 해당함)
10219	기타 수산동물 가공 및 저장처리업	10712	빵류 제조업
		10711	떡류 제조업
10301	과실 및 채소 절임식품 제조업	10713	코코아 제품 및 과자류 제조업
		10742	천연 및 혼합조제 조미료 제조업
10309	기타 과실 · 채소 가공 및 저장처리업	10742	(천연조미료 제조업)
			천연 및 혼합조제 조미료 제조업
			(천연조미료 제조업)

분류번호	업종	분류번호	업종
10401	동물성유지 제조업	10743	장류 제조업
10402	식물성유지 제조업	10749	기타 식품 첨가물 제조업
10403	식용 정제유 및 가공유 제조업	10749	(천연식품 첨가물 제조업)
10403	식용 정제유 및 가공유 제조업		기타 식품 첨가물 제조업
10403	식용 정제유 및 가공유 제조업		(천연식품 첨가물 제조업)
		10792	차류 가공업
		10794	두부 및 유사식품 제조업
10796	건강보조용 액화식품 제조업	10795	인삼식품 제조업
10796	(동물고기에 한약재를 혼합하여 조제한	10798	도시락 및 식사용 조리식품 제조업
10796	액화식품 제조)	16221	목재문 및 관련 제품 제조업
	건강보조용 액화식품 제조업		
	(동물고기에 한약재를 혼합하여 조제한		
	액화식품 제조)		
	건강보조용 액화식품 제조업		
	(동물고기에 한약재를 혼합하여 조제한		
	액화식품 제조)		
10797	건강기능식품 제조업	16229	기타 건축용 나무제품 제조업
10799	그 외 기타 식료품 제조업	16229	기타 건축용 나무제품 제조업
11129	기타 증류주 및 합성주 제조업	16232	목재 포장용 상자, 드럼 및 유사용기
11129	(과실 및 곡물 증류주와 가향조제주		제조업(목재상자 제조업)
	제조업)	16301	코르크 제품 제조업
	기타 증류주 및 합성주 제조업		
	(과실 및 곡물 증류주와 가향조제주		
	제조업)		
11111	탁주 및 약주 제조업	16302	돗자리 및 기타 조물제품 제조업
11112	청주 제조업	16291	목재도구 및 기구 제조업
11119	기타 발효주 제조업	16292	주방용 및 식탁용 목제품 제조업
11113	맥아 및 맥주 제조업(맥아제조업)	16293	장식용 목제품 제조업
12001	담배 재건조업	16299	그 외 기타 나무제품 제조업
16101	일반 제재업	20209	기타 비료 및 질소화합물 제조업
16102	표면가공 목재 및 특정 목적용 제재목	20493	접착제 및 젤라틴 제조업
	제조업		(젤라틴 캡슐 제조업)

〈표 162 – 자원재활용업종〉

「산업집적법 시행규칙」[별표 2]

분류번호	업종	분류번호	업종
37100	재생용 금속가공원료 생산업	37200	재생용 비금속가공원료 생산업

1. 과밀억제권역 및 성장관리권역 안에서의 공장의 신설·증설 또는 이전이 허용되는 생활소비재 관련 업종

〈표 163 - 생활소비재 관련 업종〉

「산업집적법 시행규칙」 [별표 3]

분류번호	업종	분류번호	업종
11201	얼음제조업	22299	그 외 기타 플라스틱 제품 제조업
13104	연사 및 가공사 제조업	33110	귀금속 및 관련 제품 제조업
13109	기타 방적업	33110	귀금속 및 관련 제품 제조업
13310	편조원단 제조업	33401	인형 및 장난감 제조업
14411	스타킹 및 기타 양말 제조업		
14300	편조 의복 제조업	33910	간판 및 광고물 제조업
13320	편조제품 제조업	13403	날염 가공업
14419	기타 편조의복 액세서리 제조업		
13229	기타 직물제품 제조업	13221	침구 및 관련 제품 제조업
13921	끈 및 로프 제조업	13222	자수제품 및 자수용 재료 제조업
13991	세폭직물 제조업	13223	커튼 및 유사제품 제조업
13999	그 외 기타 분류되지 않은 섬유제품	13224	천막 및 기타 캔버스제품 제조업
13999	제조업(제면업)	17909	그 외 기타 종이 및 판지제품 제조업
14111	남자용 정장 제조업		
14112	여자용 정장 제조업		
14120	내의 및 잠옷 제조업		
14130	한복 제조업		
14191	셔츠 및 체육복 제조업		
14192	근무복, 작업복 및 유사의복 제조업		
	근무복, 작업복 및 유사의복 제조업	18111	경 인쇄업
14193	가죽의복 제조업	18112	스크린 인쇄업
14194	유아용 의복 제조업	18119	기타 인쇄업
14199	그 외 기타 봉제의복 제조업	18121	제판 및 조판업
14491	모자 제조업	18122	제책업
		18129	기타 인쇄 관련 산업
14499	그 외 기타 의복 액세서리 제조업	18200	기록매체 복제업
14202	천연 모피제품 제조업	20303	가공 및 재생플라스틱 원료생산업
14203	인조모피 및 인조모피 제품 제조업	20499	그 외 기타 분류되지 않은 화학제품
14203			제조업
		22199	그 외 기타 고무제품 제조업 (경화고무 및 그 제품 제외)

분류번호	업종	분류번호	업종
15219	기타 신발 제조업	22232	포장용 플라스틱 성형용기 제조업(일반 성형용기 제외)
15220	신발 부분품 제조업	22240	기계장비 조립용 플라스틱 제품 제조업
17210	골판지 및 골판지상자 제조업	22291	플라스틱 적층, 도포 및 기타 표면처리 제품 제조업
17221	종이 포대 및 가방 제조업	22291	플라스틱 적층, 도포 및 기타 표면처리 제품 제조업
17223	식품위생용 종이상자 및 용기 제조업	33920	사무 및 회화용품 제조업
17222	판지상자 및 용기 제조업	33120	모조 귀금속 및 모조 장신용품 제조업
17229	기타 종이상자 및 용기 제조업	33931	가발 및 유사 제품 제조업
17901	문구용 종이제품 제조업	33991	우산 및 지팡이 제조업
17902	위생용 종이제품 제조업	33992	단추 및 유사 파스너 제조업
17902	타 표면도포제품 제조업	33994	비 및 솔 제조업

2. 자연보전권역 안에서의 공장의 신설·증설 또는 이전이 허용되는 생활소비재 관련 업종: 제1호에 따른 생활소비재 관련 업종 중 얼음 제조업, 의류 제조업 또는 인쇄업

〈표 164 – 건축자재 업종〉

「산업집적법 시행규칙」[별표 4]

분류번호	업종	분류번호	업종
23231	점토벽돌, 블록 및 유사 비내화 요업제품 제조업	23326	콘크리트관 및 기타 구조용 콘크리트제품 제조업
23232	타일 및 유사 비내화요업제품 제조업	23326	(토목공사용 콘크리트제품 제조업)
23232			
		23911	건설용 석제품 제조업
23321	비내화 모르타르 제조업	23919	기타 석제품 제조업
23322	레미콘 제조업		
23325	콘크리트 타일, 기와, 벽돌 및 블록 제조업		

※「산업기술혁신 촉진법」제11조에 따른 산업기술개발사업

〈표 165 – 산업기술개발사업〉

1. 산업의 공통적인 기반이 되는 생산기반 기술, 부품 · 소재 및 장비 · 설비(플랜트를 포함한다) 기술
2. 산업기술 분야의 미래 유망 기술
3. 산업의 고부가가치화를 위한 공정혁신, 청정생산 및 환경설비 등에 관련된 기술
4. 산업의 핵심기술의 집약에 필요한 엔지니어링 · 시스템 기술
5. 에너지 절약 및 신 · 재생에너지 개발 등 에너지 · 자원기술
6. 항공우주산업기술 및「민 · 군기술협력사업 촉진법」제2조제1호의 군사 부문과 비군사 부문에서 공통으로 활용되는 기술
7. 디자인 · 브랜드 · 표준 관련 기술, 유통 · 전자거래 및 마케팅 · 비즈니스모델 등 지식기반서비스 산업 관련 기술
8. 지역특화산업의 육성 및 지역산업의 혁신에 필요한 기술
9. 「산업발전법」제5조에 따른 첨단기술 · 첨단제품의 개발 및 자본재의 시제품 개발
10. 삭제〈2013. 3. 23.〉
11. 개발된 산업기술의 사업화에 필요한 연계기술
12. 제1호부터 제10호까지의 기술 간 결합을 통한 시장지향형 융합기술
13. 그 밖에 산업기술혁신을 위하여 우선적으로 개발이 필요한 기술로서 산업통상자원부장관이 정하는 기술

사이트, 법령, 자료 모음 등

1. 사이트 모음

1.1 공장 설립 관련 사이트 모음

- 공장설립 온라인 지원시스템: 팩토리온(www.femis.go.kr)
- 산업입지정보시스템(www.industryland.or.kr)

1.2 토지 이용 규제 안내

- 일사편리(www.kras.go.kr)
- 토지이용규제정보서비스: LURIS(luris.molit.go.kr)

1.3 행정 정보 표시 지도 등

- 국토정보플랫폼(map.ngii.go.kr)
- 국토정보 관련 지도(국토 변화 정보, 고지도 등)
- 국토정보맵(map.ngii.go.kr/ms/map/NlipMap.do)
  바로e맵(emap.ngii.go.kr/mapSvc/mapSvcMain.do)
- 공간정보오픈플랫폼(map.vworld.kr): 다양한 행정 정보 제공
- 한국보호지역 통합DB 관리 시스템(www.kdpa.kr)

- 문화재공간정보서비스 – 문화재보존관리지도(gis-heritage.go.kr)
- 국토지리정보원(www.ngii.go.kr)

1.4 창업 기업 지원

- 창업넷 – Kstartup(www.k-startup.go.kr)
- 기업마당(www.bizinfo.go.kr)
- 창업보육센터네트워크시스템(www.bi.go.kr)

1.5 산업 지원·사업 지원 등

- 지역산업종합정보시스템(www.rips.or.kr)
- 중소기업현황정보시스템(sminfo.mss.go.kr)
- 국가물류통합정보센터(www.nlic.go.kr)
- 중소기업인력지원사업 종합관리시스템(sanhakin.mss.go.kr)
- 국가뿌리산업진흥센터(www.kpic.re.kr)
- 자원순환정보시스템(www.recycling-info.or.kr)
- 중소기업정보화역량강화사업 종합관리시스템(it.smplatform.go.kr)

1.6 외국인 투자 유치 관련

- InvestKorea(www.investkorea.org)
- 찾기쉬운 생활법령 정보(www.easylaw.go.kr)
  - 영어, 아랍어, 베트남어 등 12개 국어로 번역 안내법령번역센터
    (elaw.klri.re.kr)
  - 영문 번역 법령 서비스 제공

1.7 정보 안내·서류 신청·민원 접수 등

- 정부24(www.gov.kr)
- 문서24(open.gdoc.go.kr)

- 법제처(www.moleg.go.kr)
- 대한민국 법원 종합법률정보(glaw.scourt.go.kr)
  - 안내 자료 중 법령의 각 조문과 관련된 연혁 법령, 판례, 문헌 등을 일괄 제공
- 자치법규정보시스템(www.elis.go.kr)
- 찾기 쉬운 생활법령 정보(www.easylaw.go.kr)
- 통계청(kssc.kostat.go.kr)
  - 한국표준산업분류 각 업종별 내용 검색 기능
- e-나라지표(www.index.go.kr)
- 해외직접투자통계(stats.koreaexim.go.kr)
- 온나라정책연구(www.prism.go.kr)
- KDI 경제정보센터(eiec.kdi.re.kr)
- 정책정보포털(policy.nl.go.kr)

2. 공장 설립 관련 법령 모음

2.1 공장 설립 관련 법령[14]

- 「산업입지및개발에관한법률」
- 「산업집적법」
- 「도시계획조례」(지자체별 조례)
- 「국토의계획및이용에관한법률」
- 「건축법」 등

2.2 수도권 규제

- 「수도권정비계획법」

---

14 이 외는 '표 140 - 공장 입지 기준 확인 시 기본으로 검토되는 법령' 참고

〈표 166 – 법령 체계도〉

국 토 기 본 법	
	수도권정비계획법
국토의 계획 및 이용에 관한 법률	

개발사업	도시개발	공장설립·산업단지	기타 산업입지	특정지역개발
• 공익사업을 위한 토지 등의 취득 및 보상에 관한 법률 • 부동산 가격공시에 관한 법률 • 공유토지분할에 관한 특례법 • 국유재산법 • 공간정보의 구축 및 관리 등에 관한 법률 • 국가균형발전 특별법	• 도시개발법 • 도시 및 주거 환경정비법 • 도시공원 및 녹지 등에 관한 법률 • 건축법 • 하수도법 • 혁신도시 조성 및 발전에 관한 특별법 • 도시재생활성화 및 지원에 관한 특별법	• 산업입지 및 개발에 관한 법률 • 산업집적활성화 및 공장설립에 관한 법률 • 산업단지 인허가 절차 간소화를 위한 특별법 • 노후거점산업단지의 활력증진 및 경쟁력 강화를 위한 특별법 • 중소기업창업 지원법 • 기업활동 규제완화에 관한 특별조치법	• 기업도시개발특별법 • 경제자유구역의 지정 및 운영에 관한 법률 • 자유무역지역의 지정 및 운영에 관한 법률 • 외국인투자촉진법 • 산업기술단지 지원에 관한 특례법 • 연구개발특구의 육성에 관한 특별법 • 첨단의료복합단지 지정 및 지원에 관한 특별법 • 국제과학비즈니스 벨트 조성 및 지원에 관한 특별법	• 지역개발 및 지원에 관한 법률 • 폐광지역개발 지원에 관한 특별법 • 농어촌정비법 • 관광진흥법 • 택지개발촉진법 • 개발제한구역의 지정 및 관리에 관한 특별 조치법 • 제주특별자치도 설치 및 국제자유도시 조성을 위한 특별법 • 세종특별자치시 설치 등에 관한 특별법

조세공개념	공공시설촉진	특정시설보호	이용목적보호	환경보전
• 지방세법 • 법인세법 • 소득세법 • 개발이익환수에 관한 법률 • 농어촌특별세법 • 지방세특례제한법	• 수도법/하천법 • 도로법/사도법 • 도시철도법 • 공항시설법 • 항인법 • 학교보건법 • 전기통신사업법 • 철도건설법 • 신항만건설 촉진법 • 사회기반시설에 대한 민간 투자법	• 지하수법 • 온천법 • 군용전기통신법 • 군사기지 및 군사시설 보호법 • 방어해연법 • 원자력 진흥법 • 문화재보호법 • 전통사찰의 보존 및 지원에 관한 법률 • 전파법 • 전원개발촉진법 • 댐건설 및 주변지역 지원 등에 관한 법률	• 지하수법 • 온천법 • 군용전기통신법 • 군사기지 및 군사시설 보호법 • 방어해연법 • 원자력 진흥법 • 문화재보호법 • 전통사찰의 보존 및 지원에 관한 법률 • 전파법 • 전원개발촉진법 • 댐건설 및 주변지역 지원 등에 관한 법률	• 환경정책기본법 • 자연환경보전법 • 자연공원법 • 물환경보전법 • 대기환경보전법 • 소음·진동관리법 • 폐기물관리법 • 폐기물처리시설 설치 촉진 및 주변 지역 지원 등에 관한 법률 • 토양환경보전법 • 야생생물 보호 및 관리에 관한 법률 • 환경영향평가법

지방자치단체의 조례 및 지침

* 출처 : 산업입지 요람, 한국산업단지공단 발행

2.3 산업 입지 관련 법령

- 「산업기술단지 지원에 관한 특례법」(산업기술단지)
- 「새만금사업 추진 및 지원에 관한 특별법」(국가산업단지)
- 「자유무역지역의지정및운영에관한법률」(자유무역지역)
- 「경제자유구역의 지정 및 운영에 관한 특별법」(경제자유구역)
- 「외국인투자촉진법」(외국인투자지역)
- 「첨단의료복합단지 지정 및 지원에 관한 특별법」(첨단의료복합단지)

- 「국제과학비즈니스벨트 조성 및 지원에 관한 특별법」(국제과학비즈니스벨트)
- 「문화산업진흥 기본법」(문화산업단지)
- 「식품산업진흥법」(국가식품클러스터)
- 「환경기술 및 환경산업 지원법」(환경산업단지)

- 「물류시설의 개발 및 운영에 관한 법률」(물류단지)
- 「관세법」(보세공장)

- 「혁신도시 조성 및 발전에 관한 특별법」(혁신도시)
- 「국제과학비즈니스벨트 조성 및 지원에 관한 특별법」(국제과학비즈니스벨트)
- 「벤처기업육성에 관한 특별조치법」(벤처기업집적시설, 벤처기업육성촉진지구, 신기술창업집적지역, 창업보육센터)
- 「연구개발특구의 육성에 관한 특별법」(연구개발특구)
- 「지역 개발 및 지원에 관한 법률」(투자선도지구, 지역개발사업구역)
- 「기업도시개발특별법」(기업도시개발구역)
- 「도시재생활성화 및 지원에 관한 특별법」(도시재생지구)
- 「규제자유특구 및 지역특화발전특구에 관한 규제특례법」(규제자유특구, 지역특화발전특구)

2.4 공장 설립 관련 특례법

- 「중소기업창업 지원법」(청년 창업기업, 창업중소기업 공장설립 특례)
- 「중소기업진흥에 관한 법률」(소기업의 공장설립에 관한 특례)
- 「벤처기업육성에 관한 특별조치법」(실험실 공장)
- 「자유무역지역의지정및운영에관한법률」(공장 설립 관련 별도 법령 체계 있음. 법에 명시 안 되어 있으나, 표준공장[지식산업센터] 운영)

2.5 조세 감면 관련

- 「지방세특례제한법」(취득세, 재산세, 등록면허세 감면)
- 「조세특례제한법」(관세, 법인세, 소득세 감면)

2.6 외국인 투자 관련

- 「외국인투자촉진법」
- 「외국환거래법」

2.7 제조업 관련 법령

- 「소재부품전문기업 등의 육성에 관한 특별조치법」

2.8 토지 정보 관련 법령

- 「토지이용규제기본법」(현행 토지 이용 규제하는 지역·지구 등 리스트 제공[234개])
- 「부담금관리기본법」(현행 부담금 리스트 제공[95개])

3. 공장 설립 관련 지침, 고시, 공고, 훈령 모음

3.1 공장 공통

- 「공장 입지 기준 고시」

3.2 산업단지 관련

- 「산업단지관리지침」
- 「산업단지관리업무처리규정」(한국산업단지공단 내부 규정)
- 「산업단지관리업무처리규정시행세칙」(한국산업단지공단 내부 규정)
- 「관리기본계획 고시」(각 산업단지별)
- 「농공단지 개발 및 운영에 관한 통합지침」

3.3 외국인 투자 관련

- 「외국인투자지역운영지침」(산업통상자원부 공고, 한국산업단지공단 지침 관리)
- 「외국인투자에 관한 규정」(산업통상자원부 고시)
- 「지방자치단체의 외국인투자유치활동에 대한 국가의 재정자금 지원기준」(산업통상자원부)
- 「현금지원제도 운영요령」(산업통상자원부)
- 「외국인투자위원회 운영규정」(산업통상자원부)
- 「외국인투자 통합 공고」(산업통상자원부 공고)
- 「외국환거래규정」

3.4 수도권 규제 관련 고시

- 국토교통부 「2018~2020년 수도권 공장건축 총허용량 고시」
- 서울시 「'18~'20년도 공장건축 총허용량 연도별 배정계획 결정고시」
- 인천광역시 「공장건축 총 허용량 군·구별 배정 고시」
- 경기도 「2019년 시군별 공장건축 총허용량 배정 고시」

3.5 보세공장 관련

- 「특허보세구역운영에관한고시」

3.6 산업단지 개발 관련

- 「산업입지의 개발에 관한 통합지침」
- 「산업단지 지원에 관한 운영지침」

3.7 창업중소기업 관련

- 「창업사업계획의 승인에 관한 통합업무처리지침」(중소벤처기업부)
- 「창업 사업계획 승인 운영지침」
- 「창업보육센터 운영요령」(중소벤처기업부 고시)

4. 공장 설립 관련 자료 모음

4.1 공장 관련

4.1.1 한국산업단지공단(www.kicox.or.kr) 발간 책자
(자료 찾기 : 공단 홈페이지 → 정보공개 → 산업단지정보)

- 산업입지요람
- 한국산업단지 총람
- 산업단지 현황 지도
- 산업단지 통계
- 각종 연구보고서 발간(산업입지연구소)
- 공장 설립 및 관련 법령 길라잡이(팩토리온에서 다운 가능, 한국산업단지공단 발간)

4.1.2 공장 설립 관련 책자

- 산업입지 요람 제3편 공장설립 관련 제도(한국산업단지공단 발행)
- 공장 설립(찾기 쉬운 생활법령 정보 웹사이트)
- 공장 설립 및 관련 법령 길라잡이(팩토리온에서 다운 가능, 한국산업단지공단 발간)

- 산업집적법 길라잡이(2015, 산업통상자원부) : 주요 민원을 10개 챕터로 분류. 질의 및 응답 모음 자료
- 창업 및 창업사업계획 승인 운영지침(2015년 자료)
- 창업 상담 표준해설서, 2018, 창업진흥원
- 대덕연구개발특구 입주관리 안내(연구개발특구진흥재단 발간)
- 2019 경기도 규제지도(경기도청 발행)

4.2 세금 관련

- 국세청(www.nts.go.kr) 발간책자(자료 찾기 : 국세청 홈페이지 → 국세정보 → 발간책자)

4.2.1 기업 관련

- 중소기업 세제 세정 지원제도
- 신규사업자가 알아두면 유익한 세금정보
- 생활세금 시리즈
- 세금절약 가이드
- 최고경영자가 알아야 할 세무관리
- 법인세 신고안내
- 가업승계 지원제도 안내
- 원천세 신고 안내
- 해외주식과 세금
- 해외부동산과 세금
- 부동산과 세금
- 중소기업 법인세 신고 및 회계기준서
- 알기 쉬운 해외 금융계좌 신고제도
- 건물 기준시가 산정방법 해설
- 전자세금계산서 제도의 이해

4.2.2 외국인 대상

• 외국법인 및 외국인투자기업 납세 안내
• 비거주자 외국법인의 국내원천소득 과세제도 해설
• Individual Income Tax and Benefit Guide for Foreigners (2018.05)

4.3 산업 관련

4.3.1 산업연구원(www.kiet.re.kr)

• 산업 동향 분석, 산업별 정보 등의 정보 안내

4.3.2 중소기업 기술 로드맵(smroadmap.smtech.go.kr)

• 중소기업 육성 기술 안내서 다운로드 가능

4.3.3 한국산업기술진흥원(www.kiat.or.kr)

• KIAT 간행물 등

4.3.4 한국은행(www.bok.or.kr)

• 조사연구 보고서, 간행물 등

4.4 외국인 투자 관련

• 인베스트코리아(www.investkorea.org)

4.4.1 국가지역정보

• 코트라 해외시장 뉴스(news.kotra.or.kr)

4.4.2 발간물

- 코트라 홈페이지나 인베스트코리아(www.investkorea.org)에 들어가면 외국인 투자가이드 한영중일 책자 다운 가능)
- 이외 각종 해외 관련 발간물

4.5 중앙 부처 기업 지원 관련 책자

- 기업마당(www.bizinfo.go.kr)

  (자료 찾기 : 기업마당 홈페이지 → 자료마당)
- 중소기업 지원 책자들 다운로드 가능
- 부처, 지자체 발행 책자들 다운로드 가능

기업의 성공을 좌우하는

공장
입지 및 설립 안내서

How to Locate and Establish Your Factory in Korea

발행일 2020년 1월 2일

지은이 천준혁
펴낸이 박승합
펴낸곳 노드미디어

편 집 이성희
디자인 권정숙

주 소 서울시 용산구 한강대로 341 대한빌딩 206호
전 화 02-754-1867
팩 스 02-753-1867
이메일 nodemedia@daum.net
홈페이지 www.enodemedia.co.kr

등록번호 제302-2008-000043호

ISBN 978-89-8458-336-8 93320
정가 29,000원